価値と生産価格

社会的物象化論を視軸にして読み解く

Hiyama Michihiko
日山紀彦

御茶の水書房

まえがき――本書の課題と構成

本書の主題とするもの、およびその問題意識は、いわゆるマルクスの「労働価値説」ないしは「価値法則」が、資本制商品生産様式社会において、論理的にも現実的にも通用・妥当するものなのかどうかを、『資本論』に軸足を置いて哲学的な方法論的視座から検討・吟味しなおしてみることにある。

いうまでもなく、『資本論』を典型とするマルクスの「経済学批判体系」の理論的中核は、「労働価値説」であった。もし、この「価値論」の理論的妥当性が権利づけられないとしたら、あらためていうまでもなく、マルクスの「経済学批判体系」は、体系としては、音をたてて崩壊する、といっても過言ではないであろう。

しかしながら、今日、マルクス価値論は、マルクス批判者はおろかマルクス擁護者にとっても正面から論じられることは少ない。というよりも、その理論的妥当性、現実における有効性は、疑問視される傾向が強い。今やマルクス主義に与する者ですら「労働価値説」を積極的に口にすることははばかれる情況にあり、「今さら価値論とは」とか、「すでに語り尽くされている」とかの言表で敬して遠ざける兆候にある。むしろその理論的正当性の新たな根拠づけを回避もしくは放棄する者も多い。批判者達にあっては、なおさらである。彼らにおいては、マルクス「価値論」の今日的な有効性・正当性は全く問題にされることなく、したがって体系としてのマルクス理論は――部分的にはともかく――崩壊したものとみなされ、「マルクスは古い」とか、さらには「マルクスは死んだ」と揶揄されるのもむべなるかなである。

われわれは、こうした現状を視野に収めつつ、二一世紀におけるマルクス価値論の復権をも企図すべく、いささか大仰な言い方をさせてもらえば、本書においては、マルクス「価値論」が立脚する哲学的世界観の独自の画期的な地平と弁証法的体系構成の論理と構図を洗い出し、それに依拠して根源的な『資本論』の読み直しと再構成を遂行していく。こうした作業を介して、「マルクス価値論」批判の伝統的かつ理論的な要石の一つをなす件の「第一巻の価値論」と「第三巻の生産価格論」との矛盾・齟齬という問題を考究し、結論を先取りしていえば「生産価格における価値法則の貫徹様式」を明るみに出していきたいと思う。いわば「価値の生産価格への転化」の論理とそれを支えるマルクスに固有の世界観上の地平の解読と解明である。

われわれとしては、このわれわれ流の問題意識と提題がマルクス「価値論」の復権と宣揚のための唯一の理論的枢軸をなすものであると断言するつもりは毛頭ないが、しかし極めて重要な意義を有するものと確信している。しかも、われわれにとっては、これらの問題は、伝統的なマルクス解釈の刷新・超克の跳躍点の一つとみなされるものでもある。それにもかかわらず、これらの諸問題に定位して、これまでマルクスの哲学的世界観の新地平を抉り出し、その独自の視座と方法と論理に立脚して、マルクス「価値論」を主題的かつ本格的に論じていこうとする問題意識は、管見のかぎり、極めて少なかったように思われる。

率直にいうと、こうしたマルクスの哲学的地平をめぐる問題は、実は、われわれにとってもまた看過されてきた問題であったといってもよく、マルクスを読み解く際に、何となく不可解かつ不明瞭なマルクスの言説に多々直面し、それらが何をいわんとしているのか釈然としないまま放置して、深く立ち入ることなく読み過してきた問題群の一部であった。これらが、極めて重要な意味と意義を有する、かつマルクス復権にとって本格的に討究していかなければならない原理的な諸問題であるとあらためて自覚するようになったのは、廣松渉の『資本論』研究に接し、これと本格的に対峙するようになってからである。以上のような事情から、本稿における論考は、廣松の物象化論を視軸とした『資本論』解読を下敷きにして、これをわれわれ流に再構成しながら、われわれ自身がこれまで放置してきた問題の整理を試みたものである。

ただ、本書では、これまでカオス状態にあったこの問題のありかをあらためて哲学的観点から洗い出し明確化するということを主題としており、しかも課題となる問題群の概要を提示することに主眼が置かれている。それゆえ、少なからぬ読者からは、本書ではわれわれが提示せんとするマルクスに固有の方法論的視座と論理構制を大雑把に提示すること以上には至っておらず、その上、くり返しの記述が多すぎるのではないかという批判も出てくるであろう。それはよく自覚しているつもりである。われわれにいわせれば、それは、問題の構制を強調し明確化することに主眼を置いたゆえの結果である。この言い訳めいた前置きをあらかじめ御理解いただき、御容赦の上、忌憚のない御批判と御教示をお願いしたい。

本書の構成と各章の主題は、以下のごとくになっている。

「序章」においては、まずもって、件のベーム・バヴェルクの「マルクス価値論」批判、すなわち『資本論』第一巻の価値論は第三巻における生産価格論とは矛盾しており、そこでは価値論は理論的に破綻しているという主張が要約される。そして、このバヴェルクのマルクス価値論批判に反駁したヒルファーディングの主張、すなわち価値論は資本主義以前の小商品社会に妥当する法則であって、資本主義社会においては生産価格論が妥当するに至るのであって、したがって第一巻と第三巻とは矛盾していないというバヴェルクへの反批判が要約されている。この「バヴェルクvsヒルファーディグ」論争こそ、その後のマルクス価値論批判の事実上の発端と中核をなすものであり、本書の主要テーマをなすものである。また、このヒルファーディングの主張は、実は、マルクス・エンゲルスのある発言に依拠したものであり、そうなると両者においても第一巻の価値論は資本主義的商品社会の経済法則ではないということになり、それはマルクス経済学にとっては致命傷となりかねない問題となろう。

本書においては、全篇を通して、この問題にマルクス独自の哲学的視座に立脚して対峙し、価値法則の資本主義社会における妥当性が検討・吟味されていく。「序章」においては、さらに、マルクスの「価値と生産価格」の関係にかんする了解のしかた・把握のしかたにおけるある種の転換が一八六四〜六五年頃に生じている事態が、廣松を援用しながら寸描されている。もう一つ、〔序章〕において提示した問題がある。それは、『資本論』を貫徹しているマルクスに固有の「上向法的な弁証法的体系構成法の論理」の解明である。この哲学的な方法的視座と論理構制の対自化なくしては、第一巻の冒頭商品における価値規定と第三巻における資本制商品の生産価格規定の内的・概念的な関係を理解することはできない、とわれわれは考えているからだ。

「第一章」においては、諸商品の総社会的交換における社会的単位として規定される「価値」の第一巻冒頭章におけるマルクスの理論的抽象化——いわゆる蒸留法——にもとづく規定を配視しながらも、それが現実的には社会的抽象化（社会的物象化）の産物であるというもう一つのマルクスの価値規定に留目しながら、社会的抽象態・社会的普遍態として生成・存立する価値のイデアールでイレアールな存在性格が考察される。そして、それ自体、不可視にして計量不可能な価値の可視化・計量化は窮極的等価形態商品たる貨幣によって媒介的・間接的に実現されていく事態の論理が、「価値形態論」を軸にして分析される。価値の貨幣による間接測定と媒介的計量の論理の分析である。換言すれば、価値の客観的な計測と表示の運動における「価値の価格への転化の必然性の論理」の究明である。

「第二章」においては、まず、人間の労働の二肢的二重性（「社会的労働としての各人の労働」＝「協働としての労働」）というマルクス独自の「人間－労働」観が分析され、商品世界における抽象的人間労働とは人間の社会的労働の特殊歴史的な形態であるとマルクスがいうのはどういうことかという問題が討究される。そのうえで、具体的有用労働の抽象的人間労働への二重の還元・転化の運動の論理が考究される。同種の具体的有用労働の社会化と異種の諸々の社会化された具体的有用労働の統一的な抽象的人間労働への転化の論理の解明である。そして、この具体的有用労働の抽象的人間労働への転化は、社会的抽象化あるいは社会的外在化すなわち「社会的物象化」の運動の論理にもとづくものであることが明るみに出される。抽象的人間労働の生成と存立は社会的物象化にもとづくものであり、それは総社会的に形象化された歴史的な構造化成態であることが示される。因みに、ここでは、諸々の具体的有用労働は相互に通約不可能であり、また抽象的人間労働それ自体は不可視にして計量不可能であり、その客観化は価格の運動を介して間接測定・間接表示されざるをえないという事態が前提とされ論理化されている。

「第三章」においては、マルクスの物象化論の世界観上の新地平すなわち対象的世界の理論的把握のための発想枠・理論前提枠・原理枠たるパラダイムの独自性と画期的が主題化されている。それは、近代科学主義的な基幹パラダイム（ヒュポダイム）を根源的に刷新し超克する新たな理論構制図式となっており、これこそが近代ブルジョワ世界像を止揚するマルクス思想のメタ・レヴェルにおける理論的公理枠組であることが、近代的自然観と弁証法的自然観とを対比する形で、明るみに出される。そのうえで、この新たな世界観の地平において構築された社会的物象化論の論理構制が——物理学的な理論図式を借用していえば——世界を構成するアトム的実体成素のベクトル的合成・統合にもとづく第三項の析出の論理を援用する形で、社会的物象化論の論理構制が導出されている。そこでは、社会を構成する諸個人の主体的な目的意識的諸行為が総社会的生活過程において、彼らの意図・目的とは独立の社会的構造化成態・社会的普遍態を生み出し、そしてその自立化・客体化の事態を招来し、逆倒的にこの社会的形象化成態の方が諸個人を統合し支配するという社会的物象化の論理の究明が課題となっている。それは、資本制商品世界における「個と全体の弁証法」、すなわち全体は個々の営為の産物として形成されるが、それにもかかわらず全体は個々の諸営為から独立した自然史的運動姿態において現象し、逆に諸個人を統括・支配する力をもって立ち現われるという運動の論理の解明を企図した作業であり、これこそが『資本論』における社会的物象化論の骨子をなすものである。それは、近代主義的な要素《アトム》実体主義的・機械論的因果論の地平においては、原理的に解析不可能な社会事象である。主として、以上のことが第三章のテーマとして展開されている。

本書の総括・まとめの章としての「終章」においては、「価値」の資本制商品における価格表現は「生産価格」として表示され、それは「費用価格プラス平均利潤」という内実において立ち現われる事態が解析される。そこでは、価値法則が資本制商品社会の基底を貫徹しており、それが生産価格という形態で可視化され計量化され客観的に具現化されていく事態が分析される。ここで重要なことは、件の「全体と個」をめぐる弁証法的論理構制と上向法的な体系構成法の有する意味と意義の再確認である。全体は個の運動によって構成されるが、それは個の単純総和ではなく独自のベクトル的統合態・構造成態として立ち現われ、個を規定し支配する力をもって機能する社会的形象態として存立しているということである。具体的には、資本制商品世界においては、個々の資本は社会的総資本の一肢体すなわち「可除部分」として現われ、したがって個々の資本ないし商品に表示される利潤は社会的総利潤の一分子・「可除部分」として規定されているということである。これが「利潤の平均利潤への転化」の意味するものである。まったく同じ論理構制において、個々の商品価格は社会的総価格の「可除部分」であり、この商品価格が「費用価格＋平均利潤」という内実を有する「生産価格」なのである。そして、冒頭商品（アルケーとしての商品一般）の「単純価格」規定は、資本制商品（上向の到達点としての現実的商品）の価値としては「生産価格」という形態規定において具体化されるということである。

かくして、「価値法則」は資本制商品においてはじめて社会的な必然的基礎づけを獲得するのである。第一巻における価値規定の、第三巻における生産価格規定の転化は価値法則そのものの修正ないし廃棄をいうのではない。それは、価値法則の資本制商品世界における具現化および貫徹様式を表示するものなのである。これが本章の、否、本書の結論なのである。

「補論」においては、本書において充分に立ち入ることのできなかった資本制商品社会における「物神性」の解読が、本書のやり残した課題、次なるテーマとして、その方法論的視座をふくめて寸言されている。

本書の構成と各章の概観とその内容要約としては、いささか長ったらしく散漫なものとなってしまったが、望むらくは、以上のごとき本書が目ざすテーマの骨子と展開の基幹構図をあらかじめ御理解いただいた上で本書をひもとき、厳しい御批判をいただければ、著者としてこれにまさる悦びはない。冒頭でものべておいたように、未熟で舌足らずの叙述にして平明さを著しく欠いたものに留まってしまっていることは、著者自身重々承知の上ではあるが、今後の作業にむけた準備段階ということで御容赦と御海容をお願いして、あわただしく本論に立ち入ることにしたい。

価値と生産価格——社会的物象化論を視軸にして読み解く

目　次

目次

第二章　抽象的人間労働と具体的有用労働

第三章　社会的物象化とその逆倒化の論理

〔凡例〕

マルクスからの引用については、『資本論』、『剰余学説史』、『経済学批判』、『経済学批判要綱』、にかんしては、本文中につぎの略号をもって註記する。

・（Gr.）：K.Marx, *Grundrisse der Kritik der politischen Ökonomie*, Diez Verlag, MEGA. Abt.Ⅱ.Bd.1.（『経済学批判要綱』）

・（Kr.）：K.Marx, *Kritik der politischen Ökonomie*, MEW.Bd.13.（『経済学批判』）

・（Th.）：K.Marx, *Theorien über den Mehrwert*, MEW.Bd.26.（『剰余学説史』）

・（K.Ⅰ.,K.Ⅱ.,K.Ⅲ.）：*Das Kapital*, Bd.Ⅰ.,Ⅱ,Ⅲ, MEW.Bd.23,24,25.（『資本論』）

・その他のものは、その都度、本文および註において邦訳題名件記のうえ原書ページを表記する。

・原書ページの表記は、各種邦訳書の頁表記との参照上の便宜もあって、MEW. 版のそれを用いる。やむをえない場面に限ってMEGA. 版を用いる。

・邦訳にあたっては、各種の邦訳ならびに大月書店版『マルクス・エンゲルス全集』等を参照したが、訳文は執筆者自身の責任でおこなわれている。

・［　］内の文章は、執筆者による解説・解読・補足である。

■ MEGA : *Karl Marx・Friedrich Engels Gesamtausgabe*, Dietz Verlag.

■ MEW : *Karl Marx・Friedrich Engels Werke*, Dietz Verlag.

価値と生産価格

――社会的物象化論を視軸にして読み解く

序　章　「マルクス価値論」批判の端初とそのプロブレマティック（問題のありかとなりたち）

――第一巻「価値論」と第三巻「生産価格論」との齟齬・矛盾をめぐる問題を軸にして――

（一）「マルクス価値論」への問題提起の発端――「バヴェルクvsヒルファーディング」論争を軸に

A.「バヴェルクvsヒルファーディング」論争の概要

「まえがき」において一言しておいた『資本論』における第一巻と第三巻との齟齬・矛盾、あるいは第三巻における第一巻にいう「労働価値説」の失効という問題提起、そしてそれに依拠して展開されたいわゆる「価値論論争」さらには「転形論論争」の発端は、――今、イタリアの「〝高名な〟ロリア」のマルクスにおける「価値論と生産価格論との矛盾」にたいする批判とそれに応接したエンゲルスの厳しい反批判（K.Ⅲ.S.898－902）は措くとして――周知のごとく、エンゲルス編集の『資本論』第三巻刊行（1894）直後に発せられたリカード派の流れをくむ限界効用学派のBöhm-Bawerkのマルクス批判の書（『マルクス体系の終結』[1]）における、いわゆる「第一巻と第三巻の矛盾」として提起された問題にはじまる。ベーム・バヴェルクのマルクス批判は、われわれからいわせれば近代的世界観の伝統的地平に立脚した典型的批判ではあるが、少なくとも手続き上は精緻かつ広範囲に渡るものであり、今日でも真摯に受けとめるべき多くの論点を含むものである。それゆえ、ここではまずわれわれの問題意識に即して、そのポイントを示しておくことにする。とはいえ、ベーム・バヴェルクのマルクス批判に関しては、あまりにも周知の事態であり、かつ広範な論議が繰り広げられてきた問題でもあるので、ここでは、ごく簡単にその骨格を説明しておくに留める。

バヴェルクは、上述のマルクス批判の著述『マルクス体系の終結』において、『資本論』に即してマルクスの「価値の理論と剰余価値の理論」および「平均利潤率と生産価格の理論」の内容を第一章と第二章で手際よく要約した上で、「第三章 矛盾の問題」において厳しい批判を下す。「マルクスの第三巻は第一巻を否認している。平均利潤率や生産価格の理論は価値の理論と調和しない[2]」と。バヴェルクは断言する。第三巻と第一巻との間のマルクスの見解における理論上の齟齬に関して、自分は『資本論』の理論展開のなかに何らの「解明と解決を何一つみることができず、かえって赤裸々な矛盾そのものを見ないわけにはいかない[3]」、要するに生産価格の理論は「価値法則の放棄」を意味する、と。

マルクス自身――とバヴェルクは続ける――この「矛盾」を四つの論拠と論証の手順をもって解決しようとした（「第三章 四つの論証」）。バヴェルクのいうマルクスの四つの論証の方途というのは、われわれなりに要約すれば①総計一致命題の論証の方法と手順、②価値の価格運動支配の論証、③価値法則＝単純商品生産社会妥当説の主張、④平均利潤の導出（総価値↓総剰余価値↓平均利潤）の手法、以上の四つであるが、バヴェルクにいわせれば、それらはことごとく失敗しているとする。そして、次の「第四章 マルクス体系のあやまり――その根拠とその諸分肢」のなかで、マルクスの価値論の矛盾と誤りの根拠をなすものは、なんといっても決定的なものは、その「明白な論理的および方法論的誤謬にある[4]」と批判する。その批判の典型は、よく知られているように、ベームのマルクスの論理的・方法論的操作における「幼稚（素朴）な手品」すなわち件の「蒸留法」に対する批判であろう。これこそ「マルクス理論の最大の弱点である」[5]というのである。

要するに、バヴェルクのマルクス「価値論」批判の骨子は次の点にある。マルクスが『資本論』第三巻でいうように、「生産価格」こそが商品生産物の現実の価格の基準であるとするならば、それはマルクスがそれに先行して第一巻で説いた「等労働量交換」を内容とする「価値法則」とは、明らかに不整合である。この不一致はどうなるのか。その場合この第一巻にいう「価値法則」にはどのような理論的・現実的妥当性があるのか。というより、ここでは「価値法則」は破綻しているのではないか。以上の点である。バヴェルクのこの批判は厳しくかつ理論内在的であり筋も通っているようにも思われる。

バヴェルクのいう「生産価格法則（Ⅲ巻）と価値法則（Ⅰ巻）の矛盾」という指摘のさらなる論拠と論理は別の視角からも後段で論ずることにして、今ここではこれ以上は立ち入らない。ここでは、ただ、「利潤の平均利潤への転化」の問題がポイントをなすことだけを暗示しておくに留める。

これに対して、マルクス擁護の立場から本格的な反批判を行ったのが、いうまでもなく Rudolf Hilferding[6]である。ヒルファーディングのバヴェルクに対する反批判は、周知のごとくエンゲルスのある言説を承けたものであるが、このエンゲルスの見解に関しては後段でのべることにして、ここではこのヒルファーディングの反批判の骨子を、これまた、ごく手短に要点のみを記しておくことにする。

ヒルファーディングは、上記のバヴェルクのマルクス批判を手際よく要約しながら反論する。まず、ヒルファーディングはマルクス価値論を擁護して、論文「ベーム・バヴェルクのマルクス批判」の「Ⅰ　経済学的範疇としての価値」において、彼はバヴェルクの「なぜ労働だけが価値をつくるのか」というマルクス批判に対して、マルクスの労働価値説は独自の唯物史観の方法論的視座と論理の地平において構築された特殊歴史的な「人間相互の社会関係」の解明を企図したものであり、バヴェルク流の効用価値論のように「物と人との個人的関係」を前提として「非歴史的、非社会的」な価値の把握とは次元が異なると、反批判する。あらゆる社会において、人々の生活は、労働の社会的関係を基盤として成立しており、かつまた労働はいかなる社会でも社会的労働である以上、「社会的労働の組織の様式」こそ当該社会の分析にとって要をなすものである。商品生産社会では、労働は孤立した私的労働をして行なわれるが、その社会的関連および社会的労働のあり方は生産・交換の社会的過程を介して間接的に実現されうるにすぎず、つまり「交換価値として表現される」しかないのである。「労働が価値の原理であり、価値法則が現実性をもつのは、労働が原子にまで分解されている社会を結びつける社会的紐帯にほかならないからである(7)」。ヒルファーディングはいう。価値とは商品生産社会における社会的労働の形態であり、それゆえ、価値の実体は労働でしかありえない。彼は、おおむね以上のような要旨でもって、マルクス価値論を擁護し、バヴェルクに対する反批判をまずもって展開しているのである。

ヒルファーディングは、同じく論文の「Ⅱ 価値と平均利潤」において、件のベームの『資本論』第一巻と第三巻との矛盾説に対して、その後の論争においても重要な意味と意義とを有することになる反批判を展開していく。要点は、第一巻にいう「労働価値説」ないしは「価値法則」は本格的な資本主義社会の定礎・成立以前の「小商品生産社会」において妥当する価値法則であって、現実の資本制商品生産様式の支配する社会においてはそれは「生産価格法則」へと転化するに至っているのだという主張にある。

このヒルファーディングのバヴェルクへの反批判において看過されてはならないのは、ヒルファーディングは、歴史上の単純商品社会における「価値法則」の資本制商品社会における「生産価格」への歴史的転化を視野に収めつつも、この転化を単純な歴史的転化として処理していない点である。それは、歴史的社会状況の変遷を背景とする価値法則の転態・変転・修正としての論理的な転化ともみなしているようにも読み取れる。ヒルファーディングはいっている。「歴史的前提が変化した場合には、交換の修正が生ずる。問題は、この修正が合則的なものとして認識しうるか、そして価値法則の修正として説明されるかどうかにある。もしもこのことが可能ならば、価値法則は、例え修正された姿態においてではあるとはいえ、今また交換や価値運動を支配している。その場合、この価格運動は、価値法則の直接的な支配のもとにあった本源的な価値運動の修正としてのみ把握されうる(8)」と。

因みに、従来は看過されてきたヒルファーディングの独特のスタイルの転化論の重要な特徴を鋭く指摘してみせた松石勝彦は、ヒルファーディングの説は「一見すると歴史的転化説とみえるが、その基本は論理的転化説と歴史的転化説の統一である。しかし、不幸にしてわが国では彼の説はこれまで歴史的転化説とのみ解釈されてきた(9)」とコメントしている。

ヒルファーディングの「Ⅲ　主観的解釈」においては、ベームのマルクスの論証の方法・論理への反批判が展開されており、それは極めて重要なテーマと内容を含むものであるが、さしあたっては、ここでは省略することにしたい。

さて、このようなヒルファーディングの「価値＝小商品生産社会法則」そして「生産価格＝資本制商品生産社会法則」の言説は、第一巻におけるマルクスの「価値論」・「労働価値説」を資本制生産様式に基づく商品世界における歴史的な基軸的社会法則と受け取っていた者に対しては、驚くべき見解である。しかも、この一般的に受容されてきヒルファーディング流のバヴェルクへの反批判は、ながらく正統派マルクス主義陣営の公式見解ともみなされてきたものでもある。とはいえ、ここで留意されるべきは次の点である。すなわち、前述しておいたように、このようなヒルファーディングの見解は、いわゆる「歴史説」の立場に立脚する「価値の生産価格への転化」論と一般にみなされているが、しかし、ヒルファーディングの場合は、この転化を資本制以前の小商品社会の経済的社会関係（生産関係・交通関係）の資本制商品社会のそれへの高次化・複雑化に伴う変化・変遷に結びついた「価値法則」の遷移・修正ということを含意するものとも理解されうる点である。なるほど、このヒルファーディングの主張は、ある意味で「歴史説」の構えをとった主張ではあるが、同じ「歴史説」的主張でも、小商品社会から資本制商品社会の移行に伴って価値法則は生産価格法則へと移行する、あるいは価値法則はそこでは失効し、生産価格法則に転換するのだとする単純な「価値の生産価格への転換」説とヒルファーディングの説とは、松石が指摘するように、一応、区別されるべきであろう。

一般に、「歴史説」に立つ「マルクス価値論」擁護家からは、しばしば「生産価格論の基礎には価値法則が基底に貫徹している」という類の主張がなされるが、しかし、そこでは、「価値の生産価格への転化」がどのような論理とプロセスで、いかなる根拠をもって生じ、そして生産価格の根底には価値法則がどのように貫徹しており、また生産価格は価値法則によっていかなるコンテキストで基礎づけられているのか等々の問題が、果たしてきちんとした論拠に基づいて権利付け（理論的正当化）されているかという問題に関しては、不明瞭といわざるをえない。もっとも、この点に関しては、歴史的な社会的経済関係の変遷を視野に収め、この変遷と理論的転位を結びつけて「価値の生産価格への転化」を説明したヒルファーディングにおいても、この転化の内実と論理および生産価格と価値との関係に関しては、あいまいなままではあるが。われわれが本書の主題とするものの一つは、まさにこの問題である。ヒルファーディングだけでなく、多くの論者においても、いわゆる「価値の生産価格への転化 Verwandelung」——後述するようにわかりやすく表現するためには「価値価格の生産価格への転化」とする方がのぞましいが今は問わない——を論ずる際に、この命題が価値法則の別の法則への転成ということを意味しているのか、それとも価値法則の無効化ないしは廃棄をいっているのか、あるいはまた価値法則の高次化的乗超え・止揚 Aufheben を含意するものなのか、かならずしも明確ではないところがあるといわざるをえないからである。

強調しておきたいのは、この問題は二十一世紀マルクス主義の有効性を論じるにあたっても、決定的ともいってよいほどの重要な意味を持っている。つまり、今日でも決して回避してすませることのできる問題でも、また「すでに解決ずみの問題」として処理できる問題でもない、ということである。

同じ広義の「歴史説」とはいっても、ヒルファーディングとは微妙に立場を異にする見解、単純な「歴史」説においては、ごく素朴に、小商品社会――仮に実在したとして――と資本制商品社会とでは、歴史上の異次元の社会階梯であるのだから、小商品社会に妥当する価値法則と資本制商品社会に妥当する生産価格法則とは異次元の法則であって、そこに何らかの内的・有機的な関連・つながりをみてとるべきでないし、みてとることはできない、とする。因みに、反マルクス主義者たちの多くも、価値と生産価格とは異次元社会の経済法則であり、両者には内的関係はなく、むしろ矛盾した異質の規定であるとみなしている。それればかりではない。彼らの多くは、バヴェルクにならって、このマルクス価値法則は論証的裏付を欠いた浅薄な、いわば偽の論証に基づいた理論（偽似理論）にすぎず、そもそもが資本制社会においては、この法則は、理論的にも現実的にも何らの有効性をもたないと宣言している点では共通している。

因みに、付言しておくと、この「バヴェルクvsヒルファーディング」論争は、その後の国内外のいわゆる「価値論論争」の端緒をなすと同時にその骨子をなすものである。そして、それは、件のマルクスの「総計一致命題」をめぐって生じた「転形論論争」の基軸となる問題でもあった。

わが国においても、この「バヴェルクvsヒルファーディング」論争の直輸入版ともいえる「小泉信三vs櫛田民蔵」論争をきっかけにして、マルクス批判派とマルクス擁護派および両派内部での多彩な論争が展開されていく。批判派としては、小泉信三を旗頭に土方成美・高田保馬等々が、擁護派としては、櫛田民蔵や山川均を先陣に河上肇・山田盛太郎等々が戦前の価値論論争に参戦、華々しい論争を繰り広げていった。戦後も、この延長線上で多様な面々が論争を繰り広げていくが、特記しておくべきは、宇野弘蔵およびその学派の独自の画期的ともいてよい問題意識と視角と論理構制に基づくこの論戦への参入である。

しかしながら、これらの海外を含めての論争史の紹介と検討・吟味は、さしあたっては、紙幅の関係もあり、またここでのテーマとかならずしも直接にはかかわるものではないということもあって、ここでは付言しておくに留める(10)。

B.「価値と生産価格」をめぐるエンゲルスの発言

先に、われわれは、二十世紀のかなりの長い間、いわゆるマルクス主義の正統派を支配してきたこの問題をめぐる見解は、上述のヒルファーディングの見解を軸にしたものであり、かつ、このヒルファーディングのバヴェルクへの反批判はエンゲルスの言説を承けたものであることを寸言しておいた。それではエンゲルスはどのようなコンテキストでどのような発言を行っているのであろうか。ここで、それを再確認しておこう。まず、エンゲルスは、『資本論』第三巻への補足と補遺」のなかで、マルクスが第一巻でいう価値法則の妥当する範囲に関して、次のようにいう。

ひとことで言えば、マルクスの価値法則は、およそこの経済法則というものが妥当するかぎり、単純商品生産の全時代にわたって、すなわち資本主義的生産形態の出現によって単純商品生産が変化させられる時まで、一般的に妥当するものである。その時までは、価格は、マルクスの法則によって規定される価値にむかって引きつけられ、この価値を中心として振動するのであり、したがって、単純商品が十分に発展すればするほど、それだけますます、外部の暴力的撹乱によって中断されない比較的長い期間の平均価格は、無視してもよいひらきの範囲内で、価値と一致するものである。(K.Ⅲ.,S.909)

エンゲルスは、このように価値法則の妥当性を歴史上の単純商品生産社会に定位して説明した上で、さらに大胆にも、次のように言辞を続けていく。

こうして、マルクスの価値法則は、生産物を商品に転化させる交換が始まってから十五世紀に至るまでの期間にわたって、経済的一般的妥当性をもつのである。ところが、商品交換が現われる時代に、いっさいの書かれた歴史よりも前にあり、エジプトでは少なくとも紀元前二千五百年に、おそらくは紀元前五千年にさかのぼり、バビロニアでは紀元前四千年に、おそらくは紀元前六千年にさかのぼるのである。だから、価値法則は五千年から七千年の期間にわたって支配してきたのである。(ebd.)

かくして、エンゲルスにおいては、「価値法則」は、資本制商品社会以前の歴史的に商品が登場して以降の、あるいは歴史的な単純商品社会の経済法則として妥当し、こうした単純な商品社会の傾動から把握された法則だというのである。その意味では、エンゲルスの見解は、まさに、「歴史に定位した価値法則の基礎づけと解明」という意味での「歴史説」の典型だとこれまでみなされてきたわけである。

エンゲルスのこの「第三巻への補足と補遺」における発言には、ある論争史的背景が横たわっている。エンゲルスは、マルクスの遺稿を整理し編集して一八八五年に公刊した『資本論 第二巻』の「序言」において、当時、マルクスの価値論は「ロートベルトゥスの剽窃だ」、ロートベルトゥスこそ「マルクスの理論の秘密の源泉にしてすぐれた先駆者である」と騒いでいた連中に対し、マルクス自身の価値論の形成史を明るみに出しつつ鋭くかつ厳しく批判している。

エンゲルスはいう。マルクスは、ロートベルトゥスの本を一八五〇年代半ばまでまったく目にしておらず、価値論はすでに一八四〇年代～五〇年代前半に骨子を固めており、それもロートベルトゥスのごとき浅薄にして未熟なレヴェルにおいてではなく、スミスやリカードをはじめとする古典派経済学者たちの重厚にして本格的な「労働価値説」をめぐる諸著作と真摯に対質・対峙してその批判的な超克において確立したものである、と。

その上で、以上のような厳しいロートベルトゥス派に対する批判に相即して、エンゲルスは、彼らに対して挑発的に「価値法則を侵害しないだけでなく、むしろそれを基礎としながらどうして均等な平均利潤率が形成されうるのか、また形成されざるをえないのか」(K.Ⅱ.,S.26)、この問題を第三巻が公刊されるまで論証し提示するように要求したのだ。古典派経済学が提起した価値論によれば、同じ大きさの諸資本はその有機的な資本構成の違いによって、それらの充用する人間労働の多少によって異なる利潤を生み出すはずであるが、資本主義社会の現実においては、「同じ大きさの諸資本は、その充用する生きた労働の多少にもかかわらず、同じ時間では平均的に同額の利潤を生産する」。この理論と現実との矛盾をどう考え処理すればよいのか。この問題は、古典経済学とりわけリカードおよびその学派が直面したものであったが、結局は彼らには解決できず「つまずきの石」の一つとなった難題として当時の経済学者たちの前に立ちはだかっていたものであった。マルクスは敢然としてこの問題に立ち向ったのである。エンゲルスは

「ロートベルトゥスにおいて、マルクスの秘密の源泉とすぐれた先駆者とを発見しようとする経済学者たち」に、マルクスにおける「この問題の解決は、『資本論』の計画によれば、第三巻でなされる」のであるが、そして第三巻は、近々、自分の手で公刊されるが、それまでにロートベルトゥス流の解決をきちっと論証して提示してみせて欲しいと挑発してみせたわけである。(11)その応答に対する評定が、第三巻におけるエンゲルスの「序言」においてまずもってのべられており、続いて一年後に執筆された論文――後に「補足と補遺」として第三巻に所収――のなかでいくつかの第三巻刊行後のマルクス批判にも応答している。ここでは、これ以上は立ち入らない。

C.「価値と生産価格」をめぐるマルクスの言説

エンゲルスの以上の言説は、実はマルクスの第三巻中のある主張を受けて、上述のごとき論争史的背景において展開されたものであるが、ここではとりあえずエンゲルスの依拠したこのマルクスの問題発言をも引用しておくことにしよう。マルクスはいう。

こうしてわれわれは、すでに［第一巻の「価値論」においては］次のことを明らかにした。――すなわち異なる産業部門においては、諸資本の有機的構成の相違に対応して、また前述の限界内では諸資本の回転時間の相違にも対応して、不等な利潤率が支配するのであり、それゆえまた、同じ剰余価値率のもとでの同じ有機的構成の諸資本にとってのみ――同じ回転時間を前提すれば――利潤は諸資本の大きさに比例し、［この条件下においてのみ］同じ大きさの諸資本は同じ時間内には同じ大きさの利潤を生むという法則［第一巻にいう「価値法則」］が（一般的傾向から見て）妥当すること、このことを明らかにしておいた。留意さるべきは、ここに展開されたのは、諸商品が価値どおりに売られるという、一般にこれまでわれわれの基盤であったもの［第一巻にいう「価値法則」の基本的理論前提］にもとづいていえるということである。他方［第三巻の資本制商品社会の「生産価格法則」においては］、非本質的な、偶然的な、相殺される諸区別を度外視すれば、異なる産業部門にとっての平均利潤率の相違は現実には存在せず、また、この相違［利潤率が産業部門によって異なるということ］は、［現実の資本主義社会においてはありえず、つまり利潤率の産業部門間での相違は］資本主義的生産の全体制を廃棄することなしにはありえないであろうということは、少しも疑う余地がない。したがって、価値理論はここでは現実の運動と一致しえず、生産の実際の諸現象と一致しえないかのように見え、それゆえ、一般にこれらの諸現象を把握することは断念しなければならないように見える。（K.Ⅲ.S.162）

別の個所では、次のようにもいっている。

したがって、価値どおりの、または近似的な価値どおりの諸商品の交換は、資本主義的発展の一定の高さを必要とする生産価格での交換に比べれば、それよりはるかに低い段階を必要とする。……／それゆえ、価値法則による価格および価格運動の支配は別にしても、諸商品の価値を単に理論的にだけでなく歴史的にも生産価格の〝先行者〟とみなすことはまったく適切である。（ibid.S.186f.）

要するに、これらは、第一巻にいう「価値法則」は、本格的な資本主義社会の成立に先んずる社会状態、すなわち労働と所有との分離以前、すなわち「生産手段が労働者のものである状態」にあった単純な小商品社会の歴史的状況における法則である、とも読めるマルクスの文言である。

以上のように、一見マルクスは、価値（法則）は「単に理論的にだけでなく歴史的にも生産価格の〝先行者〟とみなすことはまったく適切である」との表現から伺えるように、歴史的な資本制商品社会に妥当するのは生産価格であり、価値はあたかもそれに先行する小商品社会にしか妥当しないというニュアンスの言動を行っている。しかしながら、他方では、このような言明とはかならずしも一致しない、というより矛盾した発言もしている。それは「価値の価格への転化」の意味を考える上で、きわめて重要な問題である。例えば、「価値は生産価格を規制する」とか、「価値法則は生産価格の規定を貫いている」とかいう発言がそれである。とはいえ、このようなマルクスの主張の論拠はかならずしも明確ではない。というよりも、かなりあいまいである。具体的にいうと、マルクスは、ある個所で次のようにいっている。すなわち、「いろいろな生産部面の商品が互いに価値どおりに売られるという仮定が意味していることは、もちろん、ただ、商品の価値が重心となって商品の価格はこの重心をめぐって運動し、価格の不断の騰落はこの重心に平均化されるということだけである」が、まさにこのような社会的運動を介してはじめて「価値法則は生産価格を規制するのである」（ibid.,S.137）と。〝このような社会運動を介して〟とは具体的にはどのような社会的運動の機制と構制をいうのか。ありていにいえば、生産物が資本によって生産された商品として立ち現われ、それが市場（流通過程）における諸資本間の「競争」を媒介とした「市場価格－市場価値」の社会的運動形態において展開される運動を介してであるが、これをめぐるマルクスの言説（第三巻・第十章）は、後に「不明瞭な個所」として『資本論』研究者を悩ました章としてよく知られている。

さらに、マルクスは、同じ第三巻第二篇の別の個所では、次のようにもいっている。

諸商品が互いに交換されるさいの価格が諸商品の価値とほぼ一致するためには［第一巻にいう価値法則の成立・貫徹のためには］、次のことのほかにはなにも必要ではない。（１）いろいろな商品の交換がまったく偶然的な交換や単に臨時的な交換ではなくなるということ。（２）直接的な商品交換が考察されるかぎりでは、これらの商品がどちらの側でも相互の欲望にほぼ一致する割合で生産されるということ。これは相互の販売経験がそうさせるのであり、したがって継続的な交換そのものの結果として生まれてくることである。（３）販売を問題にするかぎりでは、自然または人為的な独占によって取引当事者の一方が価値よりも高く売ることができるとか、価値よりも安く手放さなければならなくなるということがないということ。われわれが偶然的独占というのは、需要供給の偶然的状態から買い手または売り手にとって生ずる独占のことである。(ibid.,S.187)

このような価値と価格とが一致する事態が、一般的にいって総社会的に十全な形で原理的に汎化・貫徹されるのは、資本主義的商品生産社会の成立・定礎をまってはじめて可能ともいえよう。もしそうなら、先にマルクスが指摘していた事態の叙述すなわち「価値法則による価格および価格運動の支配は別にしても、諸商品の価値を単に理論的にだけでなく歴史的にも生産価格の先行者とみなすことは、まったく適切なのである」とはいう表現はどう理解したらよいのであろうか。また「価値法則は生産価格を規制する」とか、「価値の生産価格への転化」あるいは「価値法則による[あらゆる]価格および価格運動[生産価格およびその運動を含む]の支配」とは、一体どういう事態と論理をいうのであろうか。第三巻のマルクスの議論の展開——あくまで準備ノート・下書き草稿にすぎないのではあるが——においては、これらの問題は不明瞭なまま残されているといってもよい。

さしあたって〝「価値(価格)と生産価格との関係」はどのように理解したらよいのか〟われわれが問いたいのはまさにこの問題なのである。

(二)マルクスにおける「価値論から生産価格論への転化」問題の主題化の時期をめぐって

A.「価値の生産価格への転化」の時期をめぐる問題のプロブレマティック

すでに前節でみておいたように、マルクスは『資本論』第三巻において、自ら「価値どおりの、または近似的な価値どおりの諸商品の交換は、資本主義の発展の一定の高さを必要とする生産価格での交換に比べれば、それよりはるかに低い段階を必要とする」、だから「価値法則あるいは商品の価値」を「単に理論的にだけでなく歴史的にも生産価格の〝先行者〟とみなすことは全く適切である」と明言していた。各資本の投下した費用価格に社会的に分与される平均利潤を加えた「生産価格」で各々の商品が交換されるというのが資本制商品世界の現実であって、第一巻でみてきたような「諸商品は［各々の諸資本が直接実現した］価値どおりに売られる」という基盤前提は資本制商品の現実の運動においては妥当しない、というのである。これが、マルクスにおける「価値から生産価格への転化」問題の核心である。マルクスは、第一巻の「価値論」を第三巻の「生産価格論」で放棄したのか、それとも修正したのか、あるいはより高次の準位で展開しようとしたのか、下書き的準備草稿、大雑把な粗稿・研究ノートのエンゲルスによる再編集という第三巻の刊行の背景・実情もあって、さらには、マルクス自身、この問題に関してかならずしも明確な解答を示しておらず、そのあいまいな多義的な言説から一定の確固たる結論を手にしていたかどうかも判然としないところもあって、確然たる結論は見出されえない。しかし、すでにのべておいたように、この「転化問題」は、われわれにとってのみならず現代マルクス主義においても、避けては通れない問題として立ちはだかっているのである。

この問題に関連して、もう一つの重要な問題がある。それは、この問題の重要性にマルクスが気付き、その上で「価値から生産価格へ」と思考の重点を移行・転換させたのはいつの時期であったのか、そしてそれはなにゆえであったのか、という問題である。

この問題をめぐって、比較的はっきりしているのは、マルクスは『経済学批判』（1859）――以降『批判』と略記――の時点では、「価値法則」は資本制商品においてこそ実現され妥当するにいたるのだと明言していたが、しかしながら、『資本論』（1867）に至ってはこのような明言は姿を消すばかりでなく、第三巻においては、資本制商品はかの「価値」に代わって「生産価格」を規制原理として交換されるにいたるという考え方を採用するに至っており、いわば「価値論から生産価格論へ」と視点の転換を行っているように思われるということである。前者の問題すなわち転形か修正かという問題に関しては、われわれは、本書の全体を通して考究していくこととし、ここではさしあたって、後者の問題（視点の転換の時期）をみていくことにしたい。

以上のごとき「価値から生産価格への転換の時期」をめぐる問題に関して、マルクスの『経済学批判』期の「価値論」の位置づけと『資本論』におけるそれの変位の問題に即して、主題的に〝『資本論』形成史〟をも視野に収めて討究したのが、廣松渉であった。以下で、この廣松の問題意識および問題提起に焦点をあててその要点をみていくことにしよう。その前に、次のような廣松の興味ある重要な発言を少々先取りして引用しておこう。

……マルクスは一八五九年に出した『経済学批判』においては、価値法則つまり「商品の価値はそれに含まれている社会的必要労働時間によって規定される」、「商品はそれに投下される労働量に応じて交換される」という法則は、資本主義社会においてこそ「はじめて実現する」と考えていたこと。――しかるに『資本論』においては、それとは謂わば逆に、資本主義社会では価値法則はそのままの形では妥当せず、資本主義的商品は「生産価格」（つまり費用価格プライス平均利潤）を規制原理として交換される、という考えに変化していること。「諸商品が価値どおりで交換される事態は、資本主義的発展の一定水準を要件とする生産価格での交換が現におこなわれている状態に比べて、はるかに低い発展段階を要する」という考えに変わっている……(1)。

B．廣松渉による「一八六四〜六五年」転換説

以上のごとき〝『批判』期の「価値論」〟から〝『資本論』とりわけその第三巻で明示的に顕になる「生産価格論」〟

へのマルクスの転換・移行にはどのような問題論的背景と理論的コンテキストがあったのであろうか。われわれは、廣松のこの問題をめぐる精緻な考究を主軸としながら、それを踏まえつつわれわれの問題意識に即して整理していくことにしよう。

廣松は『批判』（1859）と『資本論』（初版1867）とにおける「商品の価値」をめぐる「価値法則」に対する理論的位置づけ・意義づけの相違、すなわち、別の表現でいえば「価値から生産価格への立ち位置の変換」のプロセスを、『批判』後の『資本論』の準備作業および執筆過程に目配りしつつ、とりわけ一九七〇年代以降に新規に公刊された『資本論草稿』（新MEGA. 第Ⅱ部）の新資料をも参照しつつ、さらに、こうした諸資料に関する精緻な文献学的な討究を介して、次のような結論を導き出してくる。

> 一八六二年の初めまでのマルクスは「商品の価値は当の商品に含まれている社会的必要労働によって規定される」という価値法則は資本主義的商品においてこそ妥当すると了解していたが、一八六四年以降は、資本主義的商品にあっては（生産価格が規制原理となるので）価値法則はそのまま実現せず、価値法則がそのままの形で妥当するのはむしろ単純商品においてであると考えるようになっていること、見解上のこの変化を追認できます。(2)

とはいえ、ここで大急ぎで、廣松のこの見解にたいする素朴な誤解を防いでおくため、その直後の廣松の言辞も引用しておこう。

> 尤も、マルクスの場合、歴史性と論理性とは必ずしも一致しないことが自覚されておりますから、右の変化と短絡的に対応づけて、冒頭商品が当初は〝資本主義的商品〟として措定されていたところ、後には歴史上の〝単純商品〟として措定し直されたのだ、と受け取るのは拙速というものです。(3)

それでは〝冒頭単純商品〟とは何か？　われわれの出発点は、まずこの問題を基軸にして設定されているが、それは後段（次節）での課題である。

さて、再び、マルクスにおける「価値から生産価格への移行」の時期をめぐる問題に立ち戻ろう。マルクスは『批判』刊行後、一八六一年から一八六三年にかけて件の二十三冊のノートを作成（いわゆる『剰余学説史』を含む――以降『学説史』と略記――）するが、一八六二年の時点でいわば第一次『資本論草稿』をも書き上げている――因みに、マルクスは一八六七年の『資本論』刊行までに広義の意味で四次に渡って草稿を書いた――。ところが、この一八六二年執筆の第一次草稿においても、マルクスは依然として、後に引用するように、「資本主義的生産の発展とともに、そこではじめて『批判』において展開した一般的諸法則」すなわち「商品の価値はそれに含まれている社会的必要労働時間によって規定されるという法則も実現される」旨のことを相変わらず書いているのである。つまり、この時点では、マルクスの見解には『批判』とくらべて変化はみられない、ということである。ところが、先にみておいた第三巻第十章では、価値法則は「生産価格での交換が現に行われている資本主義的発展の……状態に比べて、はるかに低い発展段階」において妥当する法則だといっている。第三巻のこの文章は、実は、先の『学説史』(1861～、63年ノート・草稿）以降に、第一巻～第三巻の全体の粗稿として一八六五年に書き上げられたものと考証されている。ということは、一八六五年の時点では、マルクスは一八五九年『批判』や一八六二年の第一次草稿の時点に比していえば「価値法則」に関して見解が変わっており、そこでは新しい了解へと移行するに至っている、ということである。

第三巻の粗稿（1865）の執筆後の一八六六年からマルクスは第一巻の印刷用原稿に取りかかったのだから、「価値と生産価格」をめぐる齟齬ないしは〝矛盾〟云々の問題は、第一巻の公刊時には「マルクス自身によって既に勘考されていた」のみならず、論の全体的展望と一定の整合性を確保できていない状況で体系的書を公刊するということは、少なくともマルクスにとっては厳にありえないことであるから、「第一巻の公刊時には既にそれの〝解決案〟が（後の時点で顧みるときそれが完璧であったかどうかは別として、一応）抱懐されていた(4)」ものと予測できるとする。というよりも、さらにこのことを強調して、廣松は、「『資本論』第一巻を刊行した時には資本主義的商品は「価値」を直接的な規制原理として交換されるのではなく、直接的には「生産価格」を規制原理として交換されること、言い換えれば、等労働量交換というかたちでの価値法則は資本主義的商品には現実的には妥当しないこと、このことを知悉していた(5)」はずだと、論定する。この廣松の論定に対して、ある留保を付した上ではあるが、われわれとしても異論はない。

廣松は、こうした自説をさらに補強すべく、一八六二年（二or三月）の時点の件の『資本論』第一次草稿のある一文と、一八六四年に執筆された『直接的生産過程の諸結果』――以降『諸結果』と略記――中のある一文とを比較して、そこから興味ある重要な論点を引き出してくる。因みに、『諸結果』は、執筆時の予定では、周知のごとく、第一巻の最後の部分に置かれるはずであったが、それはともかくとして、この『諸結果』の問題の一文は、一八六二年のかの第一次草稿中のある一文の改定文となっており、ほぼ同文である。若干の改修はあるものの事実上のリライトである。「ところが、決定的な一点で「変更」されて(6)」いて、「最後の個所だけが決定的に違う(7)」ことに廣松は注目する。それは、次のような個所である。

・（第一次草稿　1862）

「資本主義的生産の発展とともに、そこではじめて、商品について展開した一般的法則、例えば、商品の価値はそれに含まれている社会的必要労働時間によって規定されるという法則［価値法則］も実現するのである」。（Th.,S.286）

・（『諸結果』1864）

「資本主義的生産の発展とともに、そこではじめて、商品について展開した一般的法則、例えば、価値に関する諸法則も、貨幣流通の異なった形態において実現するのである」。（MEGA.Ⅱ - Ⅶ.,S.180f.）

問題は、資本主義的生産様式の支配する社会では、例の「価値法則」は「貨幣流通の異なった形態において実現する」という表現である。資本主義的商品社会において実現する「価値法則」はそれ以前の低い段階の商品交換における「価値法則」とはどんな関係があり、どのような違いがあるのだろうか。また資本主義社会における貨幣流通の形態は、それ以前の商品流通を媒介する後者の貨幣流通の形態とはどのように異なっているというのであろうか。われわれは、この問題に関しても、後段の章において討究していくことになる。

以上のような事情を踏まえながら、『資本論』第一巻においては、かくして「資本主義的生産の発展を俟ってはじめて価値法則が実現する」という類の『批判』（1859）や「第一次草稿」（1862）での言い方は、「少なくとも明示的な形では、きれいに姿を消しております」[8]という事実を廣松は指摘しているわけである。このことは、マルクスの「価値法則に関する了解の変化を暗示する一例」ということにつながる問題でもあるが、ここでは指摘しておくだけに留める。

因みに、『批判』と『資本論』との術語上の差異についてもここで寸言しておくと、よく指摘されるように前者の〈交換価値〉は後者では〈交換価値〉と〈価値〉とへ、〈労働〉は〈労働〉と〈労働力〉とへと自覚的に区分されて用いられるようになる。そこには、マルクスの自己批判を含んだ理論上の深化、すなわち問題設定と概念規定および理論構制上の重大な転換・拡充があったはずである。ここでは、この問題も指摘するだけに留める。

今一つだけ付け加えて強調しておきたい術語上の差異がみられる。それは〈抽象的人間労働〉カテゴリーである。このカテゴリーは『批判』においては用いられていない。『批判』における『資本論』の〈抽象的人間労働〉に対応する語は、〈抽象的一般的労働〉・〈一般的人間労働〉・〈抽象的労働〉・〈一般的社会的労働〉あるいは〈抽象的な、一般的な、同等の労働〉・〈同等な無差別な労働〉・〈単純な質をもたない労働〉・〈労働の特殊な社会的一形態〉等々と多彩である。そこでは、また、〈抽象的人間労働時間〉というカテゴリーも用いられておらず、〈一般的労働時間〉・〈社会的労働時間〉等々が用いられている。

使われるようになったのは『資本論』初版からであろう。現行版においてはもちろんこの用語は上述の他の用語とともに多用されている。今では、この術語の使用は常識であり、多くの論者に汎用されている。価値の社会的実体としての〈社会的必要労働〉・〈一般的な人間労働〉等の概念規定上の深化・高次化があったものとうかがわれる。この問題に関しても、別の視角から後段においてあらためて論ずることにしたい。

いささか横道にそれてしまったが、ここであらためて本項での議論を要約しておくと、マルクスのいう「価値の生産価格への転化」論の背景には、冒頭商品論で展開した「価値論」と第三巻で対象となる「生産価格論」との間には、一定の理論上の転換・差異が暗に孕まれており、それは『批判』における「価値法則は資本主義の発展を俟ってはじめて実現される」という見解から、『資本論』第三巻の「資本主義商品にあっては生産価格が規制原理となるのであって、価値法則の原理・原則がそのままの形で直接かつ現実的に妥当するのはむしろ単純商品においてである」という見解へと変化・転換し、それが深層を貫徹しているということ、そしてこの価値法則の了解の転轍・転位は、一八六二年の『資本論』第一次草稿執筆の時点から以降の一八六四年『諸結果』および一八六五年『資本論』第三巻祖稿執筆の時点と考えられるということである。

われわれの立場は、このような『資本論』へといたるマルクスの経済学批判体系の形成史をも視野に収めながら、「生産価格論と価値論との関係」さらには「生産価格におけるより高次の階梯での労働価値説の貫徹様式とその論理」を討究していきたい、ということなのである。

C.「価値の生産価格への転化」から「価値価格の生産価格への転化」への命題変更のわれわれによる要請とその理由

件の「価値の生産価格への転化」という命題にいう「価値」とは、この場合、『資本論』第一巻にいう冒頭商品（商品一般）規定の準位にそくした諸商品の交換における社会的単位すなわち諸商品の交換における共通の社会的実体をいう。それは、すべての具体的有用労働を共約する基体・社会的単位としての一般的人間労働なるものを実態的根拠とするものであった。他方の「生産価格」は、主として第三巻で本格的に開示される資本制商品の同じく社会的交換可能性の大きさを表わすところの貨幣が表現する価格表示であった。

要するに「価値」はある商品を生産する社会的労働とその大きさを表わす単位を内実とするものであり、それはその商品を生産・再生産するのに必要な社会的に一般的かつ普遍的な労働の時間すなわち抽象的人間労働時間によって表示されるものである。このような意味で、「価値」は労働カテゴリーであり、その尺度単位は「労働時間」である。ところが、他方の〈価格〉カテゴリーは貨幣カテゴリーであり、その尺度単位は貨幣の度量単位・度量標準たる「価格」である。

ということは、〈価値〉カテゴリーと〈価格〉カテゴリーとは、カテゴリー規定の準位が異なっており、直接的には異質のカテゴリーである。前者の計量単位・尺度単位は「時間」であり、後者のそれは物としての貨幣の計量単位・尺度単位である「価格」であり、両者を直接に共約ないし通約することは不可能である。

本来、次元の異なる二つのカテゴリーすなわち〈価値〉と〈価格〉とが、なにゆえに「価値と生産価格」として同準位に、共役性を有する同格単位として並列に等置されうるのであろうか。果たして、両者は、共役可能単位として並置されうるものなのだろうか。これは何らかの形でのマルクスの理論上の過誤ないしは用語使用上の手違いに由来するものではないか、という疑念が生じるもの無理からぬところがある。要するに、問題は次のことにある。価値と価格は「概念規定における dimension を異にする二つの異なったカテゴリー」である。問題は、とはいえ、その両者が「次元」をことにしているのはなぜかであり、後段で参照することになる熊野純彦を引用していえば「マルクスが次元の差異を設定しながら、なお両者のあいだに「転形」あるいは「転化」の関係を認定しているのはどうしてなのか」という問題である[9]。

しかしながら、マルクスは『資本論』全三巻を通じて「価値＝価格」の原則・理論的前提原理に立脚して論を展開しており、またこの原則をくりかえしのべてもいる。詳しくは後段の第一章・第二章でのべることになるが、簡単に先取り的にいっておくと、次のような理由で「価値と価格との同格」を根拠づけている。まず、〈価値〉は商品の総社会的交換において抽象化されて析出される諸商品の社会的な質的同一性とその度量単位をいうのであるが、〈価値〉それ自体そのものを単独で考察すると、それは、社会的抽象態・社会的普遍態として存立しているものであって、この社会的普遍はイデアール・イレアールな存在性格を有する社会的形象態である。それゆえ、それ自体は「感覚・知覚」的には不可視にして計量不可能な物象的存立態である。それは、近代的世界観における経験主義的実証主義・科学的合理主義の立場からすれば、形而上学的な概念以外の何ものでもない。これこそ、まさしく、バヴェルクの批判するところのものであったのである。単独でそれ自体としては不可視にして非計量的な〈価値〉、この〈価値〉の可視化・計量化すなわち客観化・現実化を遂行する媒体が貨幣である。すなわち、自己の価値を実現しようとするある商品（相対的価値形態商品）は直接自分で自己の価値の大きさを示すことはできず、自分の交換相手の別の商品との社会的関係において当該の相手商品すなわち「等価形態に位置する相手商品」（等価形態商品：窮極的には貨幣）の現物＝使用価値物としての大きさをもって間接的・媒介的にそれを可能とするのである。すなわち、価値は究極的等価形態商品たる貨幣の大きさ、つまり貨幣の大きさの度量単位・度量標準としての価格によってレアールに表示されるということである。マルクスはこの事態を明らかにすることによって、イレアールでイデアールな社会的普遍態としての価値の可視化・計量化に基づく客観的表示を基礎づけ権利づけたのである。そこから「価値と価格とはその本質・内実においては等しい」と立言したのである。マルクスの「価値＝価格」というこの理論上の原則・原理は、『資本論』全三巻に再三再四くりかえし言及されているのは、以上のような論拠に基づくのである。このことは、次章においてより詳しく再説する。

因みに、マルクスのいう価値の実体性に関してここで蛇足ながら付言しておくと、価値は社会的実体として社会的実在性を有するといっても、その実体性は伝統的な意味での超越的な普遍的で不易・不変・不可分の絶対的な実体性をいうのではない。商品の価値およびその価値実体は動態的な社会的普遍性をいうのであって、したがってその価格も動態的に可変的な価値の表現媒体となっている。価格は価値の変動を表示すべく変動的に機能しなくてはならないし、したがって逆にいえば、価値の現実の運動を表示する価格の運動は、価値の変動を媒介的に示す働きをしてもいるわけである。そのプロセスにおいては、当然「価値と価格との乖離」・「価値と価格との関係のゆらぎ」が存在するし、またそれらがあるからこそ、それを介して一定の期間における総社会的な「価値＝価格」の原則が貫徹されるのである。この問題は、『資本論』においては第三巻の「市場価格・市場価値・市場生産価格」論等々において本格的かつ主題的に展開されることになる。

さて、ここで、再び本題に立ち帰ろう。われわれとしては、マルクスのいう「価値＝価格」の命題は上記の理由から納得できる。したがって、件の冒頭商品の価値は資本制商品においては生産価格という形態で表現されるという意味で「価値の生産価格への転化」という命題も充分納得できる。この問題に関しても後段で本格的に取り扱うことにする。しかしながら、従来のこの命題をめぐる論議においては、上記の価値と価格との関係が十全な形では理解されてきたとはいえず、多くの誤解や誤読を生み、議論に無用な混乱を招来してきたように思える。そこで、われわれとしては、こうした誤読や混乱を整理・回避すべく、この命題をめぐるカテゴリー上の準位を統一して、「価値価格の生産価格への転化」という形で、一旦、価格カテゴリーに統一した表現に変更して、以下の考察を展開していくことにしたいと思う。それは、冒頭商品の価値の価格表現（単純な「価値価格」）は、第三巻レヴェルでの資本制商品の価値の価格表現としては「生産価格」という形態に転化して現われるという事態を、よりすっきり表現するためである。

因みに、「価値価格の生産価格への転化」を逆にして、価値カテゴリーで統一的に表現すれば、冒頭商品の単純な価格規定において表現される価値は「単純価格価値」と規定される態のものであり、他方、後者の資本制商品の生産価格の表示する価値は「生産価格価値」ということになる。したがって、第一巻の価値規定は単純な「価格価値」、そして第三巻の価値規定は「生産価格価値」ということになる。かくして、「価値の生産価格への転化」という命題は、〈価値〉カテゴリーで統一して命題化すれば「単純な価格価値の生産価格価値への転化」という表現になる。それは、また、上向法における「商品一般から資本制商品への転化」に対応する「単純商品価値から資本制商品価値への転化」ということでもある。この件は、上述しておいたように、後段の各章で別々の視角から詳しく論ずることになる。

ところで、これまでのわれわれの議論とは、いささか矛盾するところがあるかもしれないが、われわれは、実は、マルクスの「価値の生産価格への変化」という命題は、事の真なる事態をきわめて適切に表現しており、マルクスも本来はそのことをいいたかったのではないか、とも考えている。それは、どういうことかというと、次のような事情である。われわれがすでにのべてきたように、価値は不可視にして非計量的な社会的実体であり、それは価格によって可視化され計量されて客観的に表示されざるをえない。つまり「価値の価格への転化」は必然的であるということであった。われわれは、後述するように、価値法則は、現実的には、資本制商品世界においても、というよりそこにおいてこそ貫徹する法則である、という立場にたっている。冒頭単純商品の価値は単純な価格形態規定で表示される。それでは資本の生産した商品の価値はどのような形態の価格で表示されているのか。それは「生産価格」という形態においてである。ここでは「価値は生産価格へと転化」して可視化され客観化されているというわけだ。だとしたら、かのマルクスの命題は、資本制商品世界における価値と価格との関係の真相を開示している実に適切な命題ということになる。

しかしながら、今のわれわれには、マルクスの真の意図を明らかにすることはできないし、また、これまでの伝統的な価値論をめぐる論争を踏まえて論点・視点を絞り、それに依拠ないしは軸足を置いてわれわれの議論を展開することがより望ましく、かつ理解をえやすいだろうということもあって、「価値価格の生産価格への転化」という形の命題の視座から考察を遂行していくことにしたいというわけである。

この問題をめぐる詳論はとりあえず置くことにして、われわれにとっては、この「単純な価値価格の生産価格への転化」ないしは「単純な価格価値の生産価格価値への転化」という表現は「冒頭商品の価格ないし価値」の「資本制商品の価格ないし価値への転化」をいうものであるが、この二つの表現は、後段において論じるようなマルクスに固有の世界観の地平に立脚した方法的視座、とりわけ弁証法的な「上向法的体系構成の論理構制」に依拠しているものであって、したがって冒頭商品の単純な〈価値〉・〈価格〉の概念規定は、上向の方途のプロセスで階梯的に高次化・豊饒化されて再措定されて、資本制商品における〈価値〉・〈価格〉規定へと転換されていく道筋を辿るものとなっている。

伝統的な論理学においては、「概念規定の一義性」が基本原則となっており、議論の展開において同一概念は同一意味規定において用いられなければならないとされているが、弁証法的〈概念〉規定にあっては、議論の段階的進捗に応じて、その概念規定とその内実が再措定されて展開され、概念内容の修正・転換、場合によってはより高次の再規定つまり概念規定のやり直しということもありうるのである。これを看過すると、廣松が鋭く指摘し批判するように、例えば『資本論』冒頭の価値規定（生理学的エネルギー支出説）をマルクス価値概念の最終規定とみなし、その後の数次に渡るこの価値概念の再措定の重要性とその意義を看過し、無用の混乱と悲喜劇を招来し帰結する事態をもたらすことにもなる。

このことからもうかがえるように、冒頭商品の〈価値〉・〈価格〉の概念と資本制商品の〈価値〉・〈価格〈生産価格〉〉

の概念とに関しても、このことは常に念頭におかれなければならない。とりわけ〈価格〉カテゴリーとは違って、人々の社会的生活基盤としての生産関係・交通関係を反照する概念カテゴリーたる〈価値〉をめぐる冒頭規定と第三巻のそれらとの間の規定の階梯的再措定の進捗は見逃されてはならない。そこには、明らかに、これらの概念規定の準位と形態規定の弁証法的進展がみられるのである。それは、価値実体としての〈抽象的人間労働〉概念の規定の理解にとっても決定的な意義を有している。

例えば、第一巻の〈抽象的人間労働〉規定にあっては、同一部門・同種具体的有用労働の社会的労働への転化の論理は貨幣による「一物一価」の作用によってほぼ明らかにされてはいるが、異部門・異種労働相互の社会的労働への転化は説かれていない。「単純な価格」カテゴリーにおいては、それがいまだ論理的に抽象的な単純な価格の表示機能に留まっているため、この準位での貨幣形態においては、なお多くの貨幣をめぐる諸契機が捨象されブラック・ボックスに入れられたままで分析され規定されているにすぎない。すなわち、第一巻における〈価値価格〉は、第三巻で開示される様々な複雑な諸契機を孕む高次の貨幣機能は捨象されブラック・ボックスに入れられたままでいまだに初次的形態に定位された価格規定の準位に留まっており、この初次階梯での単純な概念規定にすぎない。それゆえ、この価格カテゴリーの表示する価値の実体としての〈抽象的人間労働〉もまた初次的で単純な第一次的・端初的な抽象人間労働の概念規定に留まっているのである。これに対し、第三巻の「生産価格」カテゴリーにおいては、異部門・異種間労働の抽象的人間労働としての社会的労働への還元・抽象化の論理が、貨幣による「生産価格価値」表示の形態という「第二の高次化された貨幣の機能形態」において現示される構制となっている。そこでは、先の「単純な価格価値」とこの「生産価格価値」との間では、〈抽象的人間労働〉概念規定の背景をなす「場」とその構造規定の高次化が進捗しており、抽象的人間労働のより複雑な本質が明るみに出ることになる。詳しくは、第三章以下で論じていくことにするが、とりあえず、ここでは、マルクスが『諸結果』においてのべた「資本制商品世界における価値法則は貨幣のもう一つ別の形態において実現される」という謎のような言辞を思い起こして欲しい。

それでは、われわれがくりかえす「冒頭の論理的に単純な商品」およびその「単純な価値および価格」とは一体なにを言い、またそれは「資本制商品の現実的で具体的な価値および価格（生産価格）」とはどう違い、両者はどのような関連にあるのだろうか。そもそも「冒頭商品」とは何をいうのであろうか。これを見ていくためにも、次に、少々迂回して、われわれは、マルクスのいう「経済学の方法」すなわち「上向法」の論理およびこれを基軸にした廣松の「端初論」の考究に定位して、上向法における弁証法的な体系構成の論理構制の考察に立ち向かうことにしよう。

（三）上向法の論理と端初商品の存在規定と存在性格
——端初としての冒頭単純商品と終局における資本制商品との関係

A．マルクス「上向法」における弁証法的体系構成の論理

マルクスは、一般によく知られているように、彼の経済学の方法に関して、件の『経済学批判要綱』——以降『要綱』と略記——の「序説」の「4．経済学の方法」において独自の議論を展開している。その核心をなすものこそが、いわゆる、マルクスのいう「下向－上向」法的体系構成の道筋である。ここで、まず、マルクスは、弁証法的体系構成への第一段あるいは前提としての「下向法」のプロセスに関して重要な論点を指摘している。それは、学問的な関心と考察のきっかけを呼びおこすものは、人々が日常的生活において遭遇する現実的で具体的な諸問題およびそれに関する疑問をきっかけとして生じるものであるが、それは、決して、学問的な理論上の認識や研究の起点として位置

づけられるものではない、ということにある。この種の人々の日常意識に現われる直截的な表象は生きた具体的な問題ではあるが、それは漠然とした、その意味での素朴で抽象的な問題の立ち現われである。確かに、このような準位での「具体的なものは、それが現実の出発点であり、したがってまた、直観や表象の出発点であり、われわれの認識、研究にとって、それが〝より先のもの〟ではある」(Gr., S.632)。しかし、学的認識の起点は、その次の階梯から始まる。それは、具体的ではあっても混沌とした表象にすぎない直観や表象を一定の手続きと論理に基づいて分析的に解明していく営みの段階である。いわゆる「下向」の段階である。研究にとって素朴な〝より先なるもの〟としての表象的に「実在的で具体的なもの」、例えば、先の引用文においてマルクスがいう「人口［人々の集まり］は、それを構成する諸階級を無視しては、一つの抽象である。この諸階級というものは、これはこれでまた、その基礎をなしている諸要素、例えば賃労働、資本等々を知らずしては空語であり、これら賃労働、資本等々は、その「前提」をなす「交換・分業・価格、等々」の規定を識らずしてはやはり一つの「空語」である」(ibid, S.631)。「下向」とは、それらを分析・解析していく学的営みの第一の階梯である。学的体系化はそれを起点として開始される。そもそも「具体的なものが具体的であるのは多くの規定の総括であり、したがって、多様なものの統一だからである」(ibid, S.632)。この下向の成果を前提とした具体的な全体像の理論的・体系的把握、この道行きが「上向」である。

　ここまでの記述に即して、マルクスの叙述を敷衍する形で暫定的に整理しておくと、①漠然とした「実在的で具体的なもの」を構成する内的諸契機・諸規定とその関連を分析的に明るみに出していく道程が「下向」であり、②こうして明らかにされた多くの規定を総括し、多様なものを統一し、具体的なものを真に具体的なものとして描出していくのが「上向」というわけである。「上向」のための前提的な道行としての「下向」は経済学の始まりとともに開始された。マルクスはいう。この意味での「第一の道［下向］は、経済学がその成立に際して歴史的にたどってきた道である」と。「十七世紀の経済学者たちは、〝生きた全体〟、すなわち、人口・国民・国家、等々から始め、分析によって抽象的一般的な関係、例えば分業・貨幣・価値、等々を見つけ出す」(ebd.) 道をとった、と。この場合、〝抽象的〟というのは理論的に一般化されたあり方をいうのであって、経済学的分析作業以前のあの漠然として混沌なる日常的イメージにおける表象という、前述しておいたような意味での件の素朴に〝抽象的〟という意味とは区別されることが必要である。

しかしながら、マルクスは続けて、ある重要な問題を指摘する。「下向法」に基づくこの第一の道をたどった初期の経済学者たちは、あの素朴な表象としての抽象的な「生きている全体」としての人口・国民・国家、等々の経済学的分析によって「分業・貨幣・価値」等の理論的に抽象的・一般的な関係を表わすカテゴリーを発掘したが、彼らはそれ以上は進むまでには至らなかった。しかし、「これらの個々の諸契機が多かれ少なかれ固定され抽象されると、「そこから」労働や分業や欲望や交換価値のような単純なものから国家や諸国民間の交換や世界市場にまで昇っていく経済学の諸体系が始まった」［強調は引用者］とした上で、マルクスはいう。「この後の方のやり方［第二の道たる上向法］が、明らかに学的 wissenschaftlich に正しい方法である」(ebd.) と。因みに、ここでマルクスがいっている「学 Wissenschaft」とは、個別的専門知としての科学ではなく、「体系知としての学」をいうのであって、われわれの日常意識におけるいわゆる近代科学流の「科学」という意味とは異なっていることは留意されなければならない。それは今措くとして、マルクスはさらに次のように続ける。「具体的なものは、それが現実の出発点であり、したがってまた直観や表象の出発点であるにもかかわらず、思考では総括の過程として、結果として現われ、出発点としては現われないのである」(ebd.)。

第一の道［下向］では、充実した表象が蒸発させられて抽象的な規定にされた。第二の道［上向］では、抽象的な諸規定が思考の道を通って、具体的なものの再生産になっていく。(ebd.)

われわれが、マルクスの経済学批判の体系構成の論理というのは、一つには、このような「下向−上向」法の道筋、別様にいえば、「下向的分析」を前提とした「上向的綜合」の構えをいうのである。そして、その際、マルクスのいう第二の道、すなわち「上向」という「抽象的なものから具体的なものに昇っていくという方法は、ただ具体的なものをわがものとし、それを一つの精神的［理論的］に具体的なものとして再生産するという思考のための方式」(ebd.)なのである。「具体的総体は、思考された総体［体系知］としては、すなわち一つの思考された具体物としては、実際には思考の産物であり、概念作用の産物」であり、「直観や表象の概念への加工の産物」(ibid.S.632f.)なのである。留意すべきは、それは、単純に、事態の歴史的な生成・展開の道筋ではない、ということである。

現実の具体的総体が、下向の道を経由して上向的に「思考された総体として、思考された具体的全体として頭のなかに現われる全体は、思考する頭の産物である。この思考する頭が、自分にとって可能な独自の仕方でのみ世界をわがものにするのである」(ebd.)。この独自の仕方での世界の理論的構成の論理こそ、われわれのいう「上向法における弁証法的体系構成の論理」なのである。次に、われわれは、この「上向法的体系構成法の弁証法的論理」を簡潔にみていくことにしよう。

われわれは、「上向法における弁証法的体系構成法」の論理とその具体例に関しては、後段において、各々の問題対象に即して、その都度具体的に立ち入って論議することになるので、ここではそのための準備作業として、その一般的構図と論理構制の概要を提示しておくことにしたい。「上向法」とは、マルクスのいい方を借りれば、次のように要約できよう。すなわち、われわれは、「下向法」を介して、「表象された具体的なものからだんだん希薄になる抽象的なものに進んで、ついには最も簡単・単純な諸規定に到達する」ことになるが、この下向の終着駅から「今度は再び後戻りの旅を初めて、最後には再び具体的なものに到着するだろう。とはいっても、今度は一つの全体についての混沌とした表象としての具体的なものではなく、下向によって獲得された多くの規定と関係とを含む一つの豊かな総体としての具体的なものに到達するであろう」(ebd.)。この後者の具体的なものの総体的で統一的な理論的再構成の道筋が「上向法」といわれるものである。そこには、二つの重要な契機が孕まれている。一つは、上向の端初から終着へのプロセスにおける「抽象から具体への対象把握の進捗」、今一つは、「対象の単純な概念的把握から総体的・重層的・統一的な概念的把握の進捗」という理論構制である。驚くべきは、この対象の理論的な処理と把握の進捗プロセスにおいては、同一の概念が上向の各階梯において、高次化されて再措定されて、基本的には前の段階での規定をにみ出る再規定、前の段階での規定の修訂さらには止揚（否定的乗り超え）といった、明らかに伝統的な学問の原理・原則を逸脱するパラダイムに立脚していることである。われわれが、マルクスの思想、とりわけ『資本論』における上向法の体系構成における「弁証法的理論構制」というのはこのような事態をも含意するものなのである。例えば、先にのべておいたように、マルクスの第一巻にいう〈価値価格〉と第三巻にいう〈生産価格〉は、概念規定に一見したところ齟齬がみられる。バヴェルクに矛盾していると批判されてもあながちこれを無視するわけにもいかない。第一巻の〈抽象的人間労働〉規定における自然的実体規定（生理的エネルギー支出説）と社会的実体規定（それは社会的抽象化の産物で一原子の自然的要素を含まないという説）との矛盾・齟齬、こうした問題は、マルクスの「上向法的体系構成の弁証法の論理」を理解しないでは解読不可能である。この理解を欠いては、バヴェルクがいうように、マルクスは「混乱」している、そのような論証は「詭弁」だといわれても仕方がない。

上向法の起点・端緒・端初をなすものは、「抽象的なもの」である。それらは、問題対象の下向的分析の終点において獲得された個々の単純な概念を潜在的に視野に収めつつ措定されたところの論理的に抽象的で単純にして素朴な規定における対象である。それに対して、上向法の行き着く対象は、多くの規定と関係を含む一つの具体的な豊かな総体である。廣松もいうように、「上向法の基幹的構図は、この「抽象的なものから具体的なものへ」という Verfahren に帰趨する」(1)と。それゆえにこそ、体系の学としては、「「抽象的一般者」から出立して、諸規定の総括たる具体的なものをわがものとし、それを精神的に具体的なもの ein geistig konkretes として再生産」しなければならない、すなわち「抽象的なものから具体的なものへと上向する aufsteigen 方法を採らなければならない」(2)のだ。

但し、ここで付言しておくと、「弁証法的上向にあっては、汎通的に普遍的なアルケーの抽象的直接態［例えば『資本論』冒頭の〝単純商品一般〟］から特殊具体的な被媒介的な定在形態［第三巻の〝資本制商品〟］への累進がおこなわれる」(3)のであるが、この上向法の権利づけは、「手続き論的に展開の論理からいって、また存在論的＝認識論的な背景からいって、これが如何にして可能であり、そして如何にして権利づけられるか、まさしくここに「上向法」の全問題性《プロブレマティーク》が懸る」(4)問題となっているのである。しかし、この問題をめぐっては、近代的世界観を超克するマルクス的世界観の地平とそれに立脚したマルクス的「存在≈認識」論の構制の討究が不可欠の前提となる。われわれとしては、これらの問題は別著で扱った事情もあり、(5)また後段で多少なりとも触れることにするということもあって、ここでは等閑に付することにする。

B．冒頭商品の概念規定と存在性格――領域的アルケーとしての「商品一般」

われわれは、前項において、マルクスの弁証法的体系構成の論理を、彼のいう「経済学の方法」すなわち「下向－

上向」法、とりわけそれを「上向法的体系構成の論理」に即して概観しておいた。今、こうした考察に基づいてわれわれの本書での問題設定をみていく時、ポイントをなすのは冒頭商品の存在規定と存在性格である。というのも、すでにのべてきたように、『資本論』の上向法的体系構成の道行は、大枠としては、冒頭の抽象的で単純な商品に始まり、第三巻の具体的で総括的な資本制商品のあり方へと展開されていくのであるが、そしてそのプロセスで商品・貨幣・資本およびそれらの諸契機の弁証法的再規定と再措定が遂行されていくのであるが、しかしながら、そこでは上向の起点・端初に据えられている「富の原基形態としての商品」という規定が、かならずしもすっきりした明晰性において与えられていないからだ。この冒頭商品の謎のような存在規定をめぐっては、これまで多くの解釈と様々な論争がくりかえしくり拡げられてきたことは周知のことがらであるが、遺憾ながら今日まで決着がついたといえない状況に留まっている。

われわれの本書における主たるテーマの一つである〝「価値価格の生産価格への転化」とはどういうことか〟をめぐる討究においても、この問題は枢軸をなすものである。というのは、「価値価格」ということで表示されている価値と価格とは第一巻冒頭のいわゆる単純商品におけるそれであり、他方の「生産価格」で表示されている価値と価格とはいうまでもなく第三巻で対象とされる資本制商品のそれであるからだ。その際、われわれの立場においても、問題は、冒頭「単純商品」とは何か、ということになるからだ。

われわれは、そのため、とりあえずの手懸りとして、廣松の独自の、そして従来の論争からみると特異ともいってもいい問題提起をみていくことにしたい。

結論を先取りする形で端的にいってしまうと、廣松は、先にみておいたような弁証法的な体験構成の展開における

「端初」の方法論的位置づけをも考慮に入れながら、次のようにいう。「冒頭商品、この端初の商品は……それ自身としては歴史上の単純商品でも歴史上の資本主義商品でもなく、論理的な脈略でも、狭義の商品と貨幣商品との分化に関してまだ gleichgültig な、およそ商品たるかぎりでの商品一般 Ware überhaupt であり、そのようなものとして、まさに経済学の「領域的アルケー」(6)として位置づけられるべきだという。

これをわれわれ流に解読していえば、『資本論』における冒頭商品は、人々の日常生活における日常意識において直接かつ素朴に立ち現われる具体的であってもいまだ漠然とした商品像から、下向的分析の進行に即して、内的諸契機とその関連の解析を介して到達する「理論的に抽象化された準位での商品に関する理論的に構成された抽象的に単純な規定」としての商品である。すなわち、この下向の終極に位置する論理的(理論原理・原基的)に単純な商品——下向の終極にして上向の端初としての「商品一般」——これが、冒頭の端初商品であるということである。再言すれば、体系の学としてのマルクスの経済学批判の理論的体系構成は、まさにこのような下向の到達点としての「「抽象的一般者」から出立して、諸規定の総括たる「具体的なもの(資本制商品)」を、前述しておいたように、「わがものとし、それを精神的に「理論的裏付をもった」具体的なものへと上向する aufsteigen 方法を採る」ところの「下向-上向」法の弁証法的体系構成の論理に基づいているのである。その際の上向法の起点をなす理論原理上の「抽象的なもの」すなわち「単純なもの」・「一般的・普遍的なもの」、これがマルクス経済学批判体系におけるかの端初・アルケーとしての論理的に単純な商品(商品一般)すなわち「冒頭商品」、だということである。(7)

因みに、冒頭商品の存在規定・存在性格をめぐるこれまでの様々な論争を、われわれなりにいくつかに類型化しておくと、次のようなパターンに要約されうるであろう。第一は、資本制商品社会以前の「歴史上の単純商品」説である。先にのべておいたエンゲルスやヒルファーディングの説がその典型をなす。その第二は、「歴史上の資本主義商品そのもの」にそくして「その抽象態としての商品一般」と把える説である。例えば、宇野弘蔵は、冒頭商品を資本主義的商品であることを前提としながらも、しかしこの冒頭商品はこの現実的資本主義商品の規定からさしあたって「生産関係を捨象して流通形態として抽象された商品規定」として措定している。すなわち、宇野は冒頭商品を資本主義商品の理論的一般規定として処理するだけではなく、さらに踏み込んで、当該商品を具体的「商品そのもの」の準位においてではなく「商品形態そのもの」・「抽象態としての商品一般」、生産過程を捨象した準位での、すなわち流通過程準位での「商品相互の関係」に定位して規定しうるかぎりでの商品規定として措定しているのである。第三の規定が、廣松のいう「領域的アルケーとしての商品一般」ということになろう。

以上が、いわゆる冒頭端初商品をめぐる「歴史的単純商品」説と「歴史的資本制商品」説を批判的に斥けた廣松「冒頭商品論」の概要である。ところで、もう一つよく知られているように、歴史的に特殊な段階にある様々な商品のあり方を前提にして冒頭商品規定を導出するのではなく、それらを超えた理論的に抽象化された超歴史的な「商品なるもの」・「商品一般」・「普遍的商品」という理念を根拠とする論理的商品規定を端初商品の規定とする立場もある。そのような規定を始源として資本制商品を演繹的に導出し展開していこうとする立場である。狭義の「論理説」といわれる立場である。さらに、われわれからみて、以上のごとき冒頭商品をめぐる歴史説と論理説とを接合するいわゆる微妙な混合型の分類のしかたもある。この説では、「冒頭商品を「資本主義商品と歴史的単純商品」との共通性をもった商品という仕方で、超歴史的というより、特定の歴史的具体性を捨象して理論的に構成したいわば理論的事実あるいは仮説的事実としての商品と考える」立場である。宇野派の論者のなかにも、こうした「論理説」の変形ないしはヴァリエーション版・派生版ともいえる立場をとる研究者もいる。(8) しかしながら、廣松のいう論理的に構成された「冒頭商品＝商品一般」説は、それらの規定とは本質的に異次元の「弁証法的体系構成の上向的端初商品規定」に基づくものである。このことは、看過されてはならない。

この問題に関して、ここで、とり急ぎ強調しておきたいことがある。それは、われわれは、『資本論』の冒頭商品の歴史性をめぐる従来の論争は、マルクスの体系構成法の看過・誤読といってはいいすぎになるが、その読み解きのしかたの違いに由来するものではないかという危惧の念を持っている、ということである。そして、そうした問題性（プロブレマティック）が今までつめてこられなかったこと、このことが、廣松も指摘するように、場合によっては「往々にして不毛な争論」を招来してきたのではないかという思いである。廣松はいう。「歴史性と論理性とがそのまま合致するわけではないということ、これはマルクスがヘーゲル弁証法との対質において自覚的に打ち出している論点の一つです。上向法的展開の起点たる「抽象的なもの」は、決してそのまま歴史上の端初とは重なるべくもありません(9)」と。その上で、さらに次のように続けている。

> 冒頭商品について、それが歴史上の単純商品であるのか、それとも、歴史上の資本主義的商品であるかについて問求するのは、マルクスの方法論［上向法］、さしあたり彼の端初論に対してそぐわない設問である。端初の「商品」は、歴史的・具体的な規定性を捨象して下向的に措定される抽象的な「商品一般」ではないでしょうか。――この端初的な「商品」一般についての原初的な諸規定の或ものは、歴史的に発展した商品には妥当せず、歴史的にはたかだか〝単純商品〟にしか妥当しないという場合もありえます。その場合でも、歴史上の単純商品についての議論が眼目なのではなく、いわば存立構造論の議論がポイントのはずです(10)。

本項冒頭の廣松の引用文は、このようなコンテキストから出てきたものなのである。『資本論』の冒頭商品の措定に際して、「マルクスは恐らく発達した商品社会の商品を心理的には表象していたであろうけれども――そして富が「膨大な商品集成」として現象するのは発達した資本制のもとにおいてであるけれども――端初商品としての論理的要求に最も適合的なものという段になれば、それは或る条件下での単純商品ということもありうる」が、それは存立構造論的商品規定を「見え易くする方便」としての、あるいは「読者に説述する便法」としての発生論的な議論を介しての歴史性と論理性との一致の体裁をとった叙述にすぎず、だからこそ、先の引用文にいうように「その場合でも、歴史上の単純商品についての議論が眼目ではなく、「それは」いわば存立構造論の議論がポイントのはず[11]」であるという発言が、出てきたわけである。因みに、われわれが存立構造論と発生論との上述の廣松の発言をここに記したのは、もう一つの意図もあってのことである。それは、物議をかもした廣松の件の「交換可能な相対的余剰」の概念とその歴史的現実性を前提とした「歴史的単純商品流通社会論」の位置と意義とを明るみに出しておきたかったからである[12]。

さて、論を次へと転じるにあたって、再びここで、われわれにとっての『資本論』冒頭商品の存在規定と存在性格の了解の仕方を、ここでもまた廣松を流用し、われわれなりの改釈を暗々裏に付与しながら総括しておこう。

廣松はいう。「マルクス経済学の体系において上向の端初《アル》（ケー）をなす「抽象的一般者」たる「商品」は、経済学の領域的対象の総体に対して……原基《アルケー》」をなす「抽象的商品」なるもの、「論理的に単純な商品一般」ないしは「一般的＝普遍的商品そのもの」として規定さるべきものと把えべきである、と。そして、それは、――端初の価値・価格さらには価値法則の立論も含めて――「歴史的現実にそのままの形で妥当するものではなく、弁証法的上向の端初的提題として方法論的に措定された事態に照応する」端初規定である、と。廣松は、このような端初商品規定をヘーゲル「論理学」における端初「純粋有」の規定とからめながら比較的わかりやすすり形で、次のようにのべている。ここでの論述の「しめくくり」として、引用しておく。

『資本論』冒頭にいう「原基形態」Elementarform……論理的端初としての端初商品は、ヘーゲル論理学に比定していえば、むしろ「純粋有」に相当するものであって、商品としての商品、貨幣としての商品 etc. の「定有《ダーザイン》」ではなく、――これらすべてがそれの定在諸形態であるごとき原基――経済学という階梯的対象領の汎通的原基である。上向の端初をなす「抽象的なもの」は、かかる原基《アルケー》の直接態として「単純なもの」であり、それが普遍的《アルゲマイン》＝一般的であるのは、経済学的諸形象《ゲビルデ》が斉しくそれの定形形態であるという原質的普遍＝一般性においてである。(14)

C. 端初商品〈価値価格〉の上向的再措定としての資本制商品〈生産価格〉への転化

あらためて、ここで、われわれが本書において、主題的に論究しようとしている問題対象とその問題構制を再提示しておこう。われわれにとって主題をなすものは、いわゆる『資本論』第三巻において本格的に浮上する「価値の生産価格への転化」――われわれ流に表現すれば「価値価格の生産価格への転化」――とはどういうことをいうのであるか、そしてこの転化において『資本論』冒頭の「価値法則」はどのような位置づけと意味づけを与えられることになっているのか、という問題である。すでに何度ものべておいたように、「価値価格」は端初商品の価値と価格にかかわるものである。そして「生産価格」は資本制商品の価値と価格にかかわるものである。「価値価格の生産価格への転化」をめぐるこれまでの論争を踏まえていえば、この「転化」とは、「歴史的転化」ないしは「〝歴史－論理〟的転化」をいうのか、それとも理論的に抽象化された準位での方法論上の「論理的転化」なのか、そしてさらに、この転化においては冒頭「労働価値説」は廃棄されるのか、修正されざるをえなくなるのか、それとも基底では何らかの形で貫徹されているのか、……等々の様々な論争が闘わされてきた。

われわれの本書での立場を、あらためて表明しておけば、われわれはいうなれば広義の「論理説」ともいえる立場に立脚しているともいえるが、それはいうところの「転化」を独自の「上向法」的視座に依拠して、まず下向を踏まえて弁証法的体系構成の端初としての「商品一般」を構成し、そこから具体的・現実的な「資本制商品」へと移行・転化していく弁証法的展開に立脚する立場である。この移行・転化においては、〈商品〉・〈価値〉・〈価格〉をはじめとする諸カテゴリーの概念規定が階梯的に高次化され再措定されて資本制商品の諸規定へと具体化され転換されていくことになる。そして、ここで問われるべきは、この上向法的転化――論理的な上向的具体化――とはどういうことをいうのか、それはいかなる弁証法的論理構制に基づいているのかを開示しつつ、その権利づけを図ることである。われわれは、このような目論見をもって論を進めていきたいと企図している。

さて、われわれはここで、いよいよ第一章に入る前に、予備的に「抽象的直接態」としての件の単純な冒頭商品の存在規定と存在性格に関して、若干の補足的説明を加えておきたい。遡行的・下向的分析において商品の存立上の諸契機の抽象的諸規定を解析し、その下向の到達点において理論的に抽象的な準位で構成的に措定された「単純商品一般」、この商品なるものが反転して上向の起点として領域的アルケーとしての端初商品として措定され、『資本論』はそこから前進を始める、以上のことを、これまでのべてきた。しかし、この端初商品の存在規定においては、下向的分析において視野に入った多くの諸契機はブラック・ボックスに入れられたまま捨象されており、最も単純で抽象的な規定をもって開始されていることは留意されなければならない。この準位では、単純に、商品は使用価値と価値との統一された社会的財であり、そこには具体的有用労働と抽象的人間労働とがそれぞれに対象化され、価値の実体は抽象的人間労働であること、そして価値は独自の価値形態すなわち交換価値として社会的な商品相互の関係において現われること……等々の古典経済学の成果を批判的に踏襲・再構成した非常に素朴で単純で直截的な事態の分析から始められる。そしてこうした古典経済学の超克を企図しながらマルクス独自の方法論的視座・ヒュポダイムに立脚して、〈商品〉・〈価値〉・〈抽象的人間〉等々の概念規定が上向法に再構成される。しかしながら、この端初をなす抽象的な記述は、きわめて難解で理念的・思弁的で、一見した所、ペダンティックでもあり、もっとわかりやすい表現はとれないのか、あるいは不必要なのではないかとも批判されてもきた。この準位では、いまだ商品および価値表現の存立構造の初次的記述に留まっており、商品所有者相互の交換関係としての現実的な価値関係とその貨幣としての成立・転化の社会的過程は括弧に入れられたままとなっている。（第二章の単純な「交換過程論」において浮上）。そして、価値の表現媒態としての貨幣そのもの——貨幣形態ではない——の価値尺度・流通手段・蓄蔵手段あるいは支払手段そして富あるいは資金等々としての機能の契機は第三章で浮上し、貨幣の資本への転化、剰余価値およびその生産過程の契機の捨象はさらにその後で解除される。労働力商品・労賃・資本蓄積、等々の契機も、冒頭商品規定の準位では全く姿を見せない。冒頭商品はいまだ剰余価値概念を含まず、剰余価値の生産は第三篇以降で問題とされる。剰余価値の資本への転化・蓄積はさらにその後である。これらの諸契機とその全体化的統合は、『資本論』の上向法的な体系構成の進展とともに開示され具体化されていく。第二巻では資本の循環と回転そして社会的総資本の再生産の総体的過程の姿態が視野に現われ、諸個人も諸資本もこの総社会的運動の一構制契機にすぎないことが顕になる。第三巻では、「資本－賃労働」関係として現われる「資本家－労働者」の社会関係に加えて、「資本家相互の社会関係・競争関係」の契機がブラック・ボックスから引き出され、資本制社会における運動の全体化された統合像・具体像が明るみに出てくる。そして、それらの全体化された「諸資本－賃労働－土地所有」関係が顕現化され、剰余価値（日常的現われ姿としては利潤）の平均利潤への転化、そして収入の労賃・企業者利得・利子・地代への分化が、上向の階梯的進展とともにその捨象の段階を脱し、具現的姿態をもって立ち現われてくる。もちろん、それに伴って、商品・貨幣・資本の物神性とその隠蔽の次第も明るみに出され、その本質の開示も上向的に進捗していく。

このような道筋を通って、冒頭の単純商品は資本制商品へと転化していくのである。それは、歴史的な転化ではない。この転化・転進は論理的な上向法的再措定の叙述の進行であり、抽象から具体への転成、単純規定から複合的・構造的規定への前進である。われわれが「価値価格から生産価格への転化」というのは、このような上向的再措定における諸概念規定の複合的具体化の前進をいうのである。それは、価格カテゴリーに定位していえば、冒頭の単純な商品規定における「単純な価格」の資本制商品規定における「生産価格」への上向・転化をいうのである。これを、価格の表示する価値カテゴリーに定位していえば、「単純価格価値」の「生産価格価値」への転化ということになる。それは〝「単純商品の価値規定」から「資本制商品の価値規定」への転化すなわち再措定〟ということである。

因みに、〈価値〉の〈価格〉に対する本源性・本質性からいえば、この「単純価値の資本制価値への遷移・転換」を根拠・基盤として「単純価格の資本制価格への遷移・転換――価値の価格への転化の上向的な規定の進捗――」が基礎づけられるべきであるが、俗流経済学者流の当事者意識（für es）においては「単純価格の資本制価格への転化」の現象を介して「単純価値の資本制価値への転化」――価格の価値への転化――が招来されるかのごとき転倒意識が生じることになる。価値が価格を規定するのではなく、価格が価値を規定するかのごとき逆倒現象と転倒意識の成立である。

これらの事態は、次章からの議論の本格的展開の中で、各々の領域との関係において、詳しく論じていく予定である。「価値の生産価格への転化」を、われわれが「価値価格の生産価格への転化」と言い換え、またマルクスの表現には見られない「単純価値の資本制価値への転化」、「単純価格の資本制価格への転化」、「単純価値価格の資本制価値価格への転化」、「単純価格価値の資本制価格価値（＝生産価格価値）への転化」等々の聞きなれない、奇妙な、錯綜したわれわれ流の表現が、時折、用いられているのも以上のような事情と事態があってのこととして、御了解願いたい。

註

（一）

（1）E. von Böhm-Bawerk, „Zum Abschluß des Marxschen Systems", in Sonder-Abzug aus Staatswissenschaflichen Arbeiten, Festgaben für Karl Knies, herausgegeben von O.v. Boenigk, 1896,（本木幸造訳『マルクス体系の終結』未来社、一九六九年）

（2）同上邦訳書、六〇頁

（3）同上

（4）同上書、一一三頁

（5）同上書、一二〇頁

（6）R. Hilferding, „Böhm-Bawerks Marx-Kritik" in *Marx-Studien*, Bd.1., 1904,（玉野井芳郎・石垣博美訳『マルクス経済学研究』法政大学出版局、一九六八年）

（7）同上邦訳書、一四七頁

（8）同上書、一七二頁

（9）松石勝彦「価値と生産価格」（『資本論体系5』所収、有斐閣、一九九四年、四三八頁）。松石は、ここで、「バヴェルクvsヒルファーディング」論争を実に手際よく整理して、その要点を批判的にまとめている。また、戦前・戦後の日本における「価値論論争史」に関しても簡潔に整理している。

（10）国内外のこの問題をめぐる論争史に関しては、伊藤誠『『資本論』を読む』（講談社学術文庫、二〇〇六年、三二四～

三六三頁）および『資本論を学ぶ Ⅳ』（有機閣選書、一九七七年）所収の伊藤誠論文（「価値と生産価格」（１）問題の所在と戦前の論争、（２）戦後における研究と論争）がわかりやすい。他に伊藤誠『価値と資本の理論』（岩波書店、一九八一年、第四章）、「最近の欧米価値論論争を省みて」（『思想』、岩波書店、一九八六年一二月号）、『幻滅の資本主義』（大月書店、二〇〇六年、第七章）等を参照。他のこの問題をめぐる内外の論争史文献に関しては略。ただ、特記しておくべきは、一九七〇年代以降のいわゆる「マルクス・ルネッサンス」と称される転形論論争とからんだこの問題をめぐる論争史は看過されてはならない今日的重要性を有している。それは、欧米のマルクス研究家のみならずそうそうたる近代経済学者や森嶋通夫・置塩信雄、それに日本の多くの研究者等々もかかわった論争となっている。

（11）このエンゲルスの長大な本格的なロートベルトゥス批判（vgl. K.Ⅱ.S.13～26）の他に、エンゲルスの同様の問題意識と視角からの批判は、一八八四年のマルクス『哲学の貧困』――以降『貧困』と略記――のドイツ語訳への「付録・序文」においても、かなり詳細に展開されている。

（二）

（１）「資本論における単純商品の意義――労働価値説の定立場面と併存モデル」一九八五年（『廣松渉コレクション 第四巻 物象化論と経済学批判』所収、情況出版、一二頁――、以降「単純商品論」および『コレクション④』等と略記）

（２）「宇野経済学への視角 第二節「価値法則」の歴史的妥当性」一九七九年（以降「視角」と略記、『コレクション④』所収、一五八頁）

（３）同上書、一五六頁

（４）同上書、一五〇頁

（５）同上

（６）同上書、一四六頁

（７）同上書、一四六頁および一四八頁

（８）同上書、一四九頁

（9）熊野純彦『マルクス　資本論の思考』せりか書房、二〇一三年、五一〇頁

因みに、マルクスの「価値の生産価格への転化」の立言をめぐっては、二十世紀の比較的に早い時期からいわゆる価値カテゴリーと価格カテゴリーの「次元の相違」説として特徴づけられる見解が提起されてきた。例えば、戦後においては、置塩信雄の先駆的な批判的見解がよく知られている（『マルクス経済学――価値と価格の理論』筑摩書房、一九七七年）。価値と生産価格とは次元が異なっており、量的比較は不可能である。両者（価値と価格）は、価値の次元に統一して比較されるべきであるとして、この視点から価値と生産価格との関係を数理的手法で解き明かしたのがいわゆる転形論者たちの手法であった。欧米では、ディキンソン（H・D・Dickinson）の主張もそうである。彼も、要するに労働カテゴリーである「価値」と価格カテゴリーである「生産価格」とはカテゴリーの次元が相違しており、両者を共通の基準で共約し較量することはできず、したがって「価格総額を価値総額と等置することは無意味である」というわけである。この見解は、日本でも、例えば宇野弘蔵やその学派の研究者たちの支持をえた。桜井毅、大内秀明、伊藤誠、等がそうである。この学派では、一般に実体概念である価値と形態概念である生産価格とを無媒介に比較することは無理であり、無意味であるとする立場を基調としている。人によっては「価値から価格への転形をめぐる問題は虚偽の問題設定」として片付ける場合もある。

（三）

（1）廣松渉『マルクス主義の理路』勁草書房、一九七四年（『廣松渉著作集　第十巻　マルクス主義の哲学』所収、岩波書店、一九九六年、三四五頁、――以降『著作集⑩』および『理路』と略記）

（2）同上

（3）同上書、三五一頁

（4）同上

（5）日山紀彦『廣松思想の地平――「事的世界観」を読み解く』御茶の水書房、二〇一六年、第Ⅰ部を乞参照

（6）廣松渉「視角」、一五二頁

（7）廣松渉『理路』、三四六頁

（8）冒頭商品の存在性格をめぐる論争史に関しては、さしあたって、大内秀明の簡潔な整理（『資本論を学ぶ Ⅰ』所収「冒頭商品の性格」有斐閣選書、一九七七年、および『資本論の展開――批判・反批判の系譜』所収論文「価値論論争」等同文館、一九六七年）を参照

（9）廣松渉「視角」、一五一頁

（10）同上

（11）同上

（12）廣松渉「単純商品論」、雑誌「インパクション38号」イザラ書房、一九八五年、（上記『コレクション④』所収）

廣松のこの論文は、ある種の物議をかますものとなった。一つには、この論文がエンゲルス流の小商品社会における価値法則の成立と存立の根拠づけを与え、それが資本制商品社会への移行において生産価格法則へ転化していくという意味での「価値の生産価格への転化」説に与するものと解釈されて、価値法則の資本制商品社会における貫徹を主調する人々の反発と批判を浴びたからだ。もう一つは、同知のごとく、価値法則の妥当する小商品社会の歴史的な実在性に対する疑問からの批判である。このような立場からの批判とそれに対する反論は、典型的には廣松と山口重克との論争にみられる。（「視角」第四節 参照）

われわれのみるところ、この論文は、一つには資本論にいう「価値法則」は資本制商品社会において、突然に無の状態から生まれ出たものではなく、それを胎内に孕むような歴史的状況があって、そこにおける「価値法則の始源的基盤」を母胎にして、あえていうならば「原《ウア》価値法則」とも呼ぶべきものを素材として、それが資本制社会の定礎をまって「価値法則」へと確立されていったこと、これを明るみに出すことを企図したものと読み取るべきではないかと思われる。社会主義社会への移行は無から発生するのではなく、資本主義社会の成果を母胎にして可能になるとマルクスが強調しているのと同じ趣旨である。因みに、廣松がこの「単純商品論」でいう価値に実現される労働とは、いまだ「具体的有用労働」の準位にあるものであって、資本制商品における価値実体としての「抽象的人間労働」への転化以前の準位にある社会的労働であることは留意されるべきである。

しかしながら、われわれから見てこの論文は、価値法則の成立の歴史的前提とその原《ウア》価値法則についてのみ論じたものではなく、もう一つ別の企図を含んでいるものと把えている。ヘーゲルと異なって歴史と論理の内的連関・二重写しは、マルクスの厳しく批判・超克した立場であることは、廣松が強く指摘してきた主張である。また、本来マルクスや廣松の歴史的記述は、あくまで資本制社会の運動法則のよりわかりやすい説明のための補助手段という意味もあるのであって、それは主として、読者の理解を容易化するための一方途でもあり、それは資本制社会における価値法則の共時的存立構造の解析における補助的理論という役割をも含意しているものであることも廣松は指摘している。彼自身の貨幣形成論の例示でいえば、「われわれが爰に図るのは、……貨幣［や価値法則］の歴史的成立過程の実証史学的復元ではなく、抑々の処擬似発生論的考察であって、譬えていえば、それは、所与の円柱の存立構造を把握・定式化する一具として、〝長方形がその一片の周りに廻転することによって現成したもの〟に見立てる手続きに寧ろ類する」（「貨幣と信約行為」、『コレクション④』所収、三八頁）という論に対応するもので、それは断じて価値法則そのものの歴史的生成論としてのべられたものではないということ、これをわれわれはあらためてここで強調しておきたい。

　因みに、廣松のこの論文に即して、その内容の精緻にして明解な要約・解読と解説、および上述の山口の厳しい廣松批判に対する反批判は、吉田憲夫の『資本論の思想――マルクスと廣松物象化論』（情況出版、一九九五年、第三章）を参照されたい。ここには〝廣松「単純商品論」〟のポイントも手際よくまとめられている。ただし、吉田の結論に関しては、われわれは一定の留保を置くものである。

(13) 廣松渉「視角」、一三九～四〇頁

(14) 廣松渉『理路』、三五〇頁

第一章　価値と価格——価値の価格への転化の必然性の論理——

われわれは、先の「序章」において提示しておいた問題意識と問題対象およびその問題構制（プロブレマティック）を承ける形で、本章では、まず手始めに『資本論』における〈価値〉と〈価格〉の論理的な関連を哲学的な視座からあらためて討究しておくことにしたい。そのため、われわれは、さしあたって『資本論』冒頭のマルクスの「商品世界論」（「第一篇　商品と貨幣」）に的を絞って、論理的に単純な次元での冒頭の商品規定における端初的な〈価値〉と〈価格〉とのカテゴリー相互の関係を検討・吟味しておくことにしたい。この端初カテゴリーとしての第一巻における〈価値〉と〈価格〉との関係の根拠づけとその権利づけの作業は、第三巻における「資本制商品世界」における現実的・具体的な姿態における価値（資本制商品価値）とそれを表示する価格（生産価格）との考究にむけた必須の前提作業になるとわれわれはみなしているからだ。

先取り的にわれわれが本章で特に強調しておきたい論点の骨子を示しておくと、①商品の社会的交換単位としての「価値」とその「価値」のイデアールな存在性格（不可視性・非計量性）、②価値の可視化すなわち価格への転化の必然性、③価値のものさし（ニュメレール）としての貨幣の機能と役割、この三つのテーマである。

（一）「価値」の生成機序《メカニズム》と存在性格

A．〈価値〉の概念規定をめぐるマルクスの苦闘

さて、ところで、マルクスの「価値」および次章で問題とする価値の実体としての「抽象的人間労働」をめぐる叙述は、極めて晦渋にして錯綜した記述となっており、しかも『経済学批判要綱』――以降『要綱』と略記――から『批判』そして『資本論草稿集（1861－63年ノート）：学説史』から『資本論』、それも初版・再版にかけて、手をかえ品をかえて様々な視点からくりかえし書きしるし、またしつこいほど、くどくどと何度も書き換えている。この事態を廣松流に表現すれば、マルクスは〈価値〉および〈抽象的人間労働〉をめぐる概念規定において、時代の制約および当時の古典経済学の水準あるいはその理論前提枠組の準位を配視せざるをえない状況もあって、誰しもが納得のいく説得力のある記述には十全な成功を修めることができなかったのではないかと思われる。それは、当時の読者にたいしてのみならず、今日の読者にたいしてもあてはまるように思われる。

このような事情について、廣松はいう。「資本論の概念構成において鍵をなす概念が「価値」であることには異論の余地がないであろう。ところが、マルクスはこの「価値」の存在性格を定式化するにあたって剴切な言葉をついに見出しえなかったのではないかと思われる。マルクスは、一方では価値が実体概念であるかのように語るかと思えば、他方ではそれが関係概念ないしは機能概念であるかに記す次第で、字面をなぞる限りでは混乱があるといわざるをえない」(1)。そして、それは、マルクスが把捉した「価値」の存在性格が、伝統的な近代的世界観の地平では了解不可能な「画期的なものであっただけに、出来合いの言葉ではそれを表現しつくすことができなかった」ことに由来するものであろう、という。

因みに、マルクスが価値の存在性格を表現するのに如何に苦労しているかは、資本論の初版と第二版との相違を一瞥すれば判る。第二版で加えられた相当に大幅な改訂は、価値の形態論もさることながら、価値そのものを定式化する表現の改善に多く懸っている。にも拘らず謂うところの〝混乱〟が残存しているのが実情であって、マルクスの苦渋を思い遣るに難くない。(2)

この廣松の指摘する事態は、当然ながら、「価値の実体としての〝抽象的人間労働〟」の概念規定および存在性格の定式化においてもまったく同一である。〈抽象的人間労働〉概念をめぐる問題に関しては〔序章〕においてその問題のありかに触れてはおいたが、われわれは、次の「第二章」で、このマルクスの混乱を孕んだ苦闘の跡を開示しながら、そこにおけるマルクスの問題意識と課題をより本格的に剔抉・解読していくことにして、本章では、その前提となる「価値」をめぐるマルクスの錯綜した表現をみておくことにしたい。

われわれは、まず、マルクスの〈価値〉をめぐる概念規定における不可解な発言をみておこう。すなわち、そこでは、廣松が指摘したように、マルクスは、〈価値〉が実体概念あるいは超歴史的カテゴリーであるかのように語るかと思えば、他方ではそれらが関係概念ないしは機能概念あるいは特殊歴史的カテゴリーであるかのように記しているだけではない。マルクスは〈価値〉とは不可視にして謎のような神秘的な社会的実在性を有する社会関係反照概念であるとして、例えば、『要綱』では、次のような言い方をしている。後段での議論の一資料として、ここではコメント抜きに挙げておく。

・価値対象性というものは純粋に社会的なものであり、それが現象するのは商品相互の社会的関係［において］のみであ

る。(Gr.,S.387)

・諸生産物の交換に先立って価値対象性が存在するわけではない。生産物は交換の内部において初めて社会的に同等な価値対象性をうけとる。(ibid.,S.412)

・価値としては諸商品は社会的な大きさであり、したがって「物」としての「属性」とは絶対的に区別されたものである。諸商品は、価値としては、ただ人間の生産的活動における彼らの関係だけを表わす。(ibid.,S.1325f.)

・価値は人と人との間の一関係、すなわち、社会的な関係の物的な表現にすぎないのであり、人間が自分たちの相互の生産的活動［労働］に対してもつ関係にすぎないのである。(ibid.,S.1332)

マルクスの〈価値〉の概念規定における近代的世界観の地平とその論理構制を超克する独自の画期的な地平と論理を理解することなしには、これらの命題を十全には解読することは難しい。これが、われわれのここでの主張である。「価値」とは、実は、われわれのいう「物象 Sache」」のいわば社会的属性であるにもかかわらず、それを「物 Ding」としての商品の自然属性とみなすのは、まさに、廣松のいう意味での「物象化的錯視・錯認」そのものである。マルクスは、先に引用しておいたような命題で、一体、何をいおうとしているのであろうか。それらは、マルクスの単なるレトリックないしは混乱・不注意に由来するものなのであろうか。

B. 諸商品の総社会的な交換単位としての「価値」

マルクスは、諸商品の「価値」なるものを、まず、次のような手順で導出し説明している。一般によく知られた価値の初次的規定であるので、ここではごく手短にのべておくことにする。

彼は、まず、冒頭章の「第一節 商品の二要因論」のなかで商品の使用価値と交換価値について言及し、諸商品の使用上の効用的価値とは異なって、社会的交換可能性とその比率をあらわす「交換価値」に関して次のようにいう。諸々の商品の社会的な等価交換にあっては、諸商品は相互に「互いに置き換えうる、また互いに等しい大きさの、諸交換価値でなければならない。それゆえ、こういうことになる。第一に、同じ商品の妥当な交換価値は一つの等しいものを表現する。しかし、第二に、交換価値は、一般にただそれとは区別されうるある内実の表現様式、「現象形態」でしかありえない」(K.I.,S.51)と。すなわち、諸商品は、いずれもそれが交換価値としての相互関係にたっている限り、内在的な「固有単位」としての「第三のものに還元されうるものでなければならない」(ebd.)。この諸商品の社会的に客観的な交換の基準となる単位を「価値」というわけである。このような、一見、理論的な抽象、あるいはヴェーム・バヴェルク流にいえば決定的に誤った浅薄な「蒸留法」的手続きで、〈価値〉概念を導出する。それにもかかわらず、マルクスは、すぐ後で、このプロセスは、上述の説明とは異なって、思弁的抽象化ではなく社会的抽象化のそれであり、生産過程および諸商品の交換過程における社会的運動――われわれのいう物象化――の産物であることを再措定していくのである。少なくとも第一巻の冒頭部分に限ってみても、一方でマルクスは思弁的な抽象の手続で価値および価値実体の規定を行いながら、他方ではそれらは現実的に客観的な社会的抽象化の産物であると一見奇妙な二重の規定をしているのである。そこには、〈価値〉規定をめぐる論証手続上の齟齬・矛盾あるいは混乱があるのではないかといわれても仕方のない叙述になっている。われわれは、こうした問題提起ないしは「マルクス価値論」批判に対しては、別の場所(第二・三章)でやや立ち入って議論を展開していくことにしたい。

おおよそ、以上のような手順で、マルクスは「価値」とは、商品交換における諸商品の社会的同一性・同質性を表わし、かつ諸商品の通約可能性の基体をなすものにして量的交換比率を可能たらしめる単位であると、価値を第一次的に規定する。日常的生活世界において現象する「交換価値」の本質的かつ本源的な基盤としての「価値」という規定である。そして、この価値を、財を生産する人々の労働および労働の社会的関係に基礎づけて、「労働生産物としての使用価値財」が商品という形態を身に纏った時の社会的交換基準単位として、人々の労働のあり方に定位して冒頭「価値論」を展開しているわけである。あらゆる形態の社会の存立と存続の客観的な物質的基盤は、人々の社会的な生活に必要な財とサービスの生産・再生産――宇野弘蔵流にいえばあらゆる社会の存立と存続のための基本原則――にあるが、この理論的に一般的な、それゆえ超歴史的な抽象的な原則規定は、商品世界においてはかかる社会的必要生活財は商品という形態において生産されるというわけである。この商品の生産とその社会的物質代謝（交換・流通・分配）の過程に即して規定されたのが、冒頭篇での「交換価値」とその社会的統一単位としての「価値」をめぐる単純な端初規定の措定であった、ということである。

C. 社会的抽象化（物象化）の産物としての「価値」とそのイデアールでイレアールな存在性格

前述しておいた手順で、諸商品における交換価値の本質をなす社会的共約単位としての「価値」を導出したマルクスのこの方法・手順は、いわゆる一般に「蒸留法」と呼ばれる理論的ないしは思弁的抽象と呼ばれるものである。しかし、すでにのべておいたように、マルクスはすぐその後で、この価値およびその実体としての抽象的人間労働は、理論的抽象化ではなく社会的抽象化の産物として形象化されたものであると、前言とは矛盾した発言をおこなっている。この矛盾は価値およびその実体（抽象的人間労働）の規定にも現われてくる。次章の先取りになることもいとわず見ておくことにしたい。

マルクスはいう。「すべての労働は、……生理学的意味での人間労働力の支出であり、同等な人間的労働または抽象的人間労働というこの［自然的］属性において、それは商品価値を形成する」（ibid.,S.61）。そこからさらに「生産活動〔一般〕の規定性、したがって労働の有用的性格を度外視すれば、労働に残るのはそれが人間的労働力の支出である」という。すなわち現実の人々の生きた労働は、様々な種類の質的に異なった労働力〔具体的有用労働力〕の支出であるにもかかわらず、それらは「共に人間の脳髄、筋肉、神経、手などの生産的支出であり」、こうした意味では共に人間的労働一般すなわち「抽象的人間労働なるものの支出を表わしており」(ibid.,S.58f.)、その凝固化が価値を形成するという。それは、まさに、「商品の価値は、人間的労働自体を、人間的労働（力）一般の支出を表わしている」(ibid.,S.59) ということである。いわゆる〝自然的価値実体説〟もしくは「価値＝生理的エネルギー支出」説の主張である。この主張に自足して、これをマルクスの最終的な労働価値説のそれだと固執するのが典型的な〝俗流投下労働価値説〟ないしは古典的正統派マルクス主義の主調である

ところが……である。同じマルクスが、実に奇妙な発言を、いきなり同じ冒頭章の第一節から、そしてその他の個所でも、くりかえしのべているのである。「ある使用価値または財が価値を持つのは、先にも述べたように、その内に抽象的人間労働が対象化または物質化されているからに外ならない」のであるが、この「価値の実体を形成する実体」すなわち「抽象的人間労働」という、諸商品における交換のための同一性・同質性とその量的規定性を与えるところの「この共通なもの〔価値および抽象的人間労働〕は、商品の幾何学的、物理的、化学的、またはその他の自然属性〔従って生理学的属性〕ではありえない」(ibid.,S.51) と、言っているのである。それは、「まぼろしのような対象性以外のなにものでもない」(ibid.,S.52) とまで明言しているのである。

後段で詳しく論じることになるが、ここでも今少し、マルクスのこの種の発言のごく一部を聴取しておこう。まず、本節A項（I－2頁）の引用を再確認してほしい。その上で、次の引用を補完的に検討してみてほしい。

・交換価値は、ある物に支出された労働を表現する一定の社会的様式であるから、例えば為替相場と同じように、それが

自然的素材を含むことはあり得ないのである。(ibid.,S.97)

・労働生産物の商品形態およびこの形態が自己を表わすところの労働生産物の価値関係は、労働生産物の物理的性質およびそれから生じる物的諸関係とは絶対に無縁である。ここで人間にとって物Dingと物Dingという幻影的姿態をとるのは、人々とその物との一定の社会的な関係にほかならない。(ibid.,S.86)

・商品としての諸生産物の交換は、労働を交換し、各人の労働が他人の労働によって定まる一定の方法、社会的な労働または社会的な生産の一定の様式なのである。(Gr., S.1317)

以上、マルクスにおける「価値」の①蒸留法的抽象による生理学的エネルギー説（自然実体説）の見解と、②社会的抽象化による社会関係反照態説（社会的実体説）の二重の矛盾する言説をみてきたが、この〈価値〉概念の齟齬はなにに由来するものなのだろうか。単なるマルクスの不注意あるいは混乱を示すものなのだろうか。われわれは、これをマルクス独自の方法論的視座に立脚した戦略的な叙述の弁証法に由来するものと把えている。それは、一つには古典経済学の批判的継承というコンテキストから、二つ目は件の上向法的な概念規定の再措定のコンテキストから、三つ目は価値および抽象的人間労働の社会的実在性の根拠づけのコンテキストから、主としてこの三つのコンテキストにそってこのことを論証しうると考えている。しかしながら、ここ「第一章」の段階では、問題提起だけに留める。ただ、ここで留意しておいてほしいのは、「生理学的エネルギーの支出」という意味での「労働」という規定であれば、それは使用価値をつくる労働（具体的有用労働）にも、価値を生み出す労働（われわれのいう抽象的人間労働）にも妥当する概念である。また、「生理的エネルギー支出」ということであれば、それは超歴史的カテゴリーである。ところがである。マルクスは、執拗に、スミス・リカード等の古典経済学が価値形成労働（抽象的人間労働）の「変化した本質・性格」を結局は理解できず明らかにできなかったことを批判し、またこの労働が特殊歴史的な社会的労働の形態であることを看過してしまっていることをも批判して、こうした見方を徹底的に揶揄している。だからこそ、マルクスは、自負することができたのである。「商品に含まれる労働の二面性［具体的有用労働と抽象的人間労働］は私によってはじめて批判的に指摘されたものである。この点は、経済学の理解にとって決定的に重要な跳躍点である……」［強調は引用者］（K.I,S.56）と。

われわれは、いうまでもなく、「価値＝歴史社会的実体」説に立脚するものであるが、その立場から、決定的に重要な価値の存在性格、すなわち価値の「まぼろしのような対象性」、すなわちそれらの不可視にして非計量的な対象性、別様にいえば価値のイデアールでイレアールな存在性格に関して言及しておきたい。

「価値」とは、商品それ自体に帰属する自然的属性ではなく、諸商品の総社会的交換関係の過程的運動において、交換者諸個人の直接的な意志や意識とは独立に、間主体的 intersubjektiv な諸営為の産物として形象化されて存立するに至っている、いわば社会的普遍としての機能と役割を持つものである。それは、交換関係にある諸商品の社会的な本質的同一性・共約性を示す社会的単位である。マルクスは、こうした総社会的な商品交換における社会的普遍性・一般性という社会的属性、この属性を共有する諸商品の交換単位としての「価値」とその実体的基盤を、まずは、かの蒸留法的手続きによる思弁的（理論的）抽象化を介して規定した後で、各々異なった種類の通約不可能な諸商品の労働が、相互に通約される共通の「尺度単位」・「共約単位」としての価値の実体にして「その度量単位である単純労働［抽象的人間労働］に還元されるさまざまな比率は、生産者たちの背景で行なわれる一つの社会的過程において確立される」と言明する。すなわち、それは人々の意識を超えた「社会的抽象化」の産物であり、「したがって、生産者にとっては慣習によって与えられているように思われる」（vgl.ibid.S.59）というのだ。この「社会的抽象化」による価値の生成と存立とこの価値なるものの人々への規制力、それは一つの社会的事実であって、それに関して人々は頭を悩まし、「ファウストのように考える」必要はない。「初めに行ないありき。彼らは彼らが考える前に」(ibid.,S.101) すでに彼らの社会的商品交換を規制するこの社会的普遍・社会的共約単位の存在を無自覚のうちに前提として行為しているのだ。定礎を終えた商品世界においては、「人間は、その社会的生産過程においては、単に原子的な行動をとっているにすぎない」のであるが、そこにおける彼らの社会的商品交換は、実は、「彼らの意図的・意識的な個人的行為からは独立した彼ら自身の生産関係」における「社会的抽象化」の産物たる「価値法則」という眼には見えない特殊歴史的な社会的運動法則に規定されて遂行されているのである。この「価値法則」という生産関係の物象化された姿態は、「まず、彼らの労働生産物が一般的に商品形態をとるということにおいて現われる」(vgl.,ibid.,S.108) のである。

さて、これまでのべてきたように、商品世界においては、「人々は、彼らの労働生産物をただ価値としてのみ、それゆえにまた商品としてのみ、相互に関係せしめることができる」のであるが、あらためて特記しておきたいことは、総社会的商品交換において出現する社会的交換単位としての「価値」の存在性格である。「価値」は人々の意識を超えて生成・存立する「社会的普遍」たる社会的形象態、あるいは社会的抽象化の機制を介して形象化される「社会的抽象態」である。それは、思弁的抽象化による理論的に構成された抽象態ではなく、れっきとした実在性を有する抽象態である。理念的抽象態ではなく、「社会的な抽象態・普遍態」というのはこのことを表わす。それは、社会的な一般性・普遍性・汎通性に裏打ちされた社会的実在態である。「普遍」といっても、カントのいう人間理性の越権的使用に基づく「弁証法的理性の誤謬推理」の産物たる「理念としての普遍」なるもの、あるいは形而上学的な存在規定ではない。

この社会的普遍としての価値は、人々の意識や行為を超えた社会的一般性・共約性として生成・存立する社会的形象態であることはすでにのべておいた。ということは、「価値」なるものは、人々の感覚・知覚においては直接に認識できない存在である。直截に言えば、価値はわれわれの感覚的知覚あるいは直接的経験の対象となる存在ではないということである。近代科学的合理主義の経験主義的実証主義の立場からいえば、人間の感覚・知覚を基礎としない、経験には与えられない、それゆえ実証的に真偽を問うことのできない対象や問題を扱うのは形而上学であって、科学的営為なみの範囲外の擬似学問にすぎない。彼らにいわせれば、「価値」は、この意味で、形而上学的対象ということである。しかるに、弁証法的理性は、伝統的な近代理性（悟性）にいわせると、原則上、扱うべきでないとする「価値なるもの」を『資本論』冒頭で執拗に論じている、というわけだ。

今、この問題は措くことにして、「価値」の上述の存在規定に相即する存在性格に関して、次節への橋渡しを兼ねて、大急ぎで要約しておこう。

「価値」はれっきとした社会的実在であるが、それ自体としては不可視な存在である。〝不可視な存在〟というのは、われわれの直接的な感覚・知覚すなわち経験においては捉えることのできない実在性において存立しているということである。例えば「美なるもの」とか「重力なるもの」とか「需給法則」とかいったものが、少なくともそれ自体としては経験に直接には与えられない不可視なものであるのと同じである。したがって、このそれ自体として不可視な価値の大きさは、計量不可能である。われわれが「価値の不可視性・非計量性」というのは、このことをいう。

ところで、マルクスは、社会的形象態あるいは社会的対象性としての価値のこうした「まぼろしのような対象性」をめぐって様々な表現を用いて言及している。例えば、「労働生産物が商品という形態を身に纏う時」、つまり「価値としての使用価値」として現われる時、それは、先にもみておいたように、「感性的 sinnlich でありながら超感性的 übersinnlich なものに転化」(ibid.,S.85) するという。使用価値は感性的である。しかし、価値は超感性的である。「労働生産物が商品形態をとるや否や生ずるその謎に満ちた［幻のような］性格」はここから生ずるのだ。要するに、マルクスにいわせれば、「商品の価値対象性はどうつかまえていいかわからない」(ibid.,S.62) 代物で、しかも「この価値が労働生産物をも一種の社会的象形文字に転化するものである」(ibid.,S.88)。その結果、人々はこの象形文字を解読しようと右往左往してきたのである。

生活財としての机には少しの神秘的なところはない。「普通の感性的なものであることには変わりはない」。「しかしながら、机が商品として現われると感性的にして超感性的なものに転化する。机は、もはやその脚で床に立つのみでなく、他のすべての商品に対して頭で立つ。そして、その木の頭から狂想を展開する。それは、机が自分で踊りはじめるよりはるかに不可思議なものである」(ibid.,S.85)。「使用価値物にして価値体としての商品」という視点からみる時、「商品は極めて気むずかしいものであって、形而上学的小理窟と神学的偏屈に満ちた非常にやっかいな代物であることがわかる」(ebd.) とまでいっている。

マルクスも廣松も、商品のこうした神秘性の根拠をなす価値という「摩訶不思議な属性」ないしは価値それ自体の不可視性・非計量性を、別様に表現して、「価値それ自体は、イデアールでイレアールな存在性格を有するいわゆる〝理念〟的存在だ」という趣旨の発言をいくたびかくりかえしている。例えば、マルクスは、すでに『要綱』のなかで、「価値尺度としての労働時間は、ただイデアールに存在するだけなのだから、価格の比較の素材《マテリー》としては役に立つことができない」(Gr.,S.75) と謎のようなことばを残している。こうした発言の意味と意義に関しては、あらためて後段で検討することにする。

それでは、不可視にして計量不可能な社会的対象性、すなわちイデアール・イレアールな価値は、いかにして客観化されうるのか。あるいは、かかる存在性格を有する価値は、いかにして可視化され計量化されるのか、これが次のわれわれの課題である。

（二）価値の価格への転化における貨幣の価値表示機能と価値計量機能

A　価値と貨幣

マルクスは、すでにみてきたように、主として第一巻冒頭の「商品と貨幣」の篇および他の様々な個所において、「価値」それ自体は「使用価値」とは違って社会的抽象化に基づく不可視の「社会的普遍態」であることを再三のべていた。問題は、端初的な規定における商品世界においては、それ自体としては、イデアールでイレアールな不可視の社会的普遍としての価値は、いかにして可視化され客観的に現われてくるのかということにある。われわれは、この問いに対する原初的にして原理的な解答を、件の「価値形態論」のなかに読み取ることができる。ここにおいて、マルクスは、商品の価値の客観化すなわちその可視化・計量化のためには貨幣による価格表現を必然化することを、きわめて晦渋にして婉曲かつ錯綜した表現で執拗に論じている。とりあえず、われわれは、こうした問題意識と視点から、「価値形態論」を読み解いていこう。

われわれは、まずマルクスが「価値形態論」において、商品世界においては諸商品は自らの価値を直接に自己表示することはできず、社会的に客観化された等価交換関係にある他の商品の使用価値物としての姿態――その完成された究極的姿態が貨幣商品「金」――でもって、媒介的・間接的に表現せざるをえないという事態の必然性を明らかにしていく。まずもって、われわれは、その論理を確認することから始めよう。これはいわゆる「貨幣の必然性」の論理的な基礎づけといわれるものである。別様にいえば、「価値の価格表現の必然性」の論理の解明である。つまり、商品世界の諸商品の社会的交換においては、商品の価値は究極的等価形態商品たる貨幣商品「金」の使用価値としての大きさ（金量）によって、価格という形態で表現されるという事態である。このことによって、それ自体としては理念的で不可視の社会的実体たる価値が、金商品の使用価値物（自然的実在）の大きさでもって可視化されて客観的に表現されうることになるわけである。

「価値としての使用価値」という二肢的二重性を身に纏って存立している商品は、自らの身体でもって自主的・直接的に自己を「価値物にして使用価値物」として表示することはできない。そもそも、価値は、商品それ自体の有する固有の属性ではない。諸商品の社会的交換関係のなかで付与される社会的属性である。各商品は、自己の価値を他の商品の使用価値に反照・鏡映させせて表現することで、「価値としての使用価値」という商品の対立・矛盾する二つの契機の統一態としての各々の商品の資格を、媒介的・間接的に表現していかざるをえないのである。商品世界の所与の商品交換関係において——件の「価値形態論」のなかで——自己の不可視にして計量不可能な価値を積極的に表わそうとする商品が「相対的価値形態商品」とされるのは、それが自己の価値を直接的にではなく、相対的・間接的に、他の等価交換関係にある商品（等価形態商品）の実在的な物としての使用価値姿態を媒介として、それを自己の「価値鏡」として相対的に自己の価値を表現せざるを得ないからだ。すなわち他商品を自己にとっての価値の現象姿態とすることを介して、反照的に、商品の社会関係としての価値を自己表現するからである。〈価値〉は実体概念ではない、関係概念である。関係概念は関係において生成・存立するだけでなく、関係において表示される。今一度、価値は自然的属性ではなく社会的属性であることを確認されたい。

社会関係の反照態としての商品のかのイデアール・イレアールな内的本質として現われる「価値」は、ある外的なレアールな対象に受肉して現象する、あるいは外的現象態を介して自己を顕わす。不可視の理念的な価値対象性は、可視的・実在的な使用価値対象性に受肉して相関的に自己を表わすというわけである。

再度、強調しておく。「〔抽象的人間〕労働時間は、一般的・普遍的な対象として、ただ象徴的にしか存在することができない。つまり、まさに再び一つの特殊商品の形でしか存在することができないのであって、この特殊的商品が貨幣として措定されるのである」（Gr., S.99）。価値とは、対他商品関係において生成・存立している社会的抽象態、われわれのいう社会的物象態としての社会的普遍なのであり、一商品に本質的・本源的に帰属している属性ではないのである。要するにマルクス流にいうと、「社会関係としての価値」は交換価値すなわち価値の現象形態（価値形態）として媒介的にしか自己を表わすことができない、ということである。これが、論理的な意味での「貨幣の必然性」の究極の意味であり、商品交換は貨幣の媒介を不可避とするというのはなぜかという「貨幣の秘密」の現実的かつ論理的な解答の根拠をなすものである。ベイリーのリカード〈価値〉概念批判に接したマルクスが一八六〇年代初頭に、自己批判をも含めたリカードとベイリーに対する両刀批判の産物として展開していくことになった後の「価値形態」論――それ自体として独立した形では『資本論』初版の附録として現われる――の課題は、主として、「貨幣の必然性」とともに「価値および価値実体」と「価値形態すなわち交換価値」との内的関連――前者は「再版」で、後者は「初版」で明言されている――の究明とその論理構制を明るみに出すことにあったのである。マルクスは、『資本論 初版』の本文中の「価値形態」をめぐる最後のところで、次のようにいっている。ここでの価値形態をめぐる叙述において「決定的に重要なことは、価値形態と価値実体と価値の大きさとの関係を発見するということ、すなわち観念的に〔理論的・抽象的に〕表現すれば、価値形態〔交換価値〕は価値概念〔価値の本質規定〕から発していることを論証することだったのである」（K. 初版 .S.34）と。「価値と価格との内的関連」および「価値の価格への転化の必然性」は、「価値形態」論において、このような論理構制で基礎づけられているのである。

B. 価値の可視化の論理――貨幣における価値対象性の間接表示機能を軸にして

それでは、価値は貨幣でもってどのような機制《しくみ》で間接表現されているのであろうか。これを第一巻・第三章「貨幣または商品流通」の冒頭における「価値尺度論」を視野に入れてみていこう。

因みに、上述しておいたように、商品世界では商品の価値は貨幣によって、その価格形態でもって表現されてのみ可視的に現われうるのであるが、「価値尺度論」では、まずもって、この商品世界の価格による価値の観念的な間接表現という客観的事態の存立構造が問われている。マルクスはいう。貨幣商品としての「金の第一の機能は、商品世界にその価値表現の材料を提供すること、すなわち、諸商品を質的に等しく量的に比較可能な同名の大きさとして表わすことにある」（K.I.,S.109）。そこから転じて、「貨幣はどのようにして価値を計測・測度するのであろうか」という、貨幣の購買手段としての機能を媒介とした計量のメカニズムを問うていく。しかし、われわれは、ここでは、主題としては、まず「価値形態論」における「価値の間接表示の必然性」＝「貨幣の必然性」＝「価値の価格への転化の必然性」を受けて、「貨幣は価値をどのように間接表示し、どのような形でものさし（度量表示器・ニュメレール）として機能しているのか」という商品世界に立ち現われてくる価値の客観的な価格表現の存立構造を問うことから始めたい。

その際、ここでマルクスのいっている「尺度 Mass」とは、上述の引用にもみられるように、さしあたっては「計量するというものさし運動あるいは計量のものさし運動」として機能しているという意味での「尺度」をいうのではなく、「価値とその量的大きさを表示する客観的ものさし（指標）」という意味での「尺度」をいうものである。要するに、ここでは、あくまでさしあたってであるが、価値とその大きさを測定し客観化する運動としての「尺度」のメカニズムではなく、価値表示の指標としての「尺度」の単位の定礎が問題とされている、ということである。

さて、すでにみてきたように、諸商品の価値は、社会的に普遍的で統一的な窮極的等価形態商品たる貨幣商品――ここでは金――の自然的姿態でもって表現されている。その大きさの基準単位は金の重量である。例えば「二〇エレのリンネル＝ａオンスの金」というような価値表現範式におけるようにである。ここでは、「二〇エレのリンネルの価値」が、「ａオンスの金の使用価値物の大きさ」を自己の価値の現象形態（価値形態）とすることによって、間接的に尺度表示されているわけである。因みに、この価値表現は、先にものべておいたように、商品世界の総社会的な商品交換関係における所与の客観的な価値関係を前提にしたものであって、「二〇エレのリンネル＝ａオンスの金」という等式はその総社会的な商品関係の任意の可除部分としての一契機をなすものである。これは、例えば、「価値形態論」冒頭の形態Ｉの二商品関係の単純な規定における範式（二〇エレのリンネル＝一着の上着）が、二人の商品所有者たちの欲望に依拠して商議の結果として成立した偶発的な単なる二つの商品の等置を表示しているものではないことを意味するものである。それは、定礎された商品世界における総社会的な可能的商品交換の一契機として例示されているのである。冒頭「価値形態論」における形態Ｉは形態Ⅱの一契機であり、形態Ⅱは形態Ⅲの一契機なのであり、形態Ⅲは形態Ⅳの一契機なのである。そもそも、商品は単独で価値なる属性を保有しているわけではない。すでにのべておいたように、価値は他の商品との総社会的な交換関係において生成する属性なのである。つまり、価値とは二つの商品の単純な交換関係において生成・成立するものではないということである。再度、強調しておくと、価値は総社会的な全面的商品交換関係を前提にし、その総社会的な相互関係を含意している運動概念なのである。諸生活財を商品という形態で現出させるのは、この特殊歴史的な総社会的な生活関係——その基盤としての生産関係と交通関係の総体の特殊な歴史的形態——なのである。商品や価値は「物ではなく関係である」とマルクスが執拗にくりかえしているのは、このことを含意しているのである。〈商品〉・〈価値〉は、関係概念にして全体概念であるというのは、このようなことを含意しているのである。〈価値〉は、総社会的な人々の生活財交換の動態的運動のプロセスにかかわる概念なのである。つまり、価値とは、ある他の種類の商品との交換を欲するある商品の所有者とその相手商品所有者の欲望や合意が問題となるような準位での、現実的・具体的な個々のその都度の商品交換のごとき始源的な商品関係の直接の産物ではないのである。『資本論』のとりわけ冒頭篇においては、分析の基本的な視座は、価値および価値関係そして商品・貨幣の「生成過程論」ないしは「生成機序論」ではなく、総社会的な各種商品の交換の可能性が定礎されている商品世界の可能的商品交換関係の共時的な「存立機構論」ないしは「存立構造論」が基軸となっているのである。諸商品の価値形態の分析はこの視座を視軸にして展開されているのである。マルクスの「価値形態論」は、定礎・確立された商品世界の抽象的・一般的な総社会的な共時的存立構造論的視座に立脚して議論が構成されているということである。冒頭章におけるマルクスの価値の実体論的規定もこれに基づく理論的に原理的な端初的一般規定だったのである。その価値規定は、直ちに、社会関係規定へと上向的に再措定されていく。このようなマルクスにおけるある階梯での「借りのある論証」と次の階梯での「借りを返す論証」のプロセスの進捗は、『資本論』における論証の上昇的展開と概念規定の累乗的な高次化のプロセスをシンメトリカルな構造として明るみに出した、内田弘の画期的かつ独創的な『『資本論』のシンメトリー』[1]に詳しい。

いささか議論が本筋からそれてしまった。元に戻って、本項を概括しておこう。

これまでわれわれは、商品世界では、商品の価値としての質的同一性は窮極的等価形態商品として自立化した「貨幣としての金」によって単一かつ統一的に表現され、その大きさはこの金の重量によって可視化されて間接的に表示される構制になっていることをみてきた。この金の重量（使用価値の大きさ）を「基準」として貨幣による価値の価格表現の単位すなわち「度量単位」が構成される。そして、この度量単位を基礎にして、その重さが可除部分に分割されて、それは「度量標準」へと転化していく。この度量単位・度量標準に対応して独自の価格名称（尺度名）が確定される。

このようにして、あくまで第一巻の「商品と貨幣」章の準位では、ある商品の価値とその大きさは、貨幣商品金の重量で反照的かつ間接的に表示され、価格でもってさしあたっては観念的――この段階ではまだ現物の貨幣は必要とされないのだから――に表現されることが明るみに出されていく。これが、「価値の価格への転化」に際して、「価値は価格によってどのように表現されるか」という課題に対する件の「価値尺度論」で展開された論理的な基礎づけであった。これが「価格は価値の間接表示である」あるいは「価格は価値の指標である」という命題の含意するところのものである。

C．価値の計量化の論理――貨幣の間接的価値計量機能にそくして

上述しておいた貨幣の価格表示を介した価値の可視化、すなわち価格の度量基準化と単位化そして度量標準化に基づく価値の間接表示は、いうまでもなく、価値の大きさ（価値量）の間接表示でもあると同時に、それは価格による価値の計量化を含意するものでもある。イデアールでイレアールな不可視の価値は、貨幣によって価格の運動を介し

て計量化され間接表示される、ということである。

価値は形而上学的な存在でもなければ、不変にして不動の超越的実体でもない。それは、運動する社会的実体とでもいうべき構造的存立態・函数態的社会的形象態——われわれのいう「社会的物象態」——なのである。この価値なる社会的実在態は価格によって媒介的に表示されるのであるが、しかし、価格は価値によって規定され、それは価値の指標でしかないということは看過されてはならない。しかし、価値は価格によってしか可視化されえないし表示されえないと同時に、重要なことは、この価値は諸商品の総社会的交換の過程において、常に揺るぎと変動に晒されている運動態であるという事態である。貨幣は、その流通購買手段としての機能を介して、諸商品の社会的交換を媒介し、そしてそこにおいて諸商品相互の交換関係と交換比率を規定するという機能を通じて、諸商品間の常に変動する交換価値すなわち価値形態を具現し公示しているのである。価格の運動は、まさに、価値の社会的運動を交換価値という形態で表示するものであり、この動態的交換価値の実体としての価値とその大きさを、間接的ではあるが計量し表示しているのである。価値は、それ以外、自らの存在の量的規定性とその変動性を表現することはできないのである。「価値が価格を規定する」のであるが、価値は価格によってしか、その存立と量的規定性と動態性を開示することはできない。それゆえ、われわれの日常的意識においては、まず価格の運動を介してしか、つまり媒介的・間接的にしか、価値の運動する姿を目にすることはできないということになるのである。

以上の議論を承けて、上記の価格と価値の内的関連に定位して、両者の表わすそれぞれの労働時間、つまり価格の表示する貨幣生産労働時間と価値の表示する抽象的人間労働時間との内的関連に問いを移すことにしよう。われわれが、価格の大きさが表わす「貨幣商品生産労働時間」と価値の大きさの社会的実体をなす「抽象的人間労働時間」との内的関連の討究を必要とする理由は、一つには、価値と価格の内的関係を、別の視角から今少し立ち入って考察しておきたいからであり、今一つは、「商品による商品の計量」――貨幣商品による他の諸商品の統一的計量――の含意するものを、より一層明断に浮び上らせておきたいからだ。

因みに、この問題の考察においてもまた、次節で本格的に展開される「抽象的人間労働とその時間」の問題が先取りされてとり上げられているのであるが、ここではその概要を予告的に提示し、次節で本格的に展開するという「抽象的人間労働論」をめぐる二重の叙述の第一段階としてご理解いただきたい。

さて、われわれは、すでにある商品の価値は、貨幣金の一定量で、その度量単位化され、度量標準化された名称すなわち価格形態で表現されるということをみてきた。価格は価値の指標であり、その意味では価値の標章でもあり象徴でもあるということでもある。今、金商品一般と貨幣金との種差は不問に付すとして、この価格の表わす一定量の金には、金生産のために社会的に必要とされる金生産労働時間が対象化されている。しかし、それには、あくまで金生産のための具体的有用労働時間（金製造労働時間）である。とはいえ、それは、すでに社会化された具体的有用労働時間となって表わされている。すなわち、それは個々の個別的な金生産労働時間ではなく、社会的に必要とされる金生産労働時間として規定されて現われている、ということである。金生産部門における多様な生産のための諸々の具体的有用労働時間は、このようにして統一的な価値の尺度単位をなす「金の生産のための社会的必要具体的有用労働時間」という形態へと還元されて表示されているわけである。だがこの個別的に具体的な有用労働時間（＝私的諸個人の労働時間）の社会化の構制は、次節でよりくわしくのべるように、金に関してだけではなくすべての生産部門内における各種の諸生産物の各々についてもいえることである。つまり金生産労働に関してのべたことは、同一生産部門内の同一種の諸商品の個別的な具体的有用労働の社会化はすべての生産部門に生じている事態である。すなわちすべての商品種の生産において、各種商品の生産時間が「社会的に必要とされる各種の具体的有用労働時間」へと還元されている構制でもある。

もっとも、私的個人労働時間の社会的必要労働時間への転化・還元は、実はさらにこみ入った機制に基づいて成立するに至っている。というのも、一つにはマルクスも指摘しているように、「各商品の価値は……その商品そのものに含まれている必要労働時間によって決定されるのではなく、その再生産に要する社会的必要労働時間によって決定される」(Kr.S.19)のが実態であるからだ。さらに留意さるべきは、ここでマルクスがいっている「社会的必要労働時間」とは、実は上述してきたような個々の商品種の生産に必要な「社会的必要具体的有用労働時間」ではなく、それらを通約する「社会的単位労働時間」すなわち「社会的必要抽象的人間労働時間」であることである。しかも、それはある生産時点で対象化された「抽象的人間労働時間」ではなく、再生産時に要する「抽象的人間労働時間」である。だが、ここでの議論を簡素化するため、この問題は本格的には立ち入らないことにする(2)。

しかしながら、必要範囲内で暗示だけはしておこう。個別的具体的有用労働時間の社会的労働時間化は、実は二つの段階からなっている。上述の同一部門内での社会化を第一段階だとすると、その第二の段階は、異なる生産部門間における「社会的単位労働＝抽象的人間労働」への還元の次元である。この第二の社会化は次のような論理構制になっている。これを例の「二〇エレのリンネル＝aオンスの金」の範式に依拠してみていこう。伝統的マルクス主義からいわせると実に破天荒な設例になるが、まず、「二〇エレのリンネル」の生産に社会的に必要とされる労働時間(社会的必要紡績労働時間)が問題となるが、これを仮に八時間としよう。他方、価格の方は「aオンスの金」の生産に社会的に必要な労働時間(社会的必要金製造労働時間)を表わしている。これを仮に六時間としよう。となると、「二〇エレのリンネル＝aオンスの金」という形での社会的に客観的な交換関係の存立が表現しているのは、二〇エレのリンネルの社会的に必要とされる「リンネル生産具体的有用労働八時間」は「ａオンスの金量の生産に社会的に必要とされる金生産労働六時間」に値する、あるいは等しいとされるということである。商品世界においては、あらゆる商品は価格をもって現われて等価交換されるということは、すべての商品は貨幣で評量され、また諸商品の社会的必要具体的有用労働時間は、すべて金生産具体的有用労働時間に還元されて計量されているということである。すべての商品は、特定のものさし商品つまり貨幣金とつき合わされて、後者の社会的に必要な具体的有用労働時間に還元されているということである。各々の商品の生産に必要な各々の社会的有用労働時間が、統一的に金生産に必要な社会的有用労働時間に還元された上で、それを媒介にして相互の交換比率が評量されているということである。これが、実は第二の異部門間における諸具体的有用労働時間の一般化・統一的社会化の前提プロセスなのである。

論者によっては、資本制生産様式における機械制大工場制度においては、各生産部門の生産労働は、その強度・練度は均質化され、単位的単純労働化されて現われるが故に、「二〇エレのリンネル生産労働八時間＝ａオンスの金生産労働八時間」という関係で等価交換は成立しているのだと主張する。だが、同一部門内の同種労働間の労働時間の社会化と異部門間の異種労働間の労働時間の社会化とでは事情が異なる。異種の労働間には通約可能性はない。すべての生産部門における各種労働間の必要社会的労働時間の相互還元率は数値「一」とは限らない。「一」の場合もあるが、常に「一」ではない。一般的にいえば異なるのが普通である。この共約性のない異部門間の労働時間の通約可能な社会的共通単位への還元は、貨幣金の生産のための労働時間を基準・ものさしとして、上述しておいたような構制で、統一的・総社会的に遂行されているのである。因みに、マルクス流の諸種労働時間相互間での異なった比率での社会化――社会的共通単位労働への還元――と、後者の場合の常に還元率「一」の場合――異種労働間の一律的社会的共約性を独断的に前提とする還元――の社会化との間では、具体的有用労働の社会的抽象化・社会的対象化・社会的物象化の産物として生成・存立している〈抽象的人間労働〉という意味では違いがないともいえなくもないが、その概念規定の内包が異なっている。このことは特に留意されてしかるべきである。

(三) 価値の価格への転化の必然性

A．抽象的人間労働時間の指標としての価格

以上が、商品に対象化される労働の社会的必要諸具体的有用労働の抽象的人間労働への二重の還元・社会的抽象化の機制である。同一生産部門内での同種労働の社会化は一物一価を介した還元として現われ、他方の異種部門間での異種労働の社会化の方は等価格で交換されているすべての諸商品は同一価値を有するという事態において表現されている。この事態に関しては、次章で主題的に展開する。しかしながら、ここであらかじめ留意さるべきは、全商品の社会的に必要な諸具体的有用労働時間が、単一にかつ統一的に、金の生産に社会的に必要な具体的有用労働時間に還元されて評量されているからといって、金生産具体的有用労働時間が抽象的人間労働時間であるわけではない。「金生産労働時間」はあくまで「具体的有用労働時間」である。それが、いかに全商品の社会化された具体的有用労働時間の統括者であるといっても、あくまで「自然的時間」の準位にあり、複雑な計算が必要とはいえ客観的に計量可能な可視的「物理的時間」――その意味で直接測定可能な時間――である。金生産労働時間は、単なる抽象的人間労働時間の指数・指標にすぎない。金商品がすべての商品の統一的「ものさし」とされるのは単なる偶然にすぎない。くりかえしのべてきたように、抽象的人間労働時間は、あくまで不可視の直接測定不可能な理念的な「社会的時間」である。両者はその存在論的次元を全く異にしているのである。

要するに、価格が価値の指標として、不可視の価値を現実化・可視化して表現するということは、価格の表わす「金

生産具体的有用労働時間」が価値の実体たる「抽象的人間労働時間」すなわち不可視の理念的時間を現実化・可視化するための計量基準・測度単位となっているということである。金生産労働時間は抽象的人間労働時間の社会的・統一的な「ものさし・指標」であり、後者は前者を媒介にして間接測定・間接表示されているのである。

マルクスのいうように抽象的人間労働時間そのものは一つの社会的抽象化の産物であって、「感覚的・知覚的にはそういうものとしては現実的・可視的には諸商品にとっては実在しない」のであって、それは固有の存在性格を有する「社会的物象態」すなわち「社会的に対象化・抽象化された理念的時間であり社会的時間」なのである。価値は価格に受肉して反照的にしか自己を表示しえないように、抽象的人間労働時間（社会的時間）は金生産のための具体的有用労働時間（自然的時間）に受肉して間接測定・間接表示されるしかないのである。「[抽象的人間]労働時間は、一般的な対象としては、ただ象徴的にしか存在することしかできない」。それゆえ、この労働時間は「まさにあらためて、一つの特殊的商品［に受肉した］形でしか存在することしかできないのであって、この特殊的商品が貨幣として措定されているのである」(vgl.Gr.,S.99)。

因みに、「自然的・物理的時間」の存立も、実は、全く同じ論理構制となっている。本質的に不可視の自然的世界の総体的な持続性あるいは運動・変化の「時間性」は、自然界におけるある特定の運動体と他の諸々の運動体との関連づけにおいて、その特定の運動体の具体的運動の持続の長さ――例えば脈拍の周期、振子の振動、太陽の日の出・日の入りの周期、あるいはある特定の原子核の崩壊の周期――を基準にして、これを度量単位化・度量標準化して、いわゆる「物理学的時間」として可視化し自己を表示するしかないのである。この可視化された「時計時間（物理的時間）」をものさしにして、客観的かつ統一的に、他のすべての自然的運動体の運動を計量・尺度して表示するしかないのである。

これと同様に、それ自体としては不可視で理念的なものでしかない社会的実体としての価値の大きさを表す抽象的人間労働とその時間は、貨幣商品金の実在的・物的大きさ（金量）を基準にして、その度量単位化・度量標準化した「価格」の運動をものさし運動の指標とすることで計量されて、客観的・統一的に表現される以外に可視的に表現されることはできないのである。要するに、価値の実体は、社会的に必要とされる金生産具体的有用労働時間を「ものさし」にして、あるいはそれを「価値計測時計」にして、客観的に、統一的に、可視的に、媒介的に表現されているということになるのである。

B．価値の価格表現の必然性――総括的再論

さて、われわれは、これまでのべてきたことを再説的に要約し、おおいそぎで次章に移り、そこでこの問題をより詳細に展開していくことにしたい。

さて、われわれは、本章で、一般的等価物たる貨幣金とその大きさの指標たる価格は、価値の指標・標章として機能している事態とその論理を解析してきた。「〝価値としての使用価値〟である商品」の価値は、他の使用価値に受肉してしか自己を表現できない。この二つの契機は分離できない。この両契機の統一された形態において存立している諸商品は、その商品形態に孕まれている両契機の対立と矛盾を分裂的に現象せしめ、その価値を他の商品（等価形態商品）――最終的には貨幣形態商品――に反照させて迂回的に表わすのである。価格形態でもって、価値を間接的・媒介的に測定・表示するのである。価値が直接に価格を自己と同値として規定し表示するのではない。マルクスもいうように――後段で引用・解説していくが――「価値の尺度としての抽象的人間労働時間はただイデアールに存在するにすぎないのだから」、その目に見えない価値は目に見える形での価格の比較のための素材としては直接的には機能することはできないし、それゆえ価格の比較材料としては「役立たないのである」。逆に、価格の方が、生産過程において規定された各々の商品の生産のための社会的必要労働時間を金生産労働時間に統一的に還元し、さらにそれらが交換過程における価格の運動を介して、諸商品の交換比率が総社会的に再措定されることで、価値が間接測定され間接表示されていくのである。

貨幣金に体化されて表わされる具体的有用労働時間は、抽象的人間労働時間の現象形態・価値形態であり、したがって交換価値という形態での価値の反照規定態なのである。われわれが知ることのできるのは、価値そのもの・抽象的人間労働時間そのものではなく、それが可視化された価格あるいは貨幣金に体化された具体的有用労働時間のみである。

いみじくもマルクスはこの事態を次のようにいっている。等価形態商品――その完成態が貨幣形態商品金――の謎、それに、①「等価形態商品を生産する労働が、抽象的人間労働の手でつかめる具体的形態として対置される」、②そこでは、「したがって、具体的有用労働がその反対物の抽象的人間労働の現象形態になる」、③「したがって、私的労働がその反対物の形態すなわち直接に社会的な形態〔通約可能性の形態〕にある労働になる」(vgl.,K.I,S.73)と。

等価物として役立つ商品の身体は、つねに抽象的人間労働の体化として妥当・通用し、しかもつねに一定の有用的具体的労働の産物である。したがって、この具体的有用労働が抽象的人間労働の表現になるのである。たとえば金［等価物］が抽象的人間労働の単なる実現として妥当・通用するとすれば、実際に金に実現される金製造労働は抽象的人間労働の単なる実現形態［現象形態］として妥当・通用しているということである。(K.I,S.72)

留意さるべきは、抽象的人間労働とは、社会的存在としての諸個人の労働の社会性が身に纏う特殊歴史的な形態なのである。マルクス流にいえば、「労働の特殊な社会的形態」なのである。私的諸個人の具体的有用労働は、商品世界にあっては〝「抽象的人間」の「労働」〟として実現されることではじめて、その社会性が資格づけられ保証されるのである。つまり、この世界で「私的個人労働」が「社会的労働」として妥当・通用するためには、人間諸個人の社会性が「抽象的人間」――実存的主体者としてではなく人間一般・das Man ――という形態で具現されなければならない、ということである。『資本論』においては〈抽象的人間労働〉なる語は、〈abstrakte menschliche Arbeit〉および〈abstrakt menschliche Arbert〉の二つの原語表記において混在している。ささいなことであるが、〈abstrakt menschliche Arbeit〉というマルクスの用語の方が適切ではないかと考える。というのは、後者においては、abstrakt は副詞として用いられており menschliche にかかっているとみなされ、要するにここでは、〝「抽象的に人間的（abstrakt に menschliche）」な「労働（Arbeit）」〟として表現されているからである。二つの用語の使用は、マルクスの単なる不用意な使用にすぎないのであろうか。穿鑿過剰ながらあえて一言。マルクスには、抽象的人間とは「透明人間」であるという表現もある。

再度強調しておく。私的諸労働の社会的共約性は、相互に無縁で独立した諸個人の「〈抽象的人間〉――ハイデッガーのいう das Man ――という形での社会的存在規定」における「特殊歴史的な労働の社会性」あるいは「労働の特殊歴史的な社会的形態」において具現されるということである。つまり、私的個人の諸労働の社会的労働への転化とは、「私的諸具体的有用労働」の「抽象的人間の労働」への転化をいう、ということである。

C. 価値の価格表示の上向的転化――価値価格の生産価格への転化論にむけて

価値と価格の内的関連と前者の後者への転化の必然性の根拠と論理はおおよそ以上のような構制になっているのである。本章では、われわれは、不可視の価値およびその実体としての抽象的人間労働時間は価格に対象化された金製造具体的有用労働時間によって可視化されて存立している事態の論理構制を討究しながら、「価値」と「価値形態すなわち交換価値」の内的関連、「貨幣の必然性およびその秘密」そして「価値尺度の論理構制」とを解析しながら、こうした問題の暫定的な基礎づけを図ってきたわけである。それは、価値を構成する特殊な社会的労働を分析しながら、「抽象的人間労働」と「貨幣」との内的関連の究明の作業にむけた第一歩をなすものである。この問題は、冒頭商品の価値・価格をめぐる規定と第三巻の資本制商品の価値・価格をめぐる規定、この二つの価値・価格の規定の内的関連を考究していく上で、決定的に重要である。すなわち、このことによって、①上向の端初としての第一巻の論理的に抽象化された規定における商品世界およびその単純な商品価格規定とおよびそれによる間接的な価値表現（価格価値）と、②第三巻における上向的再措定の終局に位置する資本制商品世界における商品の価格すなわち生産価格とその価値表現、この二つの価値・価格の概念規定の間の次元の相違、したがって単純な価格の表わす抽象的人間労働時間と生産価格の表示する抽象的人間労働時間の形態とその本質と量的規定性の背景をなす商品世界のあり方の位相の違いが、このことによって、新たに浮上してくるからである。

もともと「価値の生産価格への転化」という表現は、一見したところでは、いささかミスリーディングな表現に思える――実はそうではないのだが――。さしあたってわれわれとしては、価値は価格としてしか表現できないのであるから、かの表現は「価値価格の生産価格への上向的転化」と表記した上でわれわれの考察をすすめることにしたいと提言しておいたが、以降の議論はその延長線上で展開していくことにしたい。

ところで、「序章」においてものべておいたが、この単純商品価格の資本制商品価格すなわち生産価格への転化を転回させて単純商品価値の資本制商品価値への転化として表現すれば、「論理的単純な商品規定における価格の表示する価値（単純価格価値）」の「具体的な資本制商品における生産価格の表示する価値（生産価格価値）」への「上向的転化」ということになろう。なぜ、われわれがこの問題にこだわるのかといえば、われわれにいわせれば、この問題は件の「転形問題」論争にも新たな見直しをせまるものとなるはずであるからである。しかしながら、ここでは、この問題の重要性を再喚起しておくにとどめて、立ち入った考察は次章以下で順次展開していくことにしたい。本章は、あくまで次章のための橋渡し的序論として簡単な問題提起にとどめることで、あわただしく第二章へ移ることにしたい。

註

（一）

（1）廣松渉『資本論の哲学』現代評論社、一九七四年／増補新版、勁草書房、一九八七年。（本書における当該書からの引用は、一九九六年に刊行された『著作集⑫』（岩波書店）に収録された版にもとづく。二七九頁、――以降『哲学』と略記）因みに、この一文は、もともとは廣松が『日本読書新聞』からの〝『資本論』刊行百周年（一九六七年）記念特集「私の『資本論』研究プラン〟というアンケートに答えたものである。

（2）同上

（二）

（1）内田弘『『資本論』のシンメトリー』社会評論社、二〇一五年。内田は、さしあたっては第一巻だけに定位してではあるが、『資本論』の体系としての編成す原理を、その独自の画期的な手法と手順と論理をもって抽出している。そこでは、「前提＝措定」の重層的な論証様式が剔抉され、論理におけるパラドックスのシンメトリー（反転対称・回転対称・並進対称の複合）を軸として展開される円環的な『資本論』の編成原理が、精緻な数理的手法や図式でもって描き出されている。そして「数学とマルクス」という新しい問題も提起されている。現代数学に関する基礎知識を必要とするきわめて難解にして晦渋であるこの書をわれわれは充分に理解しえたとはいえないが、マルクスの今日的な解読において全く新しい視界がもたらされたことは事実である。

（2）商品の価値は投下された時点での社会的必要労働の時間ではなく、同じ商品の現今の時点での再生産のための社会的必要労働時間によって規定されるというマルクスの見解の重要な意義と意味に関しては、廣松の『資本論の哲学』の「第一章　問題論的背景と価値形態論」の「三　価値実体と価値形態の相関的対立」を是非とも参照されたい。そこには「価値の相対的客観性・動態的実体性・相関的絶対性」をめぐる哲学的プロブレマティックが浮び出されている。ベイリー問題も、ここでは深くかかわってくる。因みに、この問題に関してのマルクスの言辞としては、次のようなものがある。

「使用価値としては、商品はある独立なものとして現われる。これに反して、商品は価値としては単に定立されたものとして、つまり単に社会的に必要で同等な単純な労働時間［社会的抽象的人間労働時間］に対するその商品の割合によって規定されるものとして現われるだけである。このように、商品の価値はまったく相対的なものであるから、商品の価値は、たとえその商品に現実に含まれている労働時間［投下時点での労働量］は変わらないとしても、再生産に必要な労働時間が変わるならばその商品の価値は変化する」（『学説史』、Bd.23-3,S.126）

因みに、マルクスは同じことを『批判』のなかでも、次のようにいっている。「ある商品にふくまれている労働時間［抽象的人間労働時間］とは、それの生産に必要な時間であるが、［ただし］与えられた一般的条件のもとで同じ商品を新たにもう一個生産［同一商品の再生産］するために必要な労働時間である」（Kr.Bd.13,S.19）と。

第二章　抽象的人間労働と具体的有用労働

——具体的有用労働（私的労働）の抽象的人間労働（社会的労働）への二重の還元の論理——

さて、われわれは、前章において、われわれの主テーマたる「第一巻と第三巻の矛盾」の問題を踏まえて「第三巻における労働価値説」の意義と位置づけと妥当性を検討していくための予備的作業を展開しておいた。そこにおける「価値の価格への転化の必然性」の考究を承ける形で、ここで、あらためて特に強調しておきたいことがある。それは〈価値〉概念がそうであったように、価値の実体としての〈抽象的人間労働〉概念もまた関係主義的運動概念にして全体概念であるということである。それが意味することは次のことである。「価値」およびその社会的実体としての「抽象的人間労働」は、ある特殊歴史的な総社会的な生産関係・交通関係の運動過程において生成・存立するにいたる社会的諸関係の総体、この総体を本質としこれを反照する構造的存立態である、ということである。抽象的人間労働は、個々の独立した生産過程において産出され実現されるものでは断じてない。個別的商品生産の総体が総社会的生産過程を生み出すのではない。総社会的な生産の構造・機構・機能が特殊歴史的な商品生産過程として定礎され制度化された時、はじめて、すべての個別的生産が商品生産という形態で現われることを余儀なくされるのである。個々の生産過程は、総社会的生産過程の一肢体・可除部分として規定され機能しているのである。個々の契機・要素は総社会的諸関係に規定され、それを反照して機能しているのであって、各個別契機は自律的な独立項として存立しているのではない。詳しくは、後段の「第三章 個と全体との弁証法」の考察の個所で論じることになるが、ここでは、先取り的に寸言しておく。

本章では、以上のべたような意味で、〈抽象的人間労働〉とは関係概念であり運動概念にして全体概念であるとは、具体的にはどういうことかという問題を間接的であっても視野に収めつつ、抽象的人間労働が労働の社会性の特殊な形態、あるいは人間の社会的労働の特殊歴史的な形態であるということ、このことのより立ち入った意味の解析を主なるテーマとして展開していきたいと思う。

（一）商品世界における「社会的労働（労働の社会性）」の特殊歴史的な形態：抽象的人間労働

A. 人間労働の二肢的二重性一般（社会性と各自性）と商品生産労働の特殊歴史的な二肢的二重性

よくいわれてきたことであるが、マルクスの哲学的世界観上のパラダイムは、先にものべておいたことをさらに敷衍していえば、廣松が強調するように近代的世界観のそれとは全く次元を異にしている。一般的にいえば、近代的世界観の地平を超克するものとなっている。このマルクスの新しい世界観の地平の構図と論理構制を理解することなしには、マルクス思想ひいては『資本論』の正しい理解・解読は十全には不可能であるということ、このことをここでもあらためて強調しておきたい。これまでの『資本論』解釈が、肝心のところで誤読に陥ってきたのではないかと、われわれが身分不相応にも大胆に断言するのも、主としてこの事態を前提にしてである。廣松を借用していえば、『資本論』をめぐる「解釈上粉糾を生じている諸点、なかんずく価値論をめぐる諸問題は、しかし、マルクスの方法論上の構制ひいては存在論的・認識論的次元を解析する〝哲学的〟作業なしには所詮無用の錯相を防遏できない看があるということ、この憾もまた併せて禁じ難い[1]」からである。因みに、マルクスの世界観上の新地平の再吟味の必要性とはいうまでもなく、その存在観・認識観・実践観・論理観だけでなく、さらにはその人間観・社会観・自然観・歴史観、等々のすべての領域に渡っているものであるが、ここでは価値の実体としての抽象的人間労働の独自の存立の構制と存在性格を明るみに出していくために、手始めに近代的人間観の地平を超克するマルクスの人間観および労働観を粗描しておくことにしたい。

マルクスは人間存在を本質的・本源的に「歴史的世界・内・存在」という構えにおいて了解し、諸個人を「社会的に個人的な存在」と把える。換言すれば、人間を「社会的諸関係の総体を本質としそれを反照している」諸個人と規定する。マルクスは、いわゆる「フォイエルバッハ・テーゼ」において、いう。「人間の本質とは、個々の個人の内部に宿る抽象物なのではない。それは、その現実のあり方においては、社会的諸関係の総体《アンサンブル》なのである」(Bd.3.S.6) と。因みに、ここからマルクスのフォイエルバッハ批判は本格化する。いずれにしても、マルクスの人間観は、近代的人間観の典型としてのデカルト的な「純粋個人・アトム的我・コギト」としての独立・自存の「自由な主体としての自己」という近代的人間観とは全く異なるとらえ方に立脚したものである。マルクスからいわせれば、社会的諸関係の総体の存立も、アトム的個人が先在して、二次的に彼らが社会関係をとり結ぶことによって形成されるのではない。個人が社会的存在なのである。人間は社会のなかでのみ生物的個体――あらゆる生物的個体自体も地球場の自然史的関係場の産物にすぎないのであるが――から人間へと化成し、社会のなかでのみ個人となりうるのである。人間は、その意識においても行為においても、社会的存在なのである――意識と行為の本源的・本質的な Intersubjektivität――。マルクスはいう。「人間は文字どおりの意味で社会的動物 ζῷον πολιτικόν である。たんに社会的動物であるばかりでなく、社会のなかだけで自己を個別化することのできる動物である。社会の外での個別化された個人の生成ということは、……一緒に生活し、一緒に話しあう諸個人なしでの言語の展開というのとまったく同様な不合理である」

(Gr. S.22)。「社会とは諸個人から成り立っているのではなくて、これらの諸個人がたがいにかかわりあっているもろもろの関連 Beziehungen や関係 Verhältnisse の総和を表現している」(Gr.,S.188)。

以上の事態は、人間的生の発現においてもしかりである。人間的生の自己発現・自己展開の活動たる「対自然－対他者相互」の関係行為としての活動ないしは労働、この諸個人の各自的・個別的に独自な労働のあり方も、実は、本質的・本源的には、「社会的に個人的な労働」すなわち「協働としての労働」を本質的あり方としているのである。したがって労働は、協働の実現を介した個人的労働の実現という形で具現されるのである。すなわち、論理的に一般的な規定としては、したがって歴史貫通的な抽象的規定としては、諸個人の労働は、社会性の契機と個人性の契機の統一において規定される態のものであり、この両契機の統一において社会的に実現されるのである。因みに、労働の社会性が抽象的人間労働として、労働の現実的な個人性が私的具体的有用労働として分裂した形で現われるのは、特殊歴史的な資本制商品生産様式を基調とする社会においてのみであり、とりわけそこにおける生活財生産労働においてのみである。

以上のような「社会的な諸個人」の「協働としての労働」という理論的に一般的な規定が、近代的商品社会においてどのような形態で具現されているのかを、前近代型社会との大雑把な対比を介して、考察しておこう。

前近代的な共同体型社会においては、諸個人の労働は、その共同体的な自然的紐帯のなかでは、すなわち地縁的・血縁的な人格的結合を基底とする共同体的人間関係においては、個々の人間の労働はそのままの形態でその社会性を実現している。共同体そのものが直接に「人格的依存関係社会」として存立しているからだ。たとえ、その共同体社会の生活関係が身分的な強制や拘束の関係に依拠する階層化された社会ないしは階級社会として現われているとしても、それは直接的な人間相互の関係（直接的な人格的依存関係）の基盤の上で存立している直接的な形態での人格に対する身分制的な「支配－被支配」の関係なのである。彼らの労働の社会性も、この直接的な人間相互の生活関係においては、そのままの彼らの具体的な労働形態のままで直接的に自然的に具現されているのである。そこでは、人間労働の個別性と社会性は即自的融合状態にあり、無媒介的に発現している。個別的存在が即社会的存在として規定された状態になっているということである。

近代資本制商品社会においては、事態は一転して現われる。ここでは、労働の社会性は媒介的にしか実現されえない。個々の労働が直接に社会的労働として機能することはできない。商品世界における相互に無縁で独立した私的諸個人の社会的諸関係は、直接かつ無媒介には実現されえないということである。人々の「労働と労働との社会関係」は、「共同体・内・社会関係」のように融合的・即自的に発現されてはこない。「ただ独立に行なわれていて互いに依存し合っていない私的労働の生産物だけが、互いに商品として相対するのである」（K.I.,S.81）が、そのような編制原理において存立している資本制商品世界においては、直接的な人格的紐帯を欠いた無機的な社会的分業に下属している私的諸個人の労働とその社会関係は、労働生産物（商品）と労働生産物（商品）との関係を媒介にして間接的に実現されるほかはないのである。ここでは、まさにマルクスがいうように「人と人との関係が物（商品）と物（商品）の関係として実現される」機制と構造になっているのである。マルクスはいう。そこでは「人と人とが彼らの労働そのものにおいて結ぶ直接的に社会的な関係としてではなく、むしろ、人と人との物象的 sachlich な諸関係および物象 Sache と物象 Sache との社会的諸関係として現われるのである」（ebd.）と。私人としての「諸人格相互の独立性が全面的・抽象的依存 allseitige sachliche Abhängigkeit の体制によって補完されている」（ibid.,S.122）ところのこの社会の存立が、前近代的社会型の「人格的依存関係」としてではなく、「物象的依存関係」として構成され制度化されているというのはこのことである。

もう一度強調しておくと、この物象的依存関係を基盤とする資本制生産様式社会にあっては、相互に独立・無縁の私的労働の社会性は、当然のことながら、直接的・無媒介的には実現されえない。この労働の社会性は、商品と商品との交換に媒介されつつ、間接的にある特定の形態の商品生産労働と他の形態にある商品生産労働との統一的・共約的関係として、すなわち特殊歴史的な社会的労働のあり方として、換言すれば、質的に異なり相互に無縁な私的諸労働相互の総社会的運動過程において折出（社会的抽象化・社会的物象化）された「特殊歴史的な労働の社会性」として媒介的に具現されるのだ。この特殊歴史的な労働の社会性あるいは特殊歴史的な社会的労働の形態として現われるものが、商品の社会的実体としての価値に表わされる「抽象的人間労働」といわれるものなのである。それにもかかわらず「商品生産というこの特殊歴史的生産形態だけにあてはまること、すなわち互いに独立した私的労働の独特な社会的性格は件の人間労働［抽象的人間労働］としてのそれらの同等性にあり、かつこの社会的性格が労働生産物の価値性格という形態をとるのだということが、商品生産の諸関係にとらわれている人々にとっては、……［自然的かつ］究極的なものとして現われる」（ibid.,S.88）のである。「抽象的人間労働とは、人間の社会的労働の特殊歴史的形態である」とマルクスが再三再四くりかえしているのは、まさにこの事態をいわんとするためである。

先取り的にいうと、われわれは、このような歴史的コンテキストと意味において現われる「特殊歴史的な社会的労働としての抽象的人間労働」という概念規定において、「第三巻における労働価値説の妥当性」の検討・吟味の作業を遂行していくことが必要であると考える。

因みに、マルクスは、人間の労働の社会性の契機が「抽象的人間労働」という特殊な形態において具現されるのは、近代ブルジョア商品社会においてのみであり、他の社会的形態においてはこのような労働形態をとって現われることはないということを、件の「物神性論」においてかなりのスペースをさいて分析している。次に、それをみておこう。

B．歴史的カテゴリーとしての〈抽象的人間労働〉――「物神性論」を軸にして

商品世界における価値の指標としての価格、すなわち価値の貨幣表現、「商品世界のまさにこの完成形態――貨幣形態――こそは、私的労働の社会的性格、それゆえまた私的労働者たちの社会関係を顕に示さず、かえって物象的 sachlich に蔽い隠し」、また「社会的総労働に対する生産者たちの私的諸労働の関連」が媒介的に現われる「このばかげた形態［貨幣形態］」、この貨幣の価格形態で表示する社会的実体＝価値実体こそが抽象的人間労働なのである。すなわち、抽象的人間労働とは、商品世界における私的労働の不可視の総社会的関係を表示する特殊歴史的な労働の社会性、すなわち特殊歴史的な社会的労働の形態なのである。貨幣の価格形態において表現される〈価値〉そしてその実体としての〈抽象的人間労働〉等々、「この種の諸形態こそが、まさにブルジョワ経済学の諸カテゴリーをなしている」のであるが、重要なことは「それらは、商品生産というこの歴史的に規定された社会的生産様式の生産関係に対する、社会的に妥当する、それゆえ客観的な思考形態」（vgl.,ibid.,S.90）であるということ、「それゆえ、商品生産の基礎上で労働生産物を霧に包む商品世界のすべての神秘化、すべての魔法妖術［物神性］は、われわれが別の生産諸形態に逃げ込むやいなや直ちに消え失せる」ということ、このことである。それは、すなわち、〈価値〉も〈抽象的人間労働〉も、商品世界以外の別の生産諸形態における社会においては、存在しないし・存在しえないということである。このことをめぐるマルクスの議論を、少々詳しくみていくことにしよう。

まず、マルクスは、生活における人間の労働の配分のしかたの抽象的に一般的な原理・原則を明るみに出すべく、

孤島での生活を余儀なくされたロビンソン・クルーソーを登場させる。ロビンソンはその生活を実現するためには自分の「様々な欲求を満たさなければならず、それゆえまた、道具をつくり、家具をこしらえ、ラマを馴らし、魚をとり、狩りをするといった様々な種類の有用労働を行なわなければならない」。彼は、これらの「生活機能は様々に異なっているけれど、それらの機能が同じロビンソンの相異なる活動形態にほかならず、したがって人間の労働の相異なる様式にほかならないことを知っている。彼は、必要そのものに迫られて、彼の時間を彼の機能の間に正確に配分しなければならない。彼の全活動のなかでどの機能がより大きい範囲を占め、どの機能がより小さい範囲を占めるかは、所期の有用効果の達成のために克服されなければならない困難の大小によって決まる。経験がそれを彼に教える」。彼の生活実現のための財産目録には「彼が所有する諸使用対象と、それらの生産に必要とされる様々な作業と、最後に、これら様々な生産物の一定分量のために彼が平均的に費やす労働時間との一覧表が含まれている」。マルクスがまずもって、特殊な生活者ロビンソンを採り上げたのは、人間がその生活を実現するための——生活の生産・再生産のための——基本的な原理・原則を明るみに出すためであるが、同時にこの物語りのうちには「価値」の原基的な根拠をなす理論上の抽象的一般的な原理・原則が開示されているからだ。マルクスはいう。「そこには、価値のすべての本質的な存在規定がふくまれている」(vgl..ibid.,S.90f.) と。「労働過程論」が価値形態論のメタ・レヴェルでの理論上の抽象的原理規定をなしているのと同じである。但し、留意すべきは、第一は上述のことがらは孤島に住まうロビンソンの純個人的生活過程に即した特殊な生活における原則であって、人々の一般的な社会的生活の生産・再生産をめぐるものではない、ということである。とはいえ、マルクスもいうように、そこには人間の社会的生活の定礎のための原理・原則のすべての本源的かつ一般的な規定が孕まれている。留意すべきは第二は、ロビンソンが行わなければならない労働は、個人の具体的有用労働そのものであて、したがってその生活上の配分は具体的有用労働の時間、すなわち可視的な自然的時間（時計時間）に基づいて計画的に行われうるということである。「価値」に基づく社会的生活の生産・再生産の場合とは根本的に異なっているということである。ここでは、「抽象的人間労働」もその社会的に抽象的な時間（抽象的人間労働時間）もなんら問題とならない、ということである。因みに、ここでのロビンソンは、純粋個人ではなく「社会的個人」という資格での生活者でもあることは看過されてはならない。彼は、すでに、当時のイギリスの生活様式において教養や言語や生活力を獲得した上で孤島で生活しているのである。単なる純粋個人としてではない。

マルクスは、次に、個人生活における労働配分というメタレヴェルでの理論前提から、他の人々との相互関係の中で生活する人々の社会的生活過程における労働（協働としての個人労働）とその時間の社会的配分と編成に視座を移す。まず、前近代的生活過程におけるそのあり方を観望する。「そこで次にロビンソンの明るい島からヨーロッパの中世に目を移す」。ここでの地縁・血縁に依拠した生活世界においては、「人格的依存［直接的な人と人との相互関係］が、物質的生産の社会関係をも、その上に立つ生活領域をも性格づけている。しかし、まさに人格的依存関係が与えられた社会的基礎をなしているからこそ、労働も生産物もそれらの現実性と異なる幻想的姿態をとる必要はない」。そこでは、「労働の自然的形態［具体的有用労働］が、商品生産の基礎の上でのように労働の一般性［抽象的人間労働］でなく労働の特殊性［具体的有用労働］が、……労働の直接的形態である」。すなわち、ここでは、労働の各自性と社会性とは融合的に一体化しており、各自の具体的有用労働はそのままの形態で社会的関係性を即自的に具現している。商品世界におけるように、労働の各自性（具体的有用労働）と社会性（抽象的人間労働）とが分裂して、二重性において現われることはない、ということである。だから、労働の社会的配分や編成も具体的有用労働時間（自然的時間）に基づいて行われている、ということである。「夫役労働も、商品を生産する労働と同じように、時間によって計られるが、どの農奴も、彼が領主のために支出するのは彼の個人的労働力の一定の分量［具体的有用労働時間］であるということを知っている」。「彼らの労働における人格と人格との社会的諸関係は、いつでも彼ら自身の人格的諸関係として現われ、物象Sachenと物象Sachen、労働生産物と労働生産物との、社会的諸関係に変装されていない」(vgl.ibid.,S.91f.)。そこでは、労働が抽象的人間労働という形態で現われ機能することはないからである。抽象的人間労働という労働の特殊歴史的な社会的形態を必要としない、というより正確には、存在しえないところの資本制社会以前の素朴な労働のあり方とその社会的編成次第をみるべく、マルクスは「家父長的な農民家族」におけるそれを例示する。「共同的な、すなわち直接に社会化された労働を考察するためには、われわれは、すべての文化民族の歴史の入口で出会う労働の自然発生的形態にまでさかのぼる必要はない。自家用のために、穀物、家畜、糸、リンネル、衣類などを生産する農民家族の素朴な家父長的な勤労が、もっとも手近な一例をなす」とした上で、そこでのさまざまな生活財は「その家族労働の生産物として相対するが、それ自身が互いに商品として相対することはない」という。というのも「これらの生産物を生み出す様々な労働は……その自然的な形態［具体的有用労働］のままで、社会的機能をなしている」からである。人間労働の社会性は、各人の具体的な労働と融合的に統合されてその具体的な形態のままで現われてくる、ということである。自然発生的な強い共同体的紐帯で結ばれたこの素朴な人格的依存関係を基礎とする家族の分業とその労働配分は、家族間の自然的労働そのもののあり方で、家族の成員間において配分・編成されており、その具体的な労働の時間に基づいて彼らの労働時間は規制されているわけである。「ここでは、継続時間によって計られる個人的労働力の支出が、はじめから労働そのものの社会的規定として現われている」。だから、労働の社会的規定としての抽象的人間労働という労働形態は発生しないし必要もない、というより存在の余地はない。なぜなら、ここでは「個人的労働力は、はじめから、家族の共同的労働の器官としてのみ作用」しているからである。

生きた労働（具体的有用労働）そのものが社会的労働として機能し、しかも各々の労働は、即自的に、社会性と各自性との融合的に統一化された労働のあり方になっているからである。（vgl.,ibid.,S.92）

マルクスは、抽象的人間労働なる労働の社会的形態（「社会的労働＝労働の社会性」の特殊な形態）が存在しないし、しえないし、また必要のない社会の第四の例として、いわゆる「自由人の連合体（アソシエーション）」型の社会を提示する。それは、これまでみてきた前近代型共同体的社会と異なって、人々の自覚的・意識的な社会のコントロールによって創出さるべき社会として描かれている。いわば、「直接に社会化された労働」を基盤として成立・存立するはずのマルクスの「未来社会論」の粗描ともいえる。因みに、ここでのマルクスの叙述は、枢軸の個所においては接続法が用いられている。

マルクスはいう。「共同的生産手段で労働し自分たちの多くの個人的労働力を一つの社会的労働力として支出する自由な人々の連合体を考えてみよう。ここでは、ロビンソンの労働のすべての規定が再現されるが、但し、個人的にではなく社会的にである」。「この連合体の総生産物は一つの社会的生産物である」。その一部は再び共同的生産手段として社会的に用いられる。しかし、他の一部分は、生活手段として連合体の成員に配分され消費される。この配分の仕方はどうなっているであろうか、またどうありうるべきであろうか、とマルクスは問う。さしあたって、マルクスは、「ただ商品生産と対比してみるために、ここでは、各生産者の手に入る生活手段の分け前は各自の労働時間によって規定されているものと前提」して議論を進める。

そうすれば、労働時間は二重の役割を演ずるであろう。労働時間の社会的に計画的な配分は、いろいろな欲望に対するいろいろな労働機能の正しい割合を規制する。他面では、労働時間は、同時に、協働労働への生活者の個人的な参与分の尺度として役立つ。人々が彼らの労働や労働生産物に対してもつ社会関係は、ここでは生産においても配分においても、やはり透明で単純である。（ibid.,S.92f.）

この自由人の連合した（アソシエイトした）社会の第一次段階としてマルクスの言及する将来社会像において、各人の労働時間はどのような形で抽象的人間労働時間というあり方を超克・止揚しているかに関しては、このマルクスの言辞からははっきりしない。それは、各人の個々の具体的有用労働時間を基にするのか、それとも各種の財の生産に社会的に必要とされるいわゆる「社会的必要各種具体的有用労働時間」を基準として、それら各種労働の異質性・強度性を超えて一律に扱うのか、それとも各種の社会的必要具体的有用労働を統一する社会的単位労働とその時間を何らかの基準で設定するのか、それはかの抽象的人間労働とその時間とどう違うのか、私的利潤のためにではなく人々の社会的生活の維持・安定のための余剰労働はどのように確保・配分されるのか……等々。マルクスのこの問題提起を承けて、自由人のアソシエーションにむけて、新たな高次の人格的依存相互関係社会――社会的物象の〝人格的な社会的合意〟に基づく意識的で自由なコントロールという意味での「人格的な物象的依存関係社会」――を未来社会として、ユートピアではなく現実的に構想すべきであるとするなら、われわれに残された課題は大きくて多い。

他方、近代的商品世界においては、「商品生産者たちの一般的社会的生産関係は、彼らの生産物を商品として、したがってまた価値として取扱い、この物象的 sachlich 形態において彼らの私的諸労働を同等な人間的労働［抽象的人間労働としての社会的労働］として関連させることにあるが」、そしてこの事態こそが商品世界の「物神性の秘密」の基盤をなすものであるが、このような事態をマルクスは、ここで、厳しく批判しているわけである。そして、「自由人の連合社会」としての未来社会に関して、次のように結んでいる。「社会的生活過程のすなわち物質的 materiel 生活過程の姿態は、それが、自由に社会化された人間の産物として彼らの意識的計画的管理のもとに置かれる時、はじめてその神秘のヴェールを脱ぎ捨てる」。すなわち「抽象的人間労働」も「価値」も、そこでは存在しないし必要もない。とはいえ、「そのためには、社会の物質的基礎が、あるいはそれ自身が長い苦難に満ちた発展史の自然発生的産物である一連の物質的実在諸条件が、必要とされる」（vgl.,ibid.,S.94）と。

最後に、〈抽象的人間労働〉時間の超歴史的カテゴリー説あるいは歴史貫通的カテゴリー説への批判的コメントをごく簡単にしるしておきたい。主として、『資本論』冒頭のマルクスの「生理学的エネルギー支出」説に依拠した「価値＝自然実体説」を暗黙の前提として「抽象的人間労働＝超歴史的労働」を主張するいくつかの議論がこれまでみられた。いわゆる〈抽象的人間労働〉をめぐる歴史説と歴史貫通説との論争もその産物である。今、「価値法則・抽象的人間労働＝理論的構築概念説（仮説モデル概念説）」――例えば、ヴェルナー・ゾンバルトの「価値＝論理的事実」説やコンラート・シュミットの「価値＝理論的仮説」説――は別にして、上記の歴史説も歴史貫通説も抽象的人間労働の実在性を認める点では共通している。しかし「〈抽象的人間労働〉＝超歴史的カテゴリー」説の立場では、人間労働なるものは、「人間の脳髄、筋肉、神経、手などの生産的支出であり」、「商品の価値」とはこうした意味での「人間的労働自体あるいは人間的労働一般の支出を表わしている」とマルクスも明言しているのだから、〈抽象的人間労働〉は超歴史的な存在性格を有する歴史貫通的カテゴリーである、というわけである。宇野派の多くの論客はこの立場を採っており、それゆえ、彼らは一般にマルクスがその超歴史性とその意義とを強調する「労働過程論」に注目し重視するわけである。ただ、この超歴史的な抽象的人間労働が、特殊歴史的商品世界において商品の価値に対象化された時、それは価値をつくる抽象的人間労働として現われてくるのだというのである。

最近の論者としては、佐々木隆治が、厳しい「抽象的人間労働＝特殊歴史的社会的労働形態」説への批判を精力的に展開している(2)。抽象的人間労働とは歴史貫通的な素材としての人間的活動のあり方の一般的規定をいうものであるが、ただこの歴史貫通的な抽象的人間労働（素材）が社会的に商品の価値に対象化されて現われる時――価値は人間たちの関わりVerhaltenであり、純粋に社会的なものであるから――この労働は特殊歴史的な社会的形態において人間の社会的な関係Verhältnisseとして現象するのだ。歴史貫通的な素材とそれが身に纏う歴史的な形態とを混同してはならない、というわけである。

以上のごとき、「〈抽象的人間労働〉＝超歴史カテゴリー説」へのわれわれの立場からのコメントはあらためてのべるまでもなかろう。ただ、ここでは、いくばくかの疑問点を提示しておくに留める。

もし、仮に、抽象的人間労働とは、佐々木のいう意味での超歴史的な素材としての人間労働力の支出をいうのであれば、商品世界においては、この素材は、使用価値生産労働としても価値生産労働としても支出され、それゆえまた具体的有用労働という形態でも価値対象化労働という形態でも支出されていることになる。それはまた、私的個人労働としての形態においても、彼らの労働の社会的形態（社会的労働）としても現われている。両者の関係はどういう風に考えればよいのだろうか。佐々木のいう使用価値に対象化される「具体的有用労働形態において現われる抽象的人間労働」の一時間と「価値に対象化される人間労働形態における抽象的人間労働」の一時間、この両者の一時間は、同じ素材（抽象的人間労働）の一時間なのだから、無条件に等しいのであろうか。それとも、また、佐々木のいうある商品を生産する具体的有用労働に現われる素材としての抽象的人間労働時間の社会的必要平均労働時間が、価値に対象化される素材としての抽象的人間労働時間なのだろうか。否、それ以前に、例えば、「紡績用労働としての抽象的人間労働」と「縫製労働という具体的有用労働」とは共に素材は抽象的人間労働なのだから、無条件で等置できるとみてよいのだろうか。つまり、商品世界においては異なった使用価値労働としての抽象的人間労働」とは共に素材は抽象物相互の間、および具体的有用労働の間には――それらは共に素材としての抽象的人間労働の支出なのだから――無条件にかつ直接に共約性・通約性が成立しているとみてよいのだろうか。そもそも、マルクスはいっている。諸商品の価値対象性、その実体としての人間労働一般（われわれのいう抽象的人間労働）がまずあって、そして商品はその労働一般の外皮として存在しているのだから、その労働一般の等しい労働量を含む商品相互が等価交換されているのでは断じてない、と。「逆である」、と。諸商品の交換が社会的に等価交換として評定・合意されるから、各々の諸商品に含まれる労働とその量が、価値に対象化される労働すなわち抽象的人間労働としては等労働量とみなされるのだ、と。こうした社会的プロセスの機構を介して、はじめて、等労働量交換だと社会的に認定されるのだ、と。抽象的人間労働とは、具体的有用労働の相互関係における特殊歴史的な社会的抽象化の産物にして、人々の意識を越えた暗黙の社会的な承認の産物でもあるのだ。貨幣は単なる商品交換の媒介手段あるいは単なる指標なのではない。マルクスの古典経済学批判の核心、すなわちスミスやリカードを代表とする古典経済学者たちに対して「彼らは価値に対象化された労働を単なる労働一般［生理学的一般労働］とみなし、その変化した労働の質を全く気付いていないし、研究していない」という旨の批判をくりかえし発言しているのは、このような意味をも含んでいるのだ。それは、単なるレトリックではない。この件に関しては後段において詳しく論ずることにする。ここでは、これ以上立ち入って議論する必要はあるまい。

C．マルクスの冒頭〈抽象的人間労働〉概念規定をめぐる不協和な言説

さて、われわれが、次にここで、上述の論を承ける形であらためて注目し言及しておきたいのは、廣松によって本格的に発掘され主題的に討究された『資本論』冒頭章における矛盾した奇妙な抽象的人間労働をめぐるマルクスの発言である。われわれは、すでに先行の個所（第一章）でこの間の事情をみておいた。ここでは、それを敷衍する形で、

抽象的人間労働の生成の機序と存立の構制を物象化論の視座から浮び上らせるべく、まず最初に『資本論』冒頭の〈抽象的人間労働〉をめぐる概念規定に再び焦点をあて、そこにおける不協和ないし齟齬を再確認しておこう。そこでは、すでにみておいたように、確かにマルクスは、一方では〈価値〉および〈抽象的人間労働〉が実体概念あるいは超歴史的カテゴリーであるかのように語るかと思えば、他方ではそれらが関係概念ないしは機能概念あるいは特殊歴史的カテゴリーであるかのように記している。マルクスは、一体、何をいおうとしているのであろうか。単なる混乱あるいは不注意によるものなのであろうか。

マルクスは、まず、冒頭章の「第一節 商品の二要因論」のなかで商品の使用価値と交換価値について言及し、諸商品の使用上の効用的価値とは異なって、社会的交換可能性とその比率をあらわす交換価値に関して次のようにいう。事の重要性に鑑み、重ねての引用をはばからず、記しておく。諸々の商品の社会的な等価交換にあっては、本来は相互に通約不可能な使用価値物どうしの商品交換にもかかわらず、というよりそれゆえに、相互を共約しうる互いに等しい大きさの、共通の単位が必要とされる。「つまり、こういうことになる。第一に、同じ商品の妥当な交換価値は一つの等しいものを表現する。しかし、第二に、交換価値は、一般にただそれとは区別されうるある内実の表現様式、「現象形態」でしかありえない」(ibid.,S.51) と。すなわち、諸商品は、いずれもそれが交換価値である限り、相互に共約可能な共通単位すなわち内在的な「固有単位」としての「第三のものに還元されうるものでなければならない」(ebd.) ということであった。

さて、上述のような手続きと論理で「価値」なるものを導出しながら、マルクスはこの諸商品に共通な第三者の内実とは何であるかの討究にうつり、「諸商品体の使用価値を度外視すれば、諸商品体にまだ残っているのは、一つの属性、すなわち労働生産物という属性だけである」と指摘した上で、「もしもわれわれが労働生産物の使用価値を捨象すれば」、価値物としての労働生産物に残っているものは、「区別のない人間的労働の、すなわちその支出の形態にはかかわりのない人間的労働力の支出の、単なる凝固体以外のなにものでもない」とする。留意さるべきは、ここで問題とされている「これらの労働は、もはや、互いに区別がなくなり、すべてことごとく同じ人間的労働、すなわち抽象的人間労働に還元されている」（vgl.,ibid.,S.52）という規定である。このような手続きによる〈抽象的人間労働〉の概念規定は、一読したところ、思弁的・理論的な抽象の手続きに基づく論理的な還元にすぎない規定といえよう。

マルクスは、このような手続きによる価値の実体論的規定、すなわち自然概念としての抽象的人間労働としかいいようのない表現で、価値および抽象的人間労働をめぐる概念規定を、とりわけ第一章・第二節のなかで、次のような形でおこなっている。

「すべての労働は、生理学的意味での人間的労働力の支出であり、同等な人間的労働または抽象的人間労働というこの属性において、それは商品価値を形成する」（ibid.,S.61）。より立ち入っていえば、「生産的活動の規定性、したがって労働の有用的性格を度外視すれば、労働に残るのは、それが人間的労働力の支出であるということである。縫製労働と紡績労働とは、質的に異なる生産活動であるにもかかわらず、ともに、人間の脳髄、筋肉、神経、手などの生産的支出であり、こうした意味で、ともに人間的労働である。それらは、人間的労働力を支出する二つの異なった形態にすぎない」（ibid.,S.58f.）。このような意味での人間的労働力一般、いわば「区別のない人間的労働の、すなわち支出の形態にはかかわりのない人間的労働力、すなわち抽象的人間労働なるものの支出・凝固化が価値を形成する」だというのである。マルクスが、なぜ、『批判』に比して『資本論』において、このような実体論的規定をはるかに強く前面に押し出すようになったのかは、ここでは問わない。ただ、ベイリーとの対質がきっかけとなったことだけは寸言しておく。

これが、いわゆる価値規定をめぐる「生理学的エネルギー支出説」の論拠となる主張である。確かに、上述のマルクスの主張を素直に読めば、価値の実体とは人間的労働力一般すなわち生理学的エネルギーの支出を表わすものであって、したがって抽象的人間労働そのものは、人間の生理的機能の生産的支出という意味で超歴史的な自然的実体概念として規定されていることは疑えないように思える。これが、価値およびその実体としての抽象的人間労働の実体論的規定の内実である。いわゆる、俗流「投下労働価値説」も、この実体論的規定を基礎にしているわけである。

さて、以上のごとき抽象的人間労働の生理学説的な実体論的規定は、主として第一章の第一節・第二節においてある意味で両義的な説明の仕方でのべられているものであるが、それにもかかわらず奇妙なことに、マルクスは、同じ第一・二節とりわけ冒頭の第一節のなかではやばやと、さらには第三節・第四節の多くの場所で、こうした自然的実体概念規定とは矛盾するような抽象的人間労働の「社会的実体性」に関する不可解な規定をも与えている。このこともすでに前章でのべておいたが、あらためてくりかえしておく。

マルクスはいう。「ある使用価値または財が価値をもつのは、……そのうちに抽象的人間的労働が対象化または物質化されているからにほかならない」のであるが、この「価値形成実体」としての抽象的人間労働という、諸商品に交換のための同一性・同質性とその量的規定性を与えるところの「この共通なものは、商品の幾何学的、物理学的、化学的、またはその他の自然属性ではありえない」(ibid.,S.51)と。前述しておいたように、マルクスはまず価値としての商品は「区別のない人間的労働の、すなわちその支出の形態にはかかわりのない人間的労働力の支出の単なる凝固体以外のなにものでもない」(ibid.,S.52)と明言していたのであるが、奇妙なことに、上述の文言の直前に、それは「まぼろしのような対象性以外のなにものでもない」(ebd.) とマルクスは指摘しているのである。しかも、この抽象的人間労働なるものは、「社会的実体」なのだともいう。「それらに共通な、この社会的実体の結晶として、これらの物は、価値――商品価値なのである」と。抽象的人間労働は、生理学的エネルギーの支出としての自然的実体ではなく、「まぼろしのような対象性」を有する「社会的実体」なのだというのである。

「第三節 価値形態または交換価値」の書き出しの個所においても、マルクスは次のような表現をおこなっている。「商品が商品であるのは、それが二重のものであり、使用対象であると同時に価値の担い手であるからにはほかならない。だから、商品は自然形態［使用価値物］と価値形態［交換価値物］という二重形態をもつ限りのみ商品として現われ、言い換えれば商品という形態をとるのである」(ibid.,S.62)。そして、ここからマルクスは「価値のまぼろしのような対象性」、すなわち「自然的対象性」ならぬ「社会的価値対象性」、あるいは「社会的単位としての抽象的人間労働」の存在性格について次のようにのべている。

> 商品の価値対象性は、どうつかまえたらいいかわからないことによって、寡婦《やもめ》のクイックリーと区別される。商品体の感性的にがさがさした対象性とは正反対に、商品の価値対象性には、一原子の自然素材もはいり込まない。だから、一つ一つの商品を好きなだけひねくり回しても、それは、価値物としては、依然としてつかまえようがないものである。とはいえ、商品が価値対象性をもつのは、ただそれが人間労働という同じ社会的単位の表現である限りにほかならない。それゆえ、商品の価値対象性は純粋に社会的なものであることを思い起こせば、それがただ商品と商品との社会的関係においてのみ現われることもおのずから明らかである。(ebd.)［強調は引用者］

価値対象性が、生理学的エネルギーの支出としての人間的労働を実体的基礎としているのであれば、なぜこの対象性には「一原子の自然的素材もはいり込まない」のか、そして「どうつかまえたらいいのかわからない」代物なのか、なぜ「商品の価値対象性は純粋に社会的なもの」で「幽霊のような対象性をもつもの」なのか。マルクスは、一体全体、何をいおうとしているのであろうか。例えば、裁縫労働も織布労働もその他のすべての労働も「ともに、人間の脳髄、筋肉、神経、手などの生産的支出であり、こうした意味で、ともに人間的労働である」ということは「一つの生理学的真理」であるというのなら、このことに何ら不思議はないのではないか。この生理学的意味での人間的労働が価値対象性の実体的基礎をなしていること、このことに何らの神秘性も入り込む余地はないはずである。しかるに、マルクスは、そこには捉えようのない商品の神秘的性格の秘密が刻印されているというのである。

同じような奇妙な商品の神秘的性格の秘密は、第四節の「物神性論」で主題的に論じられているが、マルクスは、そこで、商品が価値物（「価値としての使用価値」）として現われるや否や「それは、感性的 sinnlich でありながら超感性的 übersinnlich な物に転化する」(ibid.,S.85) という。たとえば、テーブルが使用価値である限り、「その諸属性によって人間の諸欲求を満たすという観点からみても、あるいは、人間的労働の生産物としてはじめてこれらの諸属性を受けとるという観点からみても」、そこには神秘的なものは何もない。しかし、このテーブルが商品として登場するや否や、「それは、その脚で床に立つだけでなく、他のすべての商品に対しては頭で立ち、そしてその木の頭からテーブルがひとりでに踊りだす場合よりもはるかに奇妙な妄想を展開する」(ebd.) という。そして、「商品世界のこの物神的性格は、……商品を生産する労働に固有な社会的性格［抽象的人間労働］から生じる」(ibid.,S.87) ともいう。さらに、「人間的労働の同等性が、労働生産物の同等な価値対象性という物象的 sachlich な形態を受け取り、その継続時間による人間的労働力の支出の測定は、労働生産物の価値の大きさという形態を受けとり、最後に、生産者たちの労働のあの社会的諸規定がそのなかで発現する彼らの諸関係は、労働生産物の［商品としての］社会的関係という形態を受けとる」(ibid.,S.86) ということ、これこそが商品の物神的性格の原基をなすというのだともいうのである。

われわれは、マルクスの〈価値〉および〈抽象的人間労働〉の数次に渡る弁証法的な、すなわち上向的な階梯的概念規定の独自の論理構制を支持する立場に立脚している。それゆえ、マルクスのこの労働をめぐる生理学的実体論的規定を、ある戦略的配慮に依拠した——価値および抽象的人間労働の社会的実在性の強調のために——初次的規定としては承認する。しかしながら、留意さるべきは、それは、〈抽象的人間労働〉の最終的な概念規定ではないということ、これである。それは、〈抽象的人間労働〉をめぐる最も初次的で抽象的で単純な概念規定でしかないのである。先取り的に寸言しておく。

具体的有用労働も抽象的人間労働も、共に生理学的エネルギーの支出である。それにもかかわらず、この生理学的エネルギーが具体的有用労働という形態で支出されて使用価値に凝固した時には何ら神秘的なものは生じず、それが抽象的人間労働という形態で支出され価値の実体として現われる時、なにゆえに商品の神秘的性格が生じてくるのであろうか。抽象的人間労働の生理学的な実体論的規定とその社会関係論的・形態論的規定との相互媒介的な弁証法的論理構制に依拠しつつ、〝「本質としての関係論的・形態論的規定」の「現象としての実体論的規定」への転化〟の論理的究明なくしては、われわれはこの難問に立ち向かうことはできないであろう。しかし、これは、先取り的な問題提起であって、ここで論ずべき課題ではない。

いささか議論が錯綜し遠回りしてしまったが、ここでわれわれが目ざしているのは、あくまで、『資本論』冒頭章における〈価値〉および〈抽象的人間労働〉の概念規定をめぐるマルクスの不協和・齟齬をどう解読すればよいのか、という問題である。これがわれわれの「第一の問題提起」であるが、ここではあくまで単なる問題提起だけに留め、これに付随してくるいくつかの課題は、後段においてふれていくことにする。

(二) 具体的有用労働（生きた労働）の抽象的人間労働（対象化された労働）への還元・転化の二階梯

資本制生産様式の支配する社会においての財（生活財・生産財）は、基本的にはすべて商品という形態で生産されて現われる。この「商品としての財」あるいは「財としての商品」に表示される生きた労働は、使用価値をつくる具体的有用労働（個別的労働）と価値に対象化されて表示される抽象的人間労働（社会的労働）との二肢的二重性の統一――「協働としての労働」の特殊歴史的な社会的統一――として機能している。そこでは、価値は使用価値に受肉した相で表現されているのと同様に、抽象的人間労働は具体的有用労働に受肉して現象している。価値および価値の実体としての抽象的人間労働は、上述しておいたように、諸商品の社会的交換可能性ないしは社会的交換可能力を表示するいわば不可視の社会的実体として生成・存立している「社会的な形象化態 soziale Gebilde」であるから、それらが本質的・本源的に社会（交換）関係の反照規定態であることはいうまでもないことである。「価値としての使用価値」たる商品とは物（Ding）ではなく物象（Sache）であるとか、あるいは「価値」とは物的実体ではなく「物としての財（使用価値物）」相互の社会的交換関係において生成・存立するにいたる「社会的普遍としての物象」であるとわれわれがいうのは、このようなコンテキストと意味においてである。

商品世界に汎通的なこの価値実体としての不可視の抽象的人間労働の生成と存立には、論理的にいって、二つの階梯を区別することができる。もちろん、生きた具体的労働の抽象的人間労働への転化は、一つの統一的な社会的過程の運動の産物であるから、ここでいう二つの階梯とは、あくまで学理的分析のための便宜的な論理的区別にすぎないのであるが。この二つの階梯とは、前述しておいたように、①同一種商品生産部門内での社会的労働への還元と②異種商品生産部門間での社会的労働への統一的・統合的な還元の二つのプロセスである。われわれにとってのこの問題の重要性に鑑み、これを、ここでは、第一章で先取り的にみておいた議論とはやや別の問題意識と視角から、再吟味していくことにしたい。

A．同部門内同種労働の社会的労働（社会的必要具体的有用労働）への還元

注意を喚起しておくべく、くりかえしておく。まず、生きた労働の抽象的人間労働への転化すなわち社会的抽象化の第一の階梯は、同一生産領域部門内での同一商品種生産のための同一種諸労働の社会化・抽象化の階梯である。その第二の階梯は、異種商品生産領域部門間における、諸部門に固有の特殊的諸労働の総社会的な抽象化による社会的に統一的で一般的な単立労働の析出・産出の階梯である。われわれのいう「抽象的人間労働産出における生きた労働（具体的有用労働）の二重の還元」とは、①「直接的生産過程」と②市場における競争を介した「交換・流通過程」とにおける人間労働の社会的抽象化・物象化の過程的運動において生成・存立するところのこの二重の事態・二重の社会的還元の統一をいう。この「具体的有用労働の抽象的人間労働への二重の還元」の問題はこれまで様々に論じられてきたが、われわれのみるところ、ある重大な論点が看過されてきたとはいわないまでも、充全につめて問われることがなかったように思われる。われわれは、これをわれわれの件の問題意識と課題設定を位置づけ直し、問題構制を組み換えて、議論を展開していこうと思う。われわれ流の「二重の転化・還元」論の立場から、資本制商品社会における社会的一般労働すなわち抽象的人間労働は、なぜ・いかにして生み出され、厳として存立するに至っているのかという問題を、今少し従来とは異なった方法論的視座から立ち入って論ずることにしたい、ということである。

第一の同部門内同一種商品の生産労働およびその時間の社会的な抽象化・物象化は、その商品一単位を生産している個々の労働（時間）が、当該部門において社会平均的に必要とされる労働（時間）へと還元される事態をいう。例えば、ある特定種の上着の単位あたりの生産に必要とされるその部門の社会的平均生産条件下での標準的な生産性を有する縫製労働とその時間へと、他のすべての個々の同種上着生産に必要とされる同一単位あたり縫製労働（時間）が平準化されて処理されて現われる事態がそれである。そこでは、生産過程において対象化された個々の縫製労働の生産性およびその生産条件や熟練度が、市場での価格競争を介して社会的に均衡化ないしは均等化されて、結果としてその種の当該の諸上着商品は、すべて、相互に通約可能な「同一縫製労働の社会的必要労働（時間）」が対象化された諸商品として扱われ、次にそれらが同一の大きさの価値物として価格表示されて現われるわけである。いわゆる「一物一価」の運動において規定される市場の価格運動において表示される同一種の社会的労働一般とその大きさである。因みに、この上着の市場における価格の規定と機制（しくみ）をめぐる「技術説——消費説」あるいは「平均説－大量説」等々の係争問題には、ここでの準位ではまだ全く問題にされてはいない。それは第二階梯における転還・還元をも視野に収めた準位での、第三巻の「価値の生産価格への転化」において具体的に問題とされるテーマである。ここでは寸言しておくに留める。基本的には、冒頭「商品世界」論の準位での社会的抽象化・平準化・均衡化・物象化の一般的運動の解析においては、この種の問題はすべてブラック・ボックスに収められて捨象されており、したがって、さしあたっては、ここでの議論の本質とは何らかかわりをもっていない。

あらためてここで留意さるべきは、この第一階梯の準位で規定される社会的労働あるいは社会的必要労働時間というのは、総社会的な「生産－流通」過程において問題とされるそれ（抽象的人間労働とその時間）ではなく、それは、あくまで、「同一生産部門内・社会的必要・具体的有用労働（時間）」の準位に留まっているという事態である。上記の例でいえば、それは「社会的必要縫製労働（時間）」にすぎない。少なくともそうした外観に留まっている。それが実際は「総社会的抽象的人間労働（時間）の可除部分 aliquoter Teil」へとさらに転化していくものであることは、いまだ明示化されるに至っていない上向の論理階梯での規定である。このことが顕になるのは、以下の第二階梯における統一規定においてである。

それゆえ、この段階での位相に定位していえば、ここでいう社会的必要時間とは「社会的必要具体的有用時間」、上記の例でいえば「社会的必要縫製労働時間」のことだというのはこの事態をいうのである。このことをあえてここで指摘しておくのは、論者によっては、①「社会的必要具体的有用労働時間」――われわれのいう第一階梯での社会的労働時間規定――と②「社会的必要抽象的人間労働時間――われわれのいう第二階梯での社会的労働時間規定――との混同・未分化が見られ、これが価値論論争の混乱につながっているように思えるからだ。

ここでいう第一階梯規定としての「社会的必要労働時間」というのは、いまだ自然的時間の準位にあるものであって、複雑な手続きと数理的処理を必要とするとはいえ、「物理的時間＝時計時間」に準拠して可視化可能な時間である。この必要労働時間は、個々の同一種商品生産部門における諸労働が、それぞれの部門内で社会的に平準化されて規定されたものであって、まさにこの意味で「社会的に抽象化された具体的有用労働一般の時間」にすぎないものである。それは、いまだ「眼に見える労働と眼に見える労働時間の領域」に属するもので、直接表示可能な準位の社会化された自然時間である。プルードンやグレイやブレイ等が誤解したのは、この労働の時間が価値をつくり出す人間労働一般の時間であるとみなしたことに由来するといえよう。因みに、熟練労働と未熟練労働との社会的平均化は、この階梯における問題として処理されるべきであろう。

B. 異部門間異種労働の全社会的単位労働（社会的一般労働・抽象的人間労働）への還元・転化

生きた労働の抽象的人間労働への二重の転化・還元の第二の階梯は、異部門間の諸労働の社会的共通単位労働すなわちマルクスのいう意味での抽象的人間労働への転化・還元の位階をいう。この準位での社会的労働すなわち抽象的人間労働とは、先にみておいたところの様々な同一部門内で成立する諸々の社会的必要具体的有用労働が、その総社会的流通過程における交換関係のなかでのより高次の社会的抽象化・一般化・物象化の結果——具体的・現実的には第三巻で問題とされている市場価格を介した市場価値ひいては市場生産価格の成立の場面で問われるべきであるが——を受けて諸部門を超えて生成・存立するにいたった社会的に普遍的な形態の労働のことである。それは、すべての種類の労働の社会的同一性を表示する具体的普遍としての労働であって、いわば統一的な社会的総労働を構成する単位労働に値するものである。この労働こそがあらゆる種類の共約不可能な諸種の労働を通約し、共通の基礎の上で比較・較量できるようにするのである。そしてあらためて強調しておけば、これこそが商品・価値の実体としてのマルクスのいう「抽象的人間労働」なのである。すべての部門の質的に異なる、したがって通約不可能な諸労働に通底し、その母胎となる社会的労働一般の単位としての抽象的人間労働なのである。

すでにのべておいたように、異質な種類の労働間に通約可能性はない。例えば、ある特定のリンネルの生産のための「紡績労働」と上着生産のための「縫製労働」、この二つの異質・異種の労働の間には社会的実在性に裏打ちされた通約可能性はない。両者を人間的労働一般に還元できるというのは、思弁的抽象の産物でしかない。また、そのバリエーションとしての理説、すなわちすべての労働は生理的エネルギーの支出だから、これを基準にして比較・較量できるとするのも、科学的思弁による理論的抽象の産物である。そうした労働一般の概念は、理論的に抽象化された自然的実体概念である。マルクスの問題とする価値の実体としての抽象的人間労働は、実在性に裏打ちされた社会関係概念である。それは、社会的生産・流通過程における現実的な社会的抽象化（社会的物象化）の産物である。確かに『資本論』冒頭のマルクスの第一次的な価値規定たる抽象的人間労働規定においては、多くのマルクス批判家が指摘するように蒸留法的な思弁的抽象規定となっているが、それはマルクスの初次的・暫定的規定にすぎないことはすべてにのべておいた。この規定は『資本論』以降の叙述の展開において弁証法的に再措定され、全体化・具体化され、社会関係概念として止揚（Aufheben）されていく出立点にすぎない。その到達点が、第三巻における「市場価値・市場価格・生産価格」論である。この問題は、後段において論ずることにする。

以上のことは、労働時間に関しても全く同じである。マルクスのいう抽象的人間労働時間は、社会関係反照概念である。あるリンネルの生産に社会的に必要な紡績労働一時間と上着の生産に社会的に必要な縫製労働一時間、この両者は通約不可能であって、この異質・異種の労働のそれぞれの一時間は、比較しようがない。時計で測って同じ一時間だから価値実体としての抽象的人間労働時間として両者は等しい、というわけにはいかない。時計時間は自然時間であるが、抽象的人間労働時間は社会的時間である。根拠もあげず「一メーターと一キログラムは等しい」というようなものである。そもそも、部門間の異種労働相互間には、通約不可能な質的な違いがあるのみならず、同じく通約不可能な強度――複雑労働と単純労働――の違いもある。

論者によっては、この通約可能性を次のような論法で権利づけることもある。資本制機械大工業時代にあっては、社会のすべての生産過程において、労働は一様に単純労働化され、自由な移動可能性を有し、したがって質的同一性において比較・較量が可能となっていると。こうした歴史的な社会背景下における一般的労働が抽象的人間労働の規定の内実なのであると。一見、論拠ある主張のようにも思われる。しかしながら、仮にこの説を承認するとすれば、それは『資本論』における「労働価値説」への失効宣言でもあるということになる。というのは、それはマルクスの

〈抽象的人間労働〉概念とは異質な概念であるからだ。この問題は、すでに別の個所において論じておいたことがあるし、[1] また別の形で後段で扱う。

C. 異種労働の抽象的人間労働への転化の構制――等価格交換にもとづく等価値交換（等労働量交換）の社会的措定

さて、われわれは、伝統的に理解されてきた「抽象的人間労働」をめぐる解釈およびその概念規定とは決定的に異なるマルクスの〈価値〉概念あるいは〈抽象的人間労働〉概念の規定をあらためて確認すべく、あるマルクスの見解を再引用して検討しておこう。マルクスはいう。

> 人間が彼らの労働生産物を互いに価値として関係させるのは、これらの物が彼らにとっては一様な人間労働［抽象的人間労働］の単に物的な外皮として認められるからではない。逆である。彼らは、彼らの異種の諸生産物を互いに交換において価値として等置［等価交換］することによって、彼らのいろいろに違った労働を互いに人間労働［抽象的人間労働］として等置するのである。彼らはそれを知ってはいないが、しかし、それを行なうのである。（K.I.S.88）

異部門間の異種の労働相互間の社会的な等置と通約そして第三の社会的単位労働あるいは社会的普遍労働すなわち抽象的人間労働への還元は、このような事態を背景にした現実の社会的な商品交換・商品流通を媒介にした独特の機序と機構と論理において、人々の意識を超えた総社会的運動過程において現実化されているのだ。抽象的人間労働は、単なる「直接的生産過程」の産物ではない。それは、「直接的生産過程」において対象化された諸労働が、「交換・流通」の社会的運動過程において、各種の具体的有用労働に依拠した諸生産過程のそれぞれの内部での抽象化による社会的具体的有用労働化のプロセスよりもさらに高次の抽象化・物象化のプロセスの産物として措定されるのだ。それは、件の「労働の社会性すなわち社会的労働」のあり方の特殊歴史的な形態なのだ。別様にいえば、それは資本制商品世界における「生産－流通」の総過程――広義の総社会的「生産・再生産」過程――における社会的抽象化・物象化の産物、すなわち社会的形象化態 soziale Gebilde なのである。それは、すでにのべておいたように、直接的な感覚・知覚では捉えることのできない「眼には見えない領域」に存立する「社会的普遍としての構造的存立成態・物象態」なのである。

このことを、抽象的人間労働時間に焦点をあてて敷衍的に言い直せば、この時間は①「生産過程」で規定されたそれぞれの異部門間の各種の商品の生産のために社会的に必要とされる各々の労働時間（社会的必要諸具体的有用労働時間）が、②総社会的な「交換・流通」過程において相互につき合わされ、社会的に評定され・調整されることで生成・存立する「社会的尺度としての時間」なのである。異部門間の諸商品の等価交換は、相互に等しい抽象的人間労働時間が体化されているがゆえに可能となるのではない。逆である。人々の間主体的・共同主観的な社会的行為に基づく等価交換とみなされる交換行為がまず成立して、事後的にそれらの諸商品に含まれている異なった各種の労働の時間は相互に等しいと措定されるのである。「等労働量交換→等価交換」ではない。「等価交換→等労働量交換」なのである。生産過程における諸商品への社会的に投下された各種の生きた労働量（社会的必要具体的有用労働時間）が交換過程において社会的に関係づけられて、諸商品の各々の通約不可能な労働時間相互間のある媒介を経た交換比率が確立される、ということである。「一般的社会的労働とは、できあがった前提ではなくて、生成する結果なのである」（Kr.,S.32）。それは、生産過程で投下された「私的個人の特殊な労働が、交換過程ではじめてそれらの本来の性格を止揚することによって、一般的社会的労働という実を示す労働である」（ibid.）。いわゆるスミス流の「労働価値説」における「投下労働価値説」と「支配労働価値説」の混在は、こうした事態の看過に由来するものである。マルクスのいう「価値は生産過程において生み出され、交換過程において実現される」とは、究極的にはこのことをいうのである。

例えば、「a量のリンネル」の生産のために社会的に必要とされる労働時間と「b量の上着」の生産に要する社会的必要労働時間とが等しいという事態がまずあって、そこから等価交換が実現するのではない。誤解を生じやすい言い方であるかもしれないが、「等労働量交換」が「等価交換」を実現させるのではない。「a量のリンネル」と「b量の上着」とが、第三巻で具体化される商品市場における競争を介して社会的に等価であるとみなされて交換が実現されることによって、例えば、「a量のリンネル」の生産に必要とされる件の社会的紡績労働三時間によって生産された価値は、「b量の上着」の生産に必要とされる社会的縫製労働二時間によって生産された価値に等しいとされるのである。これが、人間の諸労働の価値実体としての抽象的人間労働への還元の第二の階梯における社会的抽象化・物象化の論理なのである。因みにその価格表現が現実的・具体的には市場価格として現われるものなのである。このような社会的運動過程を介してリンネル商品生産に社会的に必要とされる労働（紡績労働）の三時間の生産物の価値と上着生産のための社会的必要労働（縫製労働）二時間の生産物の価値とは、共に社会的単位労働すなわち抽象的人間労働のx時間の生産物価値として等しく、その価格表示としては一万円に当たり、かかるがゆえに前者の三時間は後者の二時間に等しいと換算され、両者の通約可能性が裏付けられ、社会的に承認・保証されて現われるのである。以上のべてきたことを初次的に簡単に図表化しておく。

┌ a 量のリンネル生産に要する社会的必要紡績労働時間：三時間
└ b 量の上着生産に要する社会的必要縫製労働時間　　：二時間

＞ ＝両種商品の価値 ＝抽象的人間労働
＝価格一万円 ＝x時間分の生産物価値の価格

因みに価格一万円は、一万円分の貨幣金生産に社会的必要とされる社会的金製造労働y時間の金量zグラムをものさし・指標として可視化・計量化されて表示されている。これは、金が社会的に平均的な有機的構成下にある産業部門の生産物であり、全商品の平均的な必要生産時間の典型であるがゆえに貨幣材料として選ばれたということでは断じてない。商品による商品の計量とその客観的表示において、いかなる商品が貨幣に選ばれるかは、歴史的・現実的な事情があるにせよ、あえていえば単なる偶然である。また、貨幣金の一定量の社会的必要金製造時間は、抽象的人間労働時間の間接表示を担う単なる「ものさし・指標」にすぎない。それは、社会的に平均的に必要とされる金製造具体的有用時間として、価値実体に対象化された時間（抽象的人間労働時間）を鏡映する社会的素材にすぎない。「ものさし時間」としての統計上の一素材にすぎない。

以上のことを、事に重大性に鑑み、あらためてマルクス自身の言辞によって再確認しておこう。価値およびその実体としての抽象的人間労働は、いかなる機序と機制で生成・存立するにいたるのであるか。先に引用しておいた命題においてマルクスが強調しているところを、別の文言を引用して要約しておけば、人々が「彼らの異種の生産物どうしを交換において価値として等置して相互に等価物として交換することで、彼らの異なった種類の労働を人間労働一般としての社会的労働・抽象的人間労働として等置するのである。つまり、ただ異種の諸商品の等価表現だけが、価値形成労働としての抽象的人間労働の独自な性格を顕にするのである。というのは、この等価表現は、異種の諸商品にひそんでいる異種の諸労働を、結果として実際に、それらに共通な人間労働一般に還元する reduzieren ことになるからである」（K.I.,S.65）。この論理は後段でさらに検討することにする。

さて、前章での「価値と価格と関係」をめぐる議論へといささか逆戻りする形になることを厭わず再考してみると、われわれのここまでの議論は、実は諸商品の交換価値の準位での規定、すなわち先のリンネルと上着の等価交換に即していえば、いまだ両商品の相対的な交換比率の問題にすぎないかの外観を示している。しかしながら、通約不可能なリンネル商品生産労働（時間）と上着商品生産労働（時間）とが、総社会的に客観的・実在的な根拠（社会的実体）に立脚した通約可能性を有していること、すなわち客観的にこの社会的実体に即して比較・較量されて等価として交換可能性を実態的・実質的に保持していることをいうためには、アリストテレスもいうように両者の比較・較量を可能にする客観的で実在的な基体と単位を必要とする。

アリストテレスはいう。「交換は同等性なしにはありえず、同じ単位で計量されうることなしにはありえない」と。マルクスは、このアリストテレスの言を引用しつつ、それに高い評価を与えている。「感覚的に異なった諸物は、このような本質の同等性なしには通約可能な量として関係することはできないであろうことを彼は見ぬいている」（以上.K.I.,S.73f.）と。しかし、ここからマルクスは、アリストテレスを批判して次のようにいう。アリストテレスは、ここではたと立ち止まり、「しかしこのような種類の違う諸物が、同一の単位で計量されるということ」、要するに通約可能だということ、「すなわち質的に等しい」こと、このことの実現は事実としては「本当は不可能なのだ」というにいたる。つまり、種類を異にする諸物（諸商品）を質的に同一化し通約しうるような実質はないということ、「そのような等置は諸物の真の性質にとって疎遠なものでしかありえず」、それはアリストテレスにいわせれば「実際上の必要のための応急手段」であり、交換のための便宜的な手段としてのものさしを仮説的に措定すること以上のものではなく、客観的な実質的根拠はないというのである。（vgl.,K.I.,S.74）マルクスは、これを批判して、諸商品を質的に同一化し通約しうるような実質こそが価値であり、その実体的基礎をなすものが抽象的人間労働なる社会的実体なのだというのである。それは、「同じ商品の妥当な交換価値が表わしている一つの同じもの」であり、諸商品の交換比率を表わす交換価値は、「ただそれと区別されるこの或る実質［価値＝社会的実体としての抽象的人間労働］の表現様式あるいは「現象形態」であり、またそれでしかありえない」（ebd.）と、マルクスは指摘する。廣松渉が問題提起したように、マルクスのベイリー批判は、このことを看過してリカードを批判したベイリーの「価値実体不用説への反批判」をも含意したものなのである[2]。

以上、要するに、a量のA商品生産労働三時間はb量のB商品生産労働二時間に妥当するという事態が「客観的にすなわち総社会的に妥当する」ということをいうためには、前者のA商品生産労働三時間と後者のB商品生産労働二時間は直接には通約不可能であるが、両者を共通なある実質、つまりA商品生産労働とB商品生産労働を「それらと区別される或る実質の表現形式、［交換価値を］その現象形態とするような」より本質的・基底的な社会的労働単位に換算して、先のA商品生産労働三時間とB商品生産労働二時間とは、共にこの社会的労働のx時間に値するがゆえに等価であるということができればよい。このような社会的普遍労働は、客観的に実在するのか。実在するということ、そして人々にとって総社会的に妥当する、それゆえに客観的なこのような社会的普遍労働こそがマルクスのいう抽象的人間労働なのである。そして、この社会的労働の指標としての価格表現が市場における価格表示なのである。この市場価格が指標的に表示している価値の大きさ（市場価値）の総社会的な共時的かつ通時的な社会的実体が抽象的人間労働なのである。

（三）具体的有用労働の抽象的人間労働への転化・還元の機序《メカニズム》と論理：社会的外在化－社会的物象化

今や、われわれは、さまざまな生きた人間的労働（具体的有用労働）が、なぜ・いかにして、これまでのべてきたような形態の社会的労働としての抽象的人間労働へと転化され、そしてすべての諸労働がそれへと還元されるのか、そして、そこから逆に、個々の商品の価値に体化されて表現される労働（時間）は、この社会的労働（時間）の総体あるいは総社会的労働（時間）の一分子・一肢体・可除部分としてのみ現われてくるのは「なぜ・いかにしてである」のか。この解析がわれわれの次なる課題であるが、その前に、いささか廻りくどいが、この社会的運動の論理の究明にむけたわれわれの前提的予備作業を、今一つ、別の視角からさらに継続しておくことにしたい。

A．諸個人の具体的有用労働の全面的外在化（物象化）を介した抽象的人間労働の社会的形象化
——マルクスのフランクリン批判を軸にして

さて、われわれはこれまで、抽象的人間労働の生成と存立をめぐる物象化の機序と構制、およびその独自の存在性格、そしてこの労働と貨幣との内的関連の第一次的な考察をおこなっておいた。それを前提として、われわれは、マルクスの抽象的人間労働をめぐる錯綜したある別の不可解な言説をとり上げ、これらをどのように理解したらよいのか、という問題をとりあげていきたい。

われわれは、この問題を検討するにあたって、マルクスのあるフランクリン批判の言説を取り上げ、そこに表明されている問題構制を明るみに出しつつ、これを討究していくという手順で考察を進めたい。そのマルクスのフランクリン批判とは、『批判』第一篇・第一章の「A　商品の分析の史的考察」における次のような言説である。

フランクリンは、長靴、鉱山物、紡糸、絵画等々の価値は、何らの特殊な質をもたない、従って単なる量によって測ることのできる抽象的労働によって規定されると考えたのである。彼は、しかし、交換価値に含まれている労働を抽象的に一般的な労働として、個人的労働の全面的外在化から生じる社会的労働 die abstract allgemeine, aus der allseitigen Entäußerung der individuellen Arbeit entspringende gesellschaftliche Arbeit として展開しなかったら、必然的にこの外

在化した労働 entäußerte Arbeit の直接的定在形態である貨幣を誤解した。だから、彼にとっては、貨幣と交換価値を生み出す労働とは何ら内的な関連をもたず、貨幣はむしろ技術的な便宜のために交換のなかに外から持ち込まれた用具なのである。（Kr.,S.42）

われわれにとって、ここには、二つの討究すべき論点が提示されている。一つは、「個人的労働の全面的外在化から生じる社会的労働」という抽象的人間労働をめぐる規定であり、他の一つは、「この外在化した労働の直接的定在としての貨幣」および「貨幣と交換価値［ここ『批判』でいう交換価値とは『資本論』にいう価値にあたる］を生み出す労働（抽象的人間労働）との内的関連」とはどういうことか、という問題である。われわれは、第一の論点から考察を始めよう。

マルクスは、『資本論』のなかのある註において、上記の引用に関連する形で、あるフランクリン批判を展開している。とりあえず、それをみておこう。

フランクリンは、あらゆるものの価値を「労働によって」評価することによって、彼が交換される諸労働の相違を捨象していること、従ってそれらの労働を等しい人間労働に還元していることを意識していない。とはいえ、彼は自分ではわかっていないことを語っている。つまり、彼は、はじめにまず「ある一つの労働」について語り、次に「別の労働」について語り、最後にあらゆる物の価値の実体という以外になんの限定ももたない「労働」について語っているのである。（K.I.,S.65）

フランクリンは、事実上、通約不可能な諸種の具体的有用労働を、それら共約する社会的単位労働たる抽象的人間労働に還元して価値の実体を無自覚のうちに措定している、ということである。「諸々の個人的労働の全面的外在化から生じる社会的労働」とはこのことを事実上いっているのである。

以上を踏まえて、われわれ流のこの問題に関する解読を、論証抜きで、先取り的に提示しておけば、「個人的労働の全面的外在化の産物としての抽象的人間労働」あるいは「外在化された社会的労働としての抽象的人間労働」という規定は、悟性的・思弁的に抽象された「生理学的意味での労働一般」をいうのではない。それはすでにのべておいたように、生産過程において対象化された各種の労働が、社会的な交換と流通の過程においてつきあわされて、それらの諸労働が、外在化=物象化の運動を介して、社会的に一般化・抽象化された労働へと転化・還元され、そのことによって生成・存立する特殊歴史的な社会的労働（労働の社会性）の形態的規定をいうのである。留意さるべきは、ここでいう「外在化 Entäußerung」とは、初期のマルクスの『経・哲手稿』等における「疎外論」の論理において用いられていたこの語の概念規定とは異次元のものである。「外在化」とは、ここでの事態に即していえば、「様々な種類の労働が、その社会的単位（社会的同質基準労働）たる抽象的人間労働へと還元・転化される社会的運動」をいうのである。また、マルクスにおいては、Entäußerung のみならず Eentgegenständlichung さらには Entfremdung という用語の概念規定も『経・哲手稿』と『資本論』とでは全く異なっていることは留意されるべきだ。一般に、『資本論』における〈外在化 Entäußerung〉・〈対象化 Entgegenständlichung〉・〈Vergegenständlichung〉・〈凝固化 Konsolidation〉は〈物象化 Versachlichung〉と重なる概念とみてよい。『要綱』で多用されている〈Entfremdung〉もまたしかりである。

因みに、Entäußerung および entäußerte Arbeit は、その経済学的コンテキスト上から「譲渡」・「譲渡された労働」と邦訳されることが多いが、その際、これらの原語が含意している「外在化」・「外在化された労働」という哲学的論理構制つまり「相互に社会的に交換・譲渡されて一般化されて現われる労働」という含意をも配視しておかないと、意味不明ないしは誤読に陥るであろう。われわれが、これらに、主として、後者の訳語を用いているのはそのためである。

諸々の労働生産物が商品として交換される際の比率――すなわち諸具体的有用労働が抽象的人間労働に還元されて社会的に交換される比率――は、マルクス流にいえば、「生産者の背後で、一つの社会的過程によって確定される」(ibid.,S.59) のであって、それは〝日々の社会的生活過程における社会的抽象化――理論的抽象化ではない――〟にもとづくものなのである。「外在化された労働」すなわち「抽象的人間労働」とは、この社会的抽象化すなわち後述する社会的物象化の過程的運動の帰結なのである。「抽象的人間労働」とは、一つの社会的形象態 soziale Gebilde であり、労働の社会的諸関係を反照する一つの構造化成態なのである。

この事態を、今少し立ち入って考察していくことにしよう。すでにのべておいたように、いわゆる物象化された商品世界においては、通念的には、諸商品は各々が価値物として等価の関係にあるから社会的等価交換が行われるとみなされている。したがって、そこでは、各商品は各々が固有の価値の大きさを有する価値物として既在的に現われているわけである。つまり、人々にとっては、諸商品は、相互に通約可能で量的に比較可能な「内在的交換価値」すなわち一定量の「価値」を各々独自に有する諸労働生産物として存在しているからこそ、それらの等価交換が可能となり現実化されているとみなされているのである。

しかしながら、この現相を本質的次元に定位していい直せば、「商品としての労働生産物」は、単独にそれぞれが独自の価値の大きさを有するものとして既在していると人々にはみなされているとしても、それは社会的運動の産物として形象化された結果としてであり、またそれは動態的な定在であり、常に再生産されていく社会的構造化成態なのである。商品世界に内存在する当事者意識においては、各々の商品はそのような価値物として、客観的に、すなわち社会的に妥当する事態において仮現している scheinen ところの現相 Erscheinung にすぎないのである。つまり、価値なるものは、決して、商品に内属する固有の自然属性ではない。それは、商品世界の総社会的で汎通的な労働生産物の交換関係において付与される社会交換可能性をいうのであり、動態的な社会的属性なのである。商品には、それ自体のうちに実体的な価値が内属しているとするのは、商品世界を生きる人々の日常意識における客観的な事態ではあっても、「取り違え quid pro quo」なのである。

あらためて再説する形で強調しておく。価値の生成と存立を本源的・本質的な次元に定位してみれば、諸商品の等置ないしは等価としての交換とは各々の商品に投下されたそれらの生産に社会的に必要とされる社会的労働の量（抽象的人間労働時間）が等しいゆえに交換される事態をいうのではない。「価値」の形象化・存立化の運動においては、本源的かつ本質的には、人々の商品交換における社会的等置——相互に等価とみなした上での交換行為の実現——がまずあって、その社会的行為連関が相互の商品の価値を規定するのである。例えば、既述しておいたように、件の「二〇エレのリンネル＝一着の上着」という等式で表わされるような社会的等置がまず行なわれて、その結果としてはじめて、二〇エレのリンネルと一着の上着を生産する通約不可能な二種の労働（縫製労働と紡績労働）は、価値に対象化される通約可能な社会的労働単位としての抽象的人間労働としては量的に等しいと、事後的に措定されるのである。「等労働量交換」とはあくまでこの事態をいうのである。等労働量があらかじめ対象化されているゆえにそれらは等価値として等置され、「等価交換」が実現されるのではない。「等労働量交換」とは「等しい抽象的人間労働量交換」というのであって、異種の労働の各々の社会的必要具体的労働の等しい量の交換をいうのではない。異種の労働は、相互に共約不可能である。われわれが「不等量労働量交換」論者を批判するのは、彼らの〈社会的労働〉概念の取り違え——社会的必要具体的有用労働と社会的必要抽象的人間労働の混同・未区別——を根拠としての批判なのである。これに関しては、後段でも今少し立ち入って論ずることにしたい。

縫製労働と紡績労働、この二つの異種の具体的有用労働は、何度もくりかえすようだが、通約不可能である。この異種の具体的有用労働が、同質・同一の社会的労働単位としての抽象的人間労働へと還元されるのは、両者の社会的交換という過程的運動における社会的抽象化・社会的物象化、すなわち「個人的労働の全面的外在化」の機序にもとづいてである。抽象的人間労働とは、この二つの種類の労働を論理的に抽象して科学主義的な手続きで論理的に一般的な規定を施すことによってえられる「生理学的労働」をいうのではない。それは、商品交換の社会的過程における「全面的外在化 allseitige Entäußerung」すなわち総社会的な抽象化・物象化の産物として生成・存立する社会的実在態なのである。それは、「人間－自然」関係概念ではなく、本質的に「対自然－対他者」相互の総体的関係を反照する社会的実体としかいいようのない総社会的関係概念なのである。〈価値〉およびその実体としての〈抽象的人間労働〉は本質的・本源的には「実体概念」でなく「関係概念」である、とわれわれがくりかえすのはこのことをいいたいからである。「生理学的エネルギー」は、何ら社会関係を反照するものではない。〈商品〉・〈価値〉・〈抽象的人間労働〉等々は、マルクス流にいえば、「物ではなく社会関係」である。これらの諸カテゴリーの本質は「社会的諸関係の総体」と規定さるべきものであり、それを反照しているものなのである。

因みに、具体的有用労働も抽象的人間関係労働も、共に人間の生理学的エネルギーの支出に由来するものであり、生理学的実在性に裏打ちされた労働である。決して双方とも思弁的・形而上学的・神秘的な存在態ではない。とはいえ、先にものべておいたように、前者（具体的有用労働）に対して後者（抽象的人間労働）は感覚・知覚的には不可視な〝「社会的実体」としての存立態〟であり、その意味ではイレアール・イデアールな「社会的普遍・具体的普遍」としかいいようのない存在であるが、経験主義的実証主義を原理とする近代科学のパラダイムを前提とすれば、それは形而上学的な労働概念でしかない。『批判』に比して『資本論』においてはるかに汎用されるにいたるマルクスの「生理学説」には、そのような例えばベイリー流の批判を予想し、価値ならびに〈抽象的人間労働〉は生理学的基底（自然的実在性）に支えられた社会関係概念であることを明示しておくことで、つまりそれは決して唯名論的な抽象概念あるいは形而上学的概念でないことを根拠づけておくことで、その種の批判を回避すべく予防線を張っておくという思惑もこめられていたのではないかと思われる。

抽象的人間労働の生成と存立は、諸商品の総社会的交換の過程的運動において、直接的生産過程において投下され対象化されて現われるところの初次的に社会化された各種の諸具体的有用労働（社会的必要具体的有用労働）、これらをさらに総社会的につき合わせていく流通の過程的運動を介して、それら異部門間の諸具体的有用労働が全面的に外在化・対象化・凝固化せしめられるという総社会的な物象化によって、「抽象的人間労働という特殊歴史的な労働の社会的形態」――人間社会に共通な社会的労働（＝労働の社会性）の特殊歴史的な形態――が形象化（抽象化）されて存立せしめられるという、そのような総社会的な運動に由来するものなのだ。これをマルクス自身の件「物神性論」における発言を要約的に引用する形で再確認しておこう。人々が「彼らの労働生産物を互いに価値として関連させ合う」のは、「これらが、彼らにとって同種的人間労働の単なる外皮として妥当するゆえにではない。逆である。彼らは彼らの異種の生産物どうしを価値として等置することで、彼らの様々な労働どうしを人間労働として等置するのである」。それは、彼らの意識的行為を越えた社会的客観化・物象化の産物として生成・存立する事態なのである。「彼らはそれを知らないが、それを行なっている」（K.I.,S.88）のである。

要するに、事の本質・真相（深層）においては、本質的・本源的には、生産物の交換に先立って価値対象性が既存するわけではない。「労働生産物は、交換の内部において初めて、それらの感性的には様々な使用対象から分離された社会的に同等な価値対象性を受けとる」(ibid.,S.87) のである。ということは、すなわち、商品世界における商品を生産する私的労働（具体的有用労働）は交換の内部においてはじめて、「諸労働の外在化・物象化を介してそれらの感性的には様々な使用価値生産労働＝具体的有用労働から分離された、社会的に同等な価値生産労働＝抽象的人間労働という労働の社会性の形態規定を受けとる（erhalten）」ということである。そのことを介して、私的諸労働は、抽象的人間労働として、「事実上はじめて社会的総労働の諸分肢として自己を発現する」(ebd.) のである。このプロセスが「個人労働の全面的外在化」ということなのである。マルクスは、上述の引用文に前後して、次のような表現で同一の事態を語っていた。くどいようだが、これも再確認しておきたい。「相異なる種類の諸商品の等価表現のみが、価値を形成する労働の特殊な性格を現出せしめる。けだし、等価表現こそが相異なる諸商品に潜んでいる相異なる種類の諸労働を、実際、それらに共通なものに、つまり、人間的労働一般に還元する reduzieren のだからである」(ibid.,S.65)。同じ事態を次のようにもいっている。

> 使用対象物がそもそも商品に成るのは、唯、それらが、互いに独立に営まれる私的労働の生産物であるがゆえにのみである。これらの私的諸労働の複合が「諸商品の総社会的交換を介して」社会的総労働を形成する。生産者たちは労働生産物の交換を通じて初めて社会的接触に入る。だから、私的労働の特殊社会的な性格［抽象的人間労働およびその特殊な性格］もまた、この交換の内部においてはじめて現われるのである。(ibid.,S.87)

かかるがゆえに、商品世界における「生産者たちにとっての私的労働の社会的関連」は、私的労働相互間の直接的社会関係としては実現されず、諸商品の価値という物象的な社会的関係、すなわち彼らの私的労働が全面的に外在化されて抽象的人間労働へと還元されることで、この抽象化され物象化された労働の社会関係が諸商品相互の交換関係として媒介的・間接的に具現されるのである。こうして「価値が、その労働生産物をも一種の社会的形象文字に転化するのである」(ibid.,S.88)。この形象文字は、抽象的人間労働語および貨幣語（価格）の文法において表記される。労働生産物は、その生産に支出された私的労働が抽象的人間労働という社会的労働の単なる物象的表現に転化した事態に至った時、それは商品へと転態して現われるのである。すなわち、「商品生産というこの特殊的生産形態だけにあてはまる」この事態、「すなわち独立した私的労働の社会的性格が人間的労働〔抽象的人間労働〕としてのそれらの同等性にあり、かつこの社会的性格が労働生産物の価値性格という形態をとる」(ebd.) という事態は、私的労働（諸具体的有用労働）の社会的な全面的外在化すなわち物象化の帰結として具現されるのである。そして、この社会的運動こそが、「商品としての労働生産物」という規定の基盤・根拠をなすものなのである。

B．抽象的人間労働の独自の存在性格およびその貨幣との内的関連——マルクスのスミス・リカード批判を軸にして

さて、われわれは、今や、われわれの第二の問題提起すなわち「マルクスのフランクリン批判」の含意している次なる論点、すなわち「抽象的人間労働の独自の存在性格」および「抽象的人間労働と貨幣との内的関係」をどう理解すればよいのかという課題の検討に歩みを進めることにしよう。

これまで検討してきたマルクスのフランクリン批判の第一の論点、すなわち諸商品の総社会的交換過程における外在化、すなわち社会的抽象化・物象化の産物として生成・存立する社会的形象態 Gebilde である抽象的人間労働、この質的に転化した労働を単にあらゆる労働に共通する論理的な人間的労働一般〔生理学的労働〕として浅薄に捉えてしまったフランクリンの無理解に対する批判に続けて、マルクスは次のような第二のフランクリン批判を展開している。あらためて再説しておこう。因みに、同様な視角からではあるが、これをさらに深化させた問題意識から展開されたマルクスのスミスおよびリカードへの批判も、いわゆる『学説史（資本論草稿集）』の中に、再三再四見出すこ

とができる。ここでは、後者を主軸にして順次みていくことにする。

とりあえず、まず、マルクスのフランクリン批判を再引用を憚らず、あらためて確認しておこう。マルクスはいう。「フランクリンは交換価値［価値］に含まれている労働を、抽象的に一般的な労働として、つまり個人的労働［具体的有用労働］の全面的外在化から生じる社会的労働として展開しなかったから、必然的にこの外在化した労働 entäußerte Arbeit の直接的定在である貨幣を誤解した。だから、彼にとっては、貨幣と交換価値［価値］を生み出す労働とはなんら内的関連をもたず、貨幣はむしろ技術的な便宜のために交換のなかに外からもちこまれた用具なのである」と。［強調は引用者］

フランクリンの「抽象的人間労働と貨幣との内的関連」の看過の根拠をより鮮明に浮び上らせるために、次にマルクスのフランクリン批判をあらためてこの視角から再説することを避け、このコンテキストでのフランクリン批判と共通するマルクスの「スミス・リカード」批判を転用してこの事態をみておくことにしたい。

まず、マルクスのスミス批判からみていこう。マルクスは、件の『学説史』のなかで、スミスの「支配労働価値説」を立ち入って検討しながらこれを批判して次のようなコメントを付している。「事実上ここでいわれていることは、ただ、私の労働は社会的労働としてのみ、したがって私の労働の生産物は等量の社会的労働にたいする支配としてのみ私の富を規定するという（交換）価値の概念にほかならない」（Th.,S.369）と。ここでは、一方では、スミスも無自覚ながら実質的には労働の二重性を区別していたと一定の評価を与えているわけである。しかし、他方では、彼の支配労働価値説には重大な欠落があるとして、次のようにいう。

ここで強調されているのは、分業および交換価値によってもたらされた私の労働と他人の労働との等置、換言すれば、具体的有用労働［としての私の労働］と社会的労働［としての抽象的人間労働］との等置であって、［ここでは価値実体としては］私の労働または私の商品に含まれている労働もまたすでに社会的に規定されており、その性格が本質的に変わってしまっているということ、このことをアダムは見落としている。（ebd.）［強調は引用者］

後者は、資本制商品社会における社会的労働すなわち抽象的人間労働の独自の存在性格、つまりこの社会的労働は、私的労働＝具体的有用労働とは「その性格が本質的に変わってしまっている」ということの看過に対するアダム・スミスへの批判である。これは、スミスの貨幣論の欠陥でもあるのだが、この問題は今は措くとしておく。

次に大急ぎで同様な問題意識に立脚した、マルクスのリカード批判もみておこう。マルクスがいうには、「リカードは、商品の相対的価値（または交換価値）は「労働の量」によって規定されるということから出発する」が、彼においては「ただ価値の大きさだけが問題」なのであって、量的比較の前提となる労働の質的同一性、すなわち「この諸商品（の価値）に含まれている労働は、社会的な労働として、外在化された個人的労働として表わされなければならない」ことを素通りして一切問題にすることなく、「この「労働［抽象的人間労働］の性格」はこれ以上［労働一般であるということ以上］は研究されていない」（ibid., S.816）と批判して、次のようなコメントをおこなっている。

リカードは、この労働の姿態——交換価値をつくりだすものとしての、また交換価値で表わされるものとしての労働［抽象的人間労働］の特殊な規定——を、この労働の性格を研究していない。したがって彼は、この労働と貨幣との関連を、すなわちこの［抽象的かつ不可視の］労働が貨幣として表わされなければならないことを理解していない。しがたって彼は、商品の交換価値の労働時間による規定と諸商品が貨幣形成にまで進む必然性との間の関連を全くつかんでいない。ここから彼のまちがった貨幣理論が出てくる。（ebd.）

「抽象的人間労働と貨幣との内的関連」、しかも「この労働が貨幣として表わされなければならない」というマルクスの言明は、一体どのように理解されるべきであろうか。すでに第一章そして本章の第二節において、われわれが立ち入って考究しておいたように、マルクスは、これを主としてまずもって件の「価値形態論」において討究しているのであるが、僭越ながら言わせてもらえば、これまでの研究において、「価値は貨幣の価格形態によってしか客観的に表示できない」のはなぜかという「価値形態論」においてマルクスが追究した課題――「価値の価格への転化の必然性」――の理論的究明は十全に理解された上で遂行されてきたといえるであろうか。抽象的人間労働の「特殊な規定」・「社会的規定」・「本質的に変化した性格」、換言すれば「価値を形成する労働の独自の性格」に関する研究は十分に成果を上げているであろうか。不勉強を承知でいえば、「価値形態論」研究はこれまで汗牛充棟の状態ではあるが、それをこのような問題意識で「価値」を主題的に扱った研究はそれほど多くはないのではないのか。もともとマルクスのそこでの課題は「価値表現における貨幣の必然性の論証」にあったばかりではなく、初版においては明記されているように、「価値実体・価値量・価値形態の内的関連とその論理の究明」および「価値形態から価値概念がではなく、価値概念から価値形態が発現することの論証」にもあったはずである。このマルクスの提題の含意するものは、これまで充分に討究されてきたであろうか。すでにみておいたように、マルクスはいっている。「決定的に重要なことは、価値形態、価値実体と価値量、これらのあいだの内的必然的な連関を発見することであった。すなわち観念的［理論的］に表現すれば、価値形態が価値概念から発現するということを証明することであった」（K.I. 初版 S.34）と。

さて、マルクスのいう「価値を形成する労働の独自の性格」・「本質的に変化した性格」に関してであるが、この独自の性格は、この抽象的人間労働が、すでにのべてきたように、日々行われる社会的抽象化・物象化の産物として、一種独特の社会的形象態（社会的物象態・社会的普遍態）として現われ、かつこの労働が特殊歴史的な社会的労働の形態規定として存立しているということに由来するものであった。別様にいうと、この労働が不可視の対象性、すなわち「自然的要素を一分子も含まない・超感性的な、幽霊のような対象性」を有することにその謎的性格は由来している、ということである。このような抽象的人間労働の存立を、その具体的有用労働への肉化という存立構制から切り離して、それ自体として規定すれば、それは「イレアール・イデアール」な存在性性格を身に帯びた、いわば理念的・抽象的な存立態としかいいようのないものであることは、すでにみておいた。要するに、抽象的人間労働は、それ自体としては、不可視かつ計量不可能な社会的構造成態とし生成し存立しているということである。

以上の事態は、抽象的人間労働の大きさ（量）を表わすその「時間」に関してもそのままあてはまる。抽象的人間労働時間とは、社会的時間であって自然的・物理的時間ではない。それはいわばイデアールな理念的時間であって、時計で測定し直接的に表示できる時間では断じてない。マルクスは、この抽象的人間労働時間の摩訶不思議な性質に関して、すでにみておいたように、次のようにいっていた。「一般的労働時間〔抽象的人間労働時間〕そのものは一つの抽象であって、それはそういうものとしては諸商品にとっては実在しないのである」(Kr.,S.31)と。そしてさらに、次のようにも表現していた。「価値の尺度としての労働時間〔抽象的人間労働時間〕は、ただideal（理念的・観念的）に存在するだけなのだから、価格の比較のための材料としては役に立つことができないのである」(Gr.,S.75)と。

伝統的解釈に立つ限り、どうにも解しかねる発言である。マルクスは、こうした抽象的人間労働とその時間の不可視性・非計量性・直接測定不可能性・直接表示不可能性の了解を前提にしながら、それがいかにして・何をもって可視化され計量化されて客観的に表示可能になるのかという問題に解答を与える。これこそが「価値形態論」の中核的な課題の一つとしてわれわれが問題にしてきたテーマであったのであった。「価値は価格でもって可視化されて表現されざるをえない」がゆえに、普遍的な一般的等価形態商品たる貨幣形態商品が、論理的かつ歴史的にも必然化されるのである。これが、「価値表現の展開における貨幣の必然性」の証明である。

商品は、その価値を自ら直接に表現することはできず、交換関係において相対する等価形態商品の使用価値物としての姿態を、自己の価値の反射鏡として、「廻り道」をして、つまり媒介的に間接表示するしかないのである。それゆえに、また、その価値としての大きさは、等価形態商品の物としての大きさを尺度（ものさし）として間接的に測定され、間接的に表示されるのである。商品交換における、「価値の価格への転化の必然性」ないしは「貨幣の必然性」とは、このような内実をいうのである。これをわれわれが、再三再四くりかえすのは、これがわれわれの主張の一つの跳躍点をなすからである。

ここから、マルクスの「労働証券」論批判が出てくる。プルードン流派の「労働証券」論の浅薄さは、前述した不可視にして計量不可能な価値とそれを客観的に表示する貨幣との内的関連の看過、すなわち「価値の価格への転化の必然性」に対する無知に由来するものであるとして、これをマルクスから厳しく批判されているのもそのためである。例えば、プルードンの先駆者としての「労働貨幣」を持ち出すグレイに対して、マルクスは、「商品生産を基礎とする労働は、個人的労働の全面的外在化〔物象化〕によってはじめて社会的労働〔抽象的人間労働〕となるのである。ところが、グレイは、商品にふくまれている各種の労働時間〔自然的時間・具体的有用時間〕を直接に社会的なもの〔抽象的人間労働時間〕として想定」して、それを「労働証券」の基礎にしようとする。「そうなると、実際には、金や銀の独特の一商品が、一般的労働〔抽象的人間労働〕の肉化 Inkarnation として他の商品に対立することはありえないし、交換価値は価格に転化することはありえないだろう。それゆえ、使用価値も交換価値に転化せず、生産物も商品に転化しないであろう」(vgl.Kr.,S.67)。要するにグレイの見解は、「生産物は商品として生産されるべきだが、商品として交換されるべきではない」(ibid.,S.68)という矛盾を犯していると、マルクスは批判しているわけである。この『批判』におけるグレイ批判を敷衍する形で、『資本論』においても、マルクスは「労働貨幣」という浅薄なユートピア主義を批判している。

なぜ貨幣は直接に労働時間そのものを代表しないのか、なぜ例えば一枚の書きつけがX労働時間を表すというようにならないのか、という問いは、まったく簡単に、商品生産の基礎の上では労働生産物は［なぜ］商品として表わされなければならないのかという問いに帰着する。なぜならば、商品という表示は、商品と貨幣商品とへの商品の二重化を含んでいるからである。なぜ私的労働［具体的有用労働］は直接に社会的労働［抽象的人間労働］として、つまりその反対物として取り扱われないのかという問いに帰着する。商品生産の基礎の上での「労働貨幣」という浅薄なユートピア主義については、私は別のところで詳しく論じておいた。(K.I.,S.109)

同様な言説は、第三巻においてもくりかえされているし、『要綱』においてはさらに執拗にくどいほど展開されている。背景には、政治・社会的運動におけるプルードン派やラサール派等への批判がこめられているのであるが。われわれの第三の問題提起、すなわち「外在化された労働としての抽象的人間労働の独自の性格」および「この労働と貨幣との内的関連」をめぐる問題の構図とその概要を、われわれとしては、おおよそ以上のようなものとして解読している。

蛇足ながら付言しておくと、今日の各種の紙幣・信用貨幣・電子マネー等の諸形態も、原理的にはこうした商品貨幣の歴史的展開形態として基礎づけて具体的に把握しなければ、いわゆる二一世紀の「貨幣物神」の謎に陥ることは避けられないだろう。

C. マルクス〈抽象的人間労働〉およびその他の諸カテゴリーの「社会関係反照規定性」

われわれは、最後に、われわれの問題関心に相即するこれまでの問題提起の要約的概括に代えて、そして次章における「社会的物象化」論への橋渡しをも兼ねて、われわれの方法的視座と論理構制を示唆しておくべく、ごく簡潔に、マルクス「経済学批判体系」における諸カテゴリーが含意し表現する〝物象化された社会関係反照規定性〟を、「資料篇」風に提示しておこう。この作業は、〈価値〉および〈抽象的人間労働〉の概念規定をめぐる上向的な冒頭の実体論的規定の形態論的な再措定、あるいは、「実体概念」の「関係概念」への転化とその論理的な相互関係を考える上で、必須の論理的契機をなすものとわれわれは考える。

マルクスの「価値論」において現われる〈商品〉・〈貨幣〉・〈資本〉はおろか〈価値〉・〈抽象的人間労働〉等々の諸カテゴリーは、われわれにいわせれば、すべて「社会的実体」・「社会的抽象態」として基礎づけられるべきもので、これらは「社会的に妥当するそれゆえに客観的な」社会的形象態あるいは構造的存立態として人々に受容されているものである。別様にいえば、これら諸カテゴリーは、本質的かつ本源的には、人々の目的意識的行為の総社会的関連が彼らの意図を超えた帰結をもたらしていることを表示する「社会関係反照規定」――「認識≈存在」論カテゴリー――として措定されているのである。この事態をマルクスの直接の言説から、ほんの一部を抽出して、確認しておこう。

まず、〈資本〉カテゴリーからみていこう。マルクスはいう。「資本とは、物ではなく、物を介した人と人との間の社会的関係である」(『哲学の貧困』Bd.6, S.408 ――以降『貧困』と略記)。「資本は、一つの社会的生産関係である」(ebd.)。それゆえ、資本としての生産手段でさえ、マルクスにおいては、その現実的な定在の本質的機能においては、資本制生産関係の指示器として把握されているのである。そもそも、「労働者が自分と労働対象との間にもち込んで、この対象に対する彼の能動的活動の導体として彼のために役立つ一つの物または諸物の複合体」であるところの「労働手段一般」は、本源的・本質的な機能と存立においては、「それは、人間的労働力の発達の測度器であるばかりでなく、労働がそこにおいて行われる社会的諸関係の指標でもある」(K.I.,S.194)、というのがマルクスの基本的な視座のとり方なのである。

〈貨幣〉カテゴリーもまた、マルクスにおいては、本質的・本源的に〈物〉カテゴリーではなく、〈社会関係〉の「物」における反照規定カテゴリーである。「貨幣は、物ではなく、一つの生産関係である。この貨幣という関係は、他のすべての経済的諸関係たとえば分業などと同様に、一つの生産関係である」(『貧困』、Bd.6.S.107)。同じことを、別の場所では、次のように表現している。「物の貨幣形態は、商品的交通という形での人々のかかわり合い Verhalten zueinander〔交通関係〕の現象形態にすぎない」(ebd.)。

『資本論』におけるマルクスの研究課題が、「資本制的生産様式とこれに照応する生産諸関係および交通諸関係である」と明示されていることをあらためて思い起こし、その意味と意義を考えるべきであろう。かの近代主義的ヒュポダイムに立脚するバヴェルクからみると、こうした見解は奇想天外にして作為的・非科学的・形而上学的な言明以外のなにものでもないであろうが、マルクスにおける〈商品〉・〈貨幣〉・〈資本〉とは、最終的には「資本制商品世界の生産様式に照応する生産関係と交通関係の指標」なのである。そして、このような問題論的構制に立脚した視座からの古典経済学との対決こそが、マルクスの古典経済学批判、すなわち「古典経済学の諸カテゴリーに対する批判によるその体系批判」、そして「その体系批判を介した独自の体系叙述」のかなめをなすものの一つなのである。[1] 物《もの》的カテゴリーによって隠蔽された生産関係と交通関係の批判的剔抉とかかる現実との対決を志向する実践的可能性の地平の開示、これこそがマルクス「経済学批判体系」の目ざしたものなのである。

〈価値〉カテゴリーについては、あらためてのべる必要はあるまい。とはいえ、寸言だけはしておこう。マルクスにとって、〈価値〉・〈剰余価値〉は「社会関係反照カテゴリー」であり、それらが可視化された〈価格〉・〈利潤〉カテゴリーは社会関係カテゴリーの物象化的錯視に基づく「物《もの》カテゴリー」なのである。物象の背後・本質基盤たる社会関係にまで下向することなく、これら「物《もの》カテゴリー」の準位に自足することこそ「物神性の秘密」としてマルクスの批判する当の事態なのである。

くどくなることを厭わず、くりかえしておく。そもそも〈商品〉および〈価値〉のカテゴリーが表示する本質とは、あるいは〈抽象的人間労働〉等の経済的諸範疇とは、「社会的生産関係の理論的表現であり、抽象にすぎない」(『貧困』、Bd.6,S.130)。そして「諸商品の（交換）価値は、実は、同等で一般的な労働としての個々人の労働相互の関係にほかならず、労働の独特な社会的形態の対象的表現にほかならない」(Kr.,S.22) のである。つまり、価値の実体としての〈抽象的人間労働〉とは「商品を生産する労働が社会的労働をなしている独特の様式」(ibid.,S.18)、ある特殊歴史的な労働の社会的形態にして「社会的労働の対象的表現にほかならない」という意味でも、それらの諸カテゴリーは「社会関係反照カテゴリー」であるということである。しかも、この抽象的人間労働、「これを特徴づけるものは、人と人との社会関係が、いわばさかさまに、つまり物と物との社会関係として表わされていることである」(ibid.,S.21)。

〈抽象的人間労働〉の「社会関係反照規定性」に関しては、他にもすでに先行の場所においてもくわしくみておいたが、ここでは、大急ぎで、〈商品〉・〈価値〉および〈抽象的人間労働〉が、「全体概念」かつ「関係概念」であることを再確認すべくあるマルクスの言説を引用しておく。

交換価値として措定された生産物は、本質的には、もはや生産物［物］として規定されているのではない。それは、当の自然的な質とは相異なる或る質において措定されている。それは、関係として措定されているのであって、しかもこの関係たるや普遍的である。つまり、それは一つの商品に対する関係ではなく、すべての商品、すべての可能的生産物との関係である。交換価値として措定された生産物は、かくして、一つの普遍的な関係を表現する。それは、一定量の社会的労働時間［抽象的人間労働時間］の実現体としての自己自身に関わるごとき生産物であり、そしてその限りで、それの交換価値で表現される関係に立つ他のすべての商品に対する等価物である。交換価値というは、生産物の自然属性をことごとく度外視し、あらゆる生産物の［社会的］実体たる社会的労働［抽象的人間労働］を実体的基礎にしているのである。(Gr.,S.133f.)

以上の提題を承けて、われわれは、今や「価値実体・価値量・価値形態の内的関連」および「価値と貨幣の内的必然的関連」そして「価値概念から価値形態が出てくる」等々の命題、すなわちマルクスが提起した問題設定における謎のような言説を具体的に解読していく段であるが、そのための鍵をなす『資本論』の準位でのマルクスの「社会的物象化・外在化・抽象化・対象化の運動」の論理と構制と機制を、少々立ち入って、次章で討究しておきたい。

註

（一）

（1）廣松渉『哲学』、一一二頁

（2）佐々木隆治『マルクスの物象化論——資本主義批判としての素材の思想』社会評論社、二〇一一年。因みに、上掲書の内容の要約ともいえる「抽象的人間的労働と価値の質的規定性について」——（上）『立教経済学研究』、第六七巻、第四号、二〇一四年、（下）同上、第六八巻、第一号、二〇一四年——論文においても、抽象的人間労働が歴史貫通的で素材的な概念であることが全面的に展開されている。

（二）

（1）日山紀彦『「抽象的人間労働論」の哲学——二一世紀・マルクス可能性の地平——』御茶の水書房、二〇〇六年。「第三章［三］〈抽象的人間労働時間〉の独自の存在性格」を乞参照。この問題をめぐる廣松による宇野弘蔵の「抽象的人間労働論」にたいする批判に託した廣松独自のこのカテゴリーに関する概念規定をめぐっては、『コレクション④』所収の第Ⅱ部Ⅰの「視角」論文の第三節・第四節が重要である。

（2）この問題をめぐる「マルクス－ベイリー問題」の発掘・提題は、なんといっても廣松の『資本論』研究の大きなそしてショッキングな業績といってよい。たしかに、ルービンをはじめとする「マルクスとベイリー」をめぐる先行研究はあったにしても、「価値形態論」の成立背景とその課題を、古典経済学とりわけリカードにたいするベイリーの批判の重要性と意義の吟味とをからめつつ、哲学的コンテキストをも視野に収めて、本格的に展開したのは廣松が最初といってもよかろう。わが国において、この研究は衝撃を与えた。廣松渉『哲学』、「第一章」および「増補」を参照されたい。この問題をめぐっては、吉田憲夫の『資本論の思想——マルクスと廣松物象化論』（情況出版、一九九五年）第二章および廣松『著作集⑫』への吉田の解説がポイントをついていて、参考になる。

（三）

（1）マルクスは『批判』に関するラサールに宛てた周知の一八五八年二月二二日付の周知の手紙のなかで、次のように書いている。「さしあたり問題となっている仕事は、経済学的諸範疇の批判である。換言すれば、ブルジョア経済学の体系を批判的に叙述することだといってもよい。それは、同時に、体系の叙述でもあり、また叙述を通じてのかの体系批判でもある」と。（Bd.29.S.549）　マルクスには、俗流経済学のみならず特殊歴史的な形態を身に纏う資本制社会の生産関係・交通関係を隠蔽しこれを表示しない古典経済学の諸カテゴリーに対しても、前述しておいたように「このばかげた諸カテゴリー」との表現をも用いている。

第三章　社会的物象化とその逆倒化の論理

——弁証法的物象化論の構図——

われわれは、本章においては、いささか視点と論点を転換させて、社会的物象化の機序と構造化の論理を考究していくことにする。ここでいう社会的物象化とは、資本制商品世界における人々の目的意識的諸行為が、その総社会的生活関係の編成と統合の過程において、「社会的外在化」の運動の機制を介して、人々の意識や行為から独立かつ自立した「社会的物象態・構造化成態」としての社会的普遍態・社会的抽象化的態ともいうべき社会実在態へと転化して現われ、そしてその社会的威力 soziale Macht を合成的に産出し、人々は逆にこの社会的普遍態の一構成要素として拘束的に規定され逆倒的に支配されるにいたる事態をいう。社会の階級的構造化もこの運動に由来する。

こうした社会的抽象化の運動に基づく資本制生産様式社会における社会的物象態の形象化とその顚倒化すなわち「物象の人格化と人格の物象化」という逆倒化的事態の解明に立ち向かったのがマルクスであった、と廣松は独自の画期的なマルクス解読を遂行してみせたわけである。そこにおいて決定的に重要なことは、次の点にある。これまでの論述のくりかえしになるが、あらためて強調しておく。

われわれが、これまで考究してきた意味での「物象化論」は、いわゆる一般に流布され理解されてきたような疎外論的〝物象化論〟とはその論理構制が全く異なっているということ、そしてこの相違は理論構築のための前提理論枠・理論構図・方法論的視座の異次元性に由来するものである、ということである。すなわち、理論構築のためのメタ・

レヴェルでの世界了解のヒュポダイム（パラダイムのパラダイム）次元ないしはヒュポダイム準位における構図と論理が全く異なっているということである。廣松によれば、マルクスはまさにこうした新しい準位でのヒュポダイム、換言すれば、「新次元の世界観的地平」、この哲学的新地平を切り拓くことで伝統的な古典経済学を批判的に超克し、独自の「経済学批判」の体系的構築を果しえたというのである。

（一）社会的物象化論の新しい世界観の地平

A．「マルクス物象化論」における世界観上のヒュポダイム・チェンジ

そこで、われわれは、まず、以上のような意味でのマルクス独自の画期的な世界観上の地平とその理論前提枠・構図・構制をここであらためてごく簡単にみておくことにしよう。

われわれは、すでに、この新しい「事《こと》的世界観の地平」、別の廣松用語でいえば、「関係主義的存在観」・「四肢構造的な認識≈存在」観さらにはそれに基づく新しい「人間・社会・自然・歴史」観を、別の場所でスケッチしておいた[1]。このうち、ここでは、自然観に的を絞ってその新しい世界観の地平を再説しておくことから始めたい。ここで対象を『資本論』の主題的対象としての「人間・社会・歴史」ではなく、わざわざ「自然」に限定したのは他意はない。新しい世界観の構図と構制をもっとも簡潔かつ明瞭に浮び上らせるには、ごく単純に自然観を対象とするのが最適であろうとわれわれは考えるからだ。マルクスの『資本論』の世界観上の新地平ないしは彼の近代主義的・ブルジョア的ヒュポダイム超克の革命性をみていくためには、当然ながら、その人間観・社会観・歴史観の新たな地平とその論理を剔抉し明示しながら考究すべきであるが、前述しておいたように、それはすでに別の機会にまとめておいたことでもあるし、本書においてもかならずしも主題的ではないけれども副次的にいくつかの個所で扱ってきたことだし、

また後段でも扱っていくはずであるので、ここでは本来のコンテキストを少々外れることになるが、「自然観」を対象にしてマルクスの世界観上の新地平を浮き彫りにしておきたいということである。望むらくは、読者において、この自然観をめぐる問題提起を、人間観・社会観・歴史観のコンテキストへと翻訳して考えてみていただきたいと希求するものである。例えば、自然的世界における「全体と個」の弁証法的関係構図と論理を「社会と個人」とのそれとに関連づけ、その自然観と人間・社会観との次元の違いを配慮の上で、「全体と個」の弁証法の論理を読み取って欲しいということである。もともと、マルクスにおいては「人間－社会－自然－歴史」は有機的な重畳・重層・複合的な統一・統合において了解され規定されているのであって、決してこの要望は全く奇想天外なものではないことは、勝手ではあるが言い訳的に付言しておきたい。

さて、廣松の指摘する新しい「自然観」の全体像を概観する前に、いささかまわりくどくなるが、廣松のいう新しい世界観をめぐる現代思想の思想史上の位置づけと課題およびそれらをめぐる問題意識を再確認しておくことにしたい。

廣松による科学・哲学・社会諸科学等の思想史レヴェルに定位した時代診断によると、われわれの時代は、かつての「一七世紀科学革命」に匹敵する「第二の知識革命」の過渡期にあり、例えば宇宙観における「天動説から地動説への転換」に相当する「ものの見方・考え方・把え方・説明方式」の革命的転轍期・転換期にあるという。こうした「ものごと・できごとの了解のしかた、そしてそれに基づく理論構築のための基礎的・原理的な発想枠や理論前提枠」、すなわち世界観上のヒュポダイム（パラダイムのパラダイム＝ウア・パラダイム）の革命期にあるということである。しかもこの世界観革命は、マルクス・エンゲルスにその端緒をみてとるべきだという。こうした問題意識を廣松から直接引用しておく。

> 所謂「近代的世界観」の抜本的な再検討とそれに代るべき革《あたら》しい世界観の構築が哲学界の課題となって既に久しい。しかし、記すまでもなく、これは至難の大事業であって新しい世界観の体系的確説は一朝一夕にして成ろうはずがない。哲学徒の苦渋にみちた模索行は猶暫く続くことであろう[2]。

このような問題意識を踏まえて、マルクスにおける哲学的な世界観の地平の画期性を次のようにいっている。

> 近年、我が国の論壇でも〝近代的世界観〟の超克ということがあらためて問題にされ始めている。／……著者としては謂うところの〝近代的世界観〟とは、歴史的社会構成体としての資本主義の時代に照応するイデオロギーの地平、この意味での「ブルジョア・イデオロギーの地平」という言葉で置換できるものと考える。今やこの〝近代的〟＝ブルジョア的世界観の地平そのものが端的に問い直され、端的に超克《ちょうこく》されるべき思想的局面に際会している。こう断じてもおそらくや大過ないものと思われる。／このような課題意識をもって省みるとき、マルクス・エンゲルスの拓いた新しい世界観の地平に叩膝《こうしつ》の思いを禁じえない。彼らは、なるほど、その新しい世界観を体系的な形では講述していない。……彼らはまだ幾つかの点で、旧い用語法、旧い発想法の名残りを百パーセント免れているわけではない。彼らは、或る意味では、余りにも〝歴史に先駆けすぎた〟と言うべきかもしれない。恐らくやそのためもあって、彼らの思想的継承者たちは、始祖の拓いた新しい地平を対自的に把えることができず、「マルクス主義」を〝近代的世界観〟の平面に押し込み、その埒内で〝体系化〟を試みてきた憾《うらみ》なしとしない。／著者の看ずるところでは、しかし、マルクス・エンゲルスは「ブルジョア的世界観」の〝全体的イデオロギー性〟をトータルに相対化することによってそれを超克しうべきあたらしい視界を拓いている。マルクス主義が資本主義体制の根底的な止揚を嚮導《きょうどう》しうる所以も、そこに存する[3]。

B.「物象化論」の世界観上の新地平——自然観を例にして

さて、以上の廣松の問題意識を承けて、彼の主張する新しい自然観ヒュポダイムの革命性を近代的自然観との対比において浮び上らせるべく、まず、近代的自然観の特質を前近代的なそれとの比較において整理しておくことにしよう。因みに、先取り的に要約しておくと、近代的自然観の特質とは、「物的《もの》自然観」ないしは「実体主義的自然観」とカテゴライズされるものである。

前近代的自然観、すなわち自然のあり方やできごとの了解の構図あるいは理論的説明のための理論前提枠、いわば情報処理ソフトとでも呼ぶべきもの、すなわちヒュポダイム（＝原パラダイム）は、「人間・自然・宇宙」は融合的全一体として超越的な霊的生命力・神秘的呪力によって生み出され、満たされ、支配されているとの了解を前提とするものであった。「アニミズム的・呪術的・神話的・宗教的自然観」あるいは「生物態的自然観」・「目的論的自然観」の発想枠である。

これに対して近代的自然観においては、原理的には、自然から一切の霊魂・呪力は追放され、自然は単なる物質から構成されているとみなされる（素朴唯物論的自然観）。そしてこの自然の運動は、神秘的力によってではなく機械じかけによって生じているのであり（機械論的自然観）、また物・機械としての自然は部品の組合せとしてできており（要素主義的自然観）、これらの諸要素は究極的な原基的単位成素としてアトム的実体としての素粒子・クォークのような独立・自存・不可分・不易の物的成素が基礎になっているとされる（アトム実体主義的自然観）。さらに、こうした自然界には一定の秩序・法則が存在しており、それは物的・機械的な因果関係（因果法則）に基づくもの（因果論的自然観）であって、前近代のように自然の目的論的な了解と説明は一切排除される。しかも、この自然の秩序・

法則は数学的構造を有し、それは人間理性（悟性）に備わった数学的理論装置を用いて精緻に把握可能とされる（数学的自然観）。まさに、近代社会における「科学と技術」の成立の母体となる「分析理性（悟性）」に依拠する経験的実証主義・科学的合理主義の成立である。そこでは、自然（客観的対象）と人間（主観的理性）とが切断・分離され（「主－客」関係図式）、人間の合理的自然認識（科学）とそれに依拠した人間の自然の操作・管理・開発・支配（技術）が可能となる。

これが、人類史における「第一次自然観革命」――バターフィールドのいう「一七世紀科学革命＝知識革命」――の内実である。廣松は、このような近代的自然了解の特質を、「実体の第一次性」の発想枠ないしは理論構成前提枠（物的実体主義的ヒュポダイム）に基づく「物《もの》的自然観」と呼んでいる。

さてわれわれは、次に物象化論が依拠する新しい自然観、すなわち廣松のいう「事《こと》的自然観」ないしは「関係主義的自然観」の考察に移ることにしよう。

マルクス・エンゲルスの近代ブルジョア的世界観批判の構図と論理を自然観へと拡張的に継承する企図に基づいて、廣松は、独自の弁証法的自然観のヒュポダイムの定礎をある所で試みている。(4) このマルクス主義的自然観の地平におけるその構図と論理および理論原理枠を、われわれ流儀に以下でメモ風に概括しておこう。

ⅰ 自然は独立・自存・不変・不可分の物的実体の合成物ではないということ。すなわち例えば素粒子・クォーク等のアトム的物的実体成素がまず先在して、そうした独立・自存・不易の実体項が第二次的に相互関係をとり結ぶことで複雑な自然界が構成されているのではないこと（近代的世界観における「実体の第一次性」＝「関係の第二次性」の否定）。

ⅱ 自然界におけるすべてのこのような構成契機・成素・物質項（単位）とみなされているものは、実は本質的・本源的に相互連関作用において生成・存立・変化しているのであって、こうした相互関係から独立・自存の実体項の第一次的措定は「取り違え quid pro quo」であること。

(iii) こうした独立・自存・不変・不可分の物的実体項（アトム的実体成素）の原基性・第一次性という理論前提は、ある特定の発想・公理前提・理論枠組（上述の近代科学主義ヒュポダイム）の産物であって、これに依拠した自然像（物理学的自然像）を自然そのもののあり方の第一次的な原基像・原本像とみなすのは「quid pro quo」、廣松流にいえば「物象化的錯視」・「物象化的錯認」ということになる。

(iv) 新しい自然観ヒュポダイムにおいては、次のような発想・理論前提・公理前提がとられている。すなわち、自然を構成する諸契機は、自然界の全一的ないわば「磁場的状態」のなかで、相互作用連関状態において生成・存立し、そしてその新たな関係項の生成と相互作用によって新たな「磁場状態」へと変化・転態 Werden していくのである。ここでは、自然とは、本質的にはこのような全一的・統一的な運動のあり方として存在しているのであり、これこそが第一次的・本源的な自然のあり方なのだという。

(v) 以上、要するに、新しい自然観ヒュポダイムに基づく自然の把え方とは「実体としての自然」ではなく「諸関係の総体としての自然」、今日流にいえば「環境としての自然」あるいは「生態系としての自然」という了解のしかたに基づいているということである。「項的契機」（物質）なるものは「実体項」（実体的物質）としてではなく、「場における関係項」ないしは「環境的自然・内・諸契機」という構えにおいて規定され措定されるべき物的実在態（物象）であるとする。これは全く近代的自然観とは異次元のヒュポダイムに立脚している。これが、廣松のいう「関係の第一次性」のヒュポダイムに基づく「事《こと》的自然観」の概要である。

さて、ここで、以上の考察を要約的に再説しながら、別の視角から新しい「自然観」の画期性・革命性を概括しておこう。

(i) 人間にとって「自然」の存在は、人間の認識とは独立に、否、人間が存在しようがすまいが一切関係なく、人間の外部に厳然とした客観的な実在対象それ自体として存在し立ち現われてくる（近代的自然観）という想定への批判……否定。近代存在論における人間的認知とは無関係の「実体的物質の第一次性（物自体 Ding an sich）」の否定。

ⓘⓘ「自然」の認識は、外的対象としての自然（客観）を人間の精神（主観）が「取り入れる」・「取り込む」・「写し取る」あるいは前者が後者に「入り込む」ということではない。近代認識論の「主－客」関係構図を前提とした三項図式（客観－観念－主観）の否定。

ⓘⓘⓘあるがままの自然（客観）を、人間（主観）が白紙の状態であるがままに把えることはできない。つまり、近代科学の根本前提である「裸の眼」で「裸の事実」を把えることができるというのは錯覚であるということ。近代科学論のおける認識論上の客観的事実の否定。人間の認知的・実践的関心とは独立した「自然なるもの」の措定は、理論的な抽象原理としてはともかくとして、つまり「導きの糸」としての措定としてはともかく、具体的自然の措定としては無意味である。

ⓘⓥ「自然がある」ということは人間にとって「自然を認識する」という「判断」契機とは不可分であり、人間は自然を見る・聴く・臭う・触れる・味わうといった原初的な感覚・知覚の次元において、すでに、内なる歴史・社会的な情報処理ソフト（ヒュポダイム）を用いているということ（基本事実データのヒュポダイム負荷性）。それは、「存在≈認識」論ないしは「認識≈存在」論という新しい発想・理論の枠組を前提としており、これは「近代的世界観」からみると破天荒な主張といえる。近代的世界観における存在論と認識論の原理的区分の否定。以上のことは、件のカントの「コペルニクス的転回」を想起するとわかりやすくなるであろう。これが廣松のいう「認識≈存在」論的「四肢的構造連関図式」の概要であるが、これについてはここでは省略する。


以上の新しい世界観の初次的概略の紹介の範囲の内容だけでも、それが近代的世界観からみていかに常識外れで理解不可能なものであるかがわかるであろう。それは、第一次自然観革命における「天動説から地動説への転換」に匹敵する〝ヒュポダイム革命〟を内実とするものである、というのはこのことをいう。因みに、以上のような自然観の地平におけるヒュポダイム・チェンジは、同時に人間観・社会観・歴史観の根源的な転換・転轍を含意するものであることは、蛇足ながら、再度、付言しておきたい。これまで看過されてきた「マルクス主義の地平」とは、本来、このような内実を有する世界観の地平に依拠したそれである、ということである。

C. 〈物象〉および〈物象化〉の概念の表示する事態

さて、われわれは、廣松の「事的世界観」における画期的な〝関係の第一次性に依拠した自然観〟の新地平を概略的に抉り出した作業に引き続いて、ここで、彼のもう一つの中核理論である「物象化論」の論理の構制を、〈Sache〉と〈Versachlichung〉の概念規定にそくしてみていくことにしよう。

一般によく指摘されているように、Versachlichung および Verdinglichung という語はマルクスによって多用されているわけではないが、[5] Sache および sachlich ならびに Ding および dinglich という語はきわめて多く使われている。例えば、『資本論』の件の「物神性」論、等々におけるこれらの語の対句的な汎用を参照されたい。

それらを継承する廣松「物象化論」における〈物象 Sache〉という概念は、われわれからいわせると近代主義的物的世界観における〈物 Ding〉という概念に対する批判として対句的に使用されている用語である、といってもよかろう。それは〈Ding〉が世界の実体的な独立・自存の物的構成要素としてのいわゆる物理学的な物質をいうのに対して、〈Sache〉は統一的・統合的な世界場に内存在する相互作用関係項として存在している成素のあり方を人間の生活関係との関連において表示する概念となっている。だから、廣松にいわせれば、関係概念たる〈Sache〉を実体概念としての〈Ding〉として把えることは「取り違え quid pro quo」、あるいは近代的な世界観のヒュポダイムに基づく「錯視」・「錯認」以外のなにものでもないということになる。近代的世界観におけるような実体項としての「物」という把え方は、本質的・本源的に関係項として生成・存立・運動している〝「世界・内・存在」項〟の実体化的錯視すなわち「物象の物化」視に由来するものだというわけである。これが「物象化（的錯視）」の第一の、いわば狭義の意味である。

この「世界の磁場」に内在している関係諸成素の自立化的立ち現われとしての「物象化」およびその実体化（錯視）という概念規定とは別に、「物象化論」にはもう一つの重要な意味が孕まれている。それは、諸関係項の総体的な運動過程における普遍的な構造成態の折出あるいは産出（外在化・対象化）を含意するものである。それはまた、この運動過程において、この社会的物象態が個々の関係諸項とは独立して存立するに至り、逆に構成諸項を統合・支配するにいたる世界の総体的連関における普遍的な構造成態（関係形象態）の生成と存立と変動の論理という意味での「物象化論」でもある。前者の構成要素（関係項）の現象的自立化としての狭義の「物象化＝物化」と、この後者の「関係の総体化」を介した世界の「構造成態化（関係諸項の構造化の産物にしてその自立化態への転化）」としての第二のいわば広義の意味での「物象化」とは、一応は区別して考究さるべきだとわれわれは考える。

くりかえしとなるが、ここで、あらためて、「物象化 Versachlichung」という際の〈Sache〉の意味を別のコンテキストから再確認しておこう。

廣松における〈Sache 物象〉とは、マルクスを拡張的に踏まえた先の「事《こと》的自然観」における新しい存在了解に基づいて、次のような概念規定において用いられている。それは、すなわち、〈Sache〉とは、人々の「対自然および対他者 zur Natur und zueinander」の相互関係としての生活世界の「総体的磁場」のあり方に規定され、本質的・本源的にその相互作用関係において生成・存立・存続・変転している関係諸要素の物質的実在性を指示し表意する概念規定となっている。生活世界の「対自然－対人間相互」の動態的関係における事象項としての「実在的もの性」、それがすなわち廣松流にいうと「事《こと》としての物《もの》」ということになる。それは、「関係観念」・「全体概念」・「総体的運動概念」として、内田弘の著作『資本論のシンメトリー』における用語を借用していえば「集合・内・元（契機要素）」として把握され、措定されているということである。[6]

他方、廣松の批判対象である〈Ding 物〉の概念規定にあっては、それは世界の究極的成素としての独立・自存・不易・不可分の実体成素としての物質項、いわゆる近代的世界観にあっての日常的表象における「物」、すなわち物理学的「物質」を表意する規定となっている。したがって、この概念はいわば「アトム的実体概念」であり、それら相互の関係は、この実体項相互が第二次的に取り結ぶ関係として了解され規定されている。これが、「実体の第一次性・関係の第二次性」という（廣松の批判する）近代的存在観・物質観の原基規定である。

因みに、このような廣松の新しい「存在」了解ときわめて類縁性を有するのが、張一兵の「構造環境論」――われわれ流に訳すと共同主観的「意味論的構境論」ともよぶべきもの――とされる視座からなされる存在規定である。現代中国の異才のマルクス主義哲学研究家・張一兵（南京大学副学長）は、早くから廣松理論に注目し、中国国内での廣松思想の紹介・普及にも尽力しているが、彼の独自的なマルクス研究においては、廣松哲学をも視野に収めて、いわゆる多くの現代西洋マルクス主義の諸潮流を批判的に踏まえ下敷きにしながら、独創的なマルクス解読・解釈を遂行している。そこにおいては、Versachlichung、Sache、Verdinglichung、Ding 等のカテゴリーの独自の読み取りにもとづく概念再規定がおこなわれ提示されている。ここでは、単なる紹介にとどめる。[7]

さて、近代主義的な物的実在性の理解のしかた（物《もの》的世界観）においては、運動は実体項間の因果の関係作用（因果作用）として把えられている。他方、「関係の第一次性」の存在了解に立脚する事的世界観においては、運動は「全一的相互作用」として、すなわち「機械的因果作用」としてではなく「場における相互作用」として規定されている。重要なことは、「物的世界観《もの》」における因果作用は時間的な「前・後」――原因と結果の間の時間差――が前提とされているが、「事的世界観」における相互作用は「同時性」において生起している運動である、ということである。因みに、ニュートンの「作用－反作用」の法則は、彼の別の法則すなわち「慣性の法則」・「加速度の法則」が時間における前後関係を前提にしているのに対し、同時性における自然法則として定立されており、ニュートンの法則観には異質性が孕まれていることが指摘されうる。それはともかくとして、因果法則と相互作用法則との運動把握の視座と方法論的次元あるいは理論前提枠のヒュポダイムの違いに注目をされたい。「事的世界観」における運動の動態性あるいは変化は、あくまで「場の全一的状態」の動態的過程における共時的・通時的な総体的な変位・転態の視座に立脚するものである。個々の諸要素もこの視座において規定され措定されるものなのである。

ここで、大いそぎで、われわれがマルクス・廣松を承ける形で強調している〈Versachlichung 物象化〉という用語でもってわれわれは一体全体何をいおうとしているかに関して、あらためて別の視角からごく簡略化して再説しておこう。ここでも廣松に依拠して論述しておく。

廣松はいう。「物象化」とは、人々がその生活過程において取り結んでいる「対自然－対他者」相互の「関係が物的相貌において、あるいはそのような姿態に転化して現われること」をいうものであるとする原理的規定を行った上で、その際「〝物象へと化する或るもの〟は、いわゆる〝心像〟でもなければ、単純に〝主体的なもの〟でもない」という。「それは［上述しておいたような意味での］一種独特の「関係」である」とする。それは、日常的な観念や「疎外論の論理」における「主体的なものの客体化」という際の「客観的な変化、つまり能知的認識とは無関係に進行する客観的過程の相で表象されるごとき変化」、すなわち、そのような「純然たる客体的変化」をいうのではないことを廣松は強調する。[8]［強調は筆者］

そこからさらに、物象化とは、畢竟するところ、関係が「実在態」ないし「意義態」ないし「用在態」のごとき「物象」的存在に化することであるとして、この三種の関係構造化成態の特性とその下位分類化に基づく図式を構成し説明しているが、[9]ここではその解説・解読は省くことにする。一般には、かならずしも正確には受け止められてはいないが――というより誤解されていることが多いが――廣松の件の「疎外論から物象化論へ」という提題は、実はこれまでのべてきたような意味での「疎外論の論理構制から物象化論の論理構制への転換」のことをいうものなのである。それは、近代的世界観の地平を超克する新しい世界観に立脚した「ヒュポダイム・チェンジ」を内実とするものなのである。

事のついでに、廣松が多用し強調する〈物象化的錯視〉についてもあらためて触れておこう。廣松のいう〈物象化的錯視〉とは、さしあたって原理的には、本来は関係態としての「物象」を実体的「物」として把え、この実体的物質のあり方を本質的・本源的な物的実在態のあり方、あるいは究極的な実体成素とみなすことをいう。廣松は、こうしたアトム的物質的実体としての「物」という把え方ないしは理解の仕方は、ある特殊歴史的な世界観に立脚したヒュポダイム（原理的な理論構成前提枠・範式）の産物にすぎないことを批判的に抉り出していく。その上で、かかる近代科学主義的合理主義・経験主義的実証主義のヒュポダイムを前提にした「物《もの》」規定を超歴史的で普遍的な規定とみなし、かつ受容すること、これを廣松は〈物象化的錯視・錯認〉・〈取り違え〉として批判しているのである。そして、このような錯視・錯認・取り違えこそが、かの「物神性」」の由来の根拠の一つをなしているとするのである。社会的物象態の運動を自然史的過程としてみなしてしまう物象化というもう一つの意味については、次節で主題的に論じることにする。

（二）社会的物象化における全体化と逆倒化——物象化論の弁証法的論理構制（1）

A．社会的物象化の生成と存立の機序《メカニズム》と構制《しくみ》

われわれは、以上の廣松「物象化論」の構図と論理を踏まえて、いわゆる「社会的物象化論」の検討と吟味に立ち入っていくことにしよう。

ここでは、誤解を恐れずに、本来は多重・多層・複合的な錯構造的函数的連関態としての社会的生活世界の錯綜した人間関係を、対自然関係から切り離し、それも相互他者的二項関係に縮減して略図化することから始めよう。資本制商品社会の理論的に原基的な社会関係の物象化の運動のメカニズムと論理を簡明に討究せんがためである。

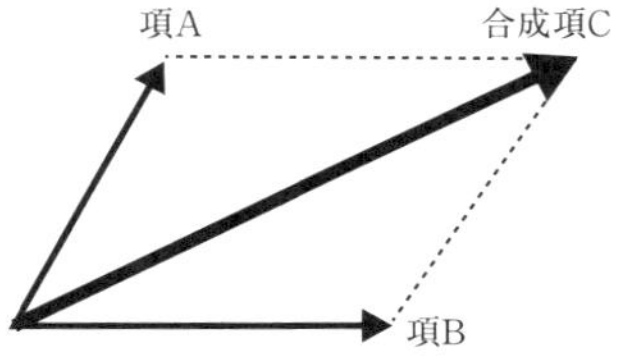

・項A：項Aの有する力の大きさと方向
・項B：項Bの有する力の大きさと方向
・合成項C：項Aと項Bとの特種的総合化・合成化・ベクトル化（第三項態の折出化・外在化・物象化）によって生じる合成的物象態とその力の大きさと方向

この略図において留意さるべきは、第一は、項Aと項Bとは一定の歴史的場における関係項であること、その第二

は、ベクトルCの生成と存立は、項Aと項Bとの相互関係作用の合成化の産物ではあるが、それらの単純な合計あるいは平均として存立・機能しているものではない、ということである。Cは、AとBとは独立した客観的な構造成態あるいは第三項として折出された普遍態・抽象態として、一定の独自の法則性と機能力をもって存立し、しかもこの第三項が当該世界の場の主要な契機として支配力を獲得して定礎された時は、それを生成・物象化さしめた他の個別的諸契機、例えばここではAとB、このAとBを逆に規定し支配する「関係形象態 relationale Gebilde」たる「社会的普遍態」として現われ作用するにいたる。しかも、Cそれ自体は不可視にしてそのままでは計測不可能な第三項としての抽象的普遍態として機能している存立態であって、それは可視的実在態に受肉した相で、われわれに具体的・現実的に立ち現われてくるものなのである。このCなるものが、われわれのいう第二の意味での〈物象（態）〉である。上述しておいた第一の意味での「物象化」が、「総体的関係－内－諸項」の各項の単独実体項としての立ち現われ（項の実体化）をいうのに対して、この第二の意味での「物象化」とはその関係の総体の普遍化態としての立ち現われをいう。

因みに、マルクスのいう「商品価値」はもとより、特記しておくべきは「社会的総資本」・「社会的総労働」・「社会的総利潤」等々のカテゴリーがこれに当たるということである。ここでは個別資本・個々人の労働・個々の資本の利潤等は、総資本・総労働・総利潤等の可除部分 aliquoter Teil として現われ、そして、それらは総社会的な「函数連関態」として存立・変動する社会的普遍態の従属変数として機能せしめられるのである。マルクスの件の「スミスのドグマ」批判を借用していえば、社会的総収入は利潤（企業者利得・利子）・地代・労賃から「構成」されるのではなく、物象化の論理に基づいて形成された社会的総収入の方がそれらの諸収入に「分解」していくのである。スミスにおいては、「構成」と「分解」の運動が未分化・融合して混乱していると、マルクスが厳しく批判しているのは、このことをいうのである。このような高次の物象化と逆倒現象の機制と構制とに関する考察は、後段においてより立ち入って論ずることにする。

今、この事態を、さらに、上述の『資本論』にいう「社会的物象化」を超えた領域での運動に定位していえば、例えばラングとしての言語体系、概念・意味・文法、さらに社会制度に即していえば慣習・規範・道徳・法・組織・機構・体制ひいては自然・社会・歴史の諸法則、あるいは人間の意識や行為の共同主観性・間主体性といわれるもの等々……、生活における殆んどすべての活動の産物は、社会的物象態として生成・存立しているといっても過言ではないのである。たとえ、今、マルクス・廣松的な人間観を無視して、人間存在の本質を、近代的人間観に即して、アトム的個人、実存的単独者として理解し、その意識や行為の純粋主観性・自由な主体性を原基規定とし前提したとしても、彼らの自由な目的意識的な生活行為の総社会的関係においては、かかる社会的物象化＝社会的抽象化は不可避なのであり、事実、現実においてはそうなっているのである。

B．社会的物象化態のイデアール・イレアールな存在性格

さて、そこで、ここでは、後者の意味での「社会の全体化的統合運動における物象化」をマルクスの問題意識により密接に関連させてみていくためにも、問題対象の領域をもっと厳密に『資本論』冒頭の「社会的物象化論」に絞って、社会の総体的運動過程における物象化とその逆倒的人間支配の構図と論理をみていくことにしたい。

まず、「商品」という財（労働生産物）の特殊歴史的形態の物象性からみておこう。商品は、さしあたって、周知のごとく使用価値と価値の二要因の統一として存立している。「使用価値」は、本質的・本源的には、それ自体、す

でに「物象態」であるが、日常的には素朴にレアールな「物（使用価値物）」として立ち現われ、さしあたっては物的な存在とみなしてさしつかえないといえよう。他方、商品の「価値」は、すでにみてきたように、総社会的交通関係（生産・流通過程）において件のベクトル的合成運動を介して析出・抽象化されて生成・存立されるにいたるイレアールな社会的普遍態としての超自然的・超感性的な「物象」である。そして、この「価値」それ自体は不可視にして計量不可能な社会的抽象態であって、それは貨幣（究極的等価形態商品）に受肉して、それをものさし（尺度）としてはじめて可視化・計量化されうるということであった。すなわち価値は価格としてしか自己表示できないということであった。「価値形態論」における貨幣の必然性の論証は、一つにはこの事態を含意していることもすでにのべておいた。本来、不可視にして計量不可能な社会的普遍としての価値・価値量およびその実体としての抽象的人間労働およびその時間の大きさを、直接的に可視化して計量できると前提して議論を展開するグレイやブレイそしてプルードン派の貨幣改革論を、異常までに執拗かつ揶揄的に論難・批判するマルクスの論拠の一つにここにあるのである。このことも、すでに、みておいた。

因みに、マルクスの以下のような奇妙な論述は、上述した「価値」それ自体の不可視性・非計量性を無視したままでは、理解は不可能であろう。すでに引用しておいたが、マルクスもいうように、「一般的労働時間［抽象的人間労働時間］そのものは一つの抽象であって、それはそういうものとしては諸商品にとっては実在しないのである」（Kr.,S.31）。つまり、「価値の尺度としての労働時間は、ただイデアールに存在するだけなのだから、価格の比較のための材料としては役立つことができないのである」。（Gr.,S.75）この「労働時間は、一般的な対象として、ただ象徴的にしか存在することができない、つまりまさにふたたび一つの特殊商品のかたちでしか存在することができないのであって、この特殊的商品が貨幣として措定されるのである」（Gr.,S.99）。

われわれが強調したいこと、それは、さしあたって、「商品」とは、〝使用価値に受肉した価値〟体（物象）としての〝財の特殊歴史的な社会的形態〟であるということ、そして諸商品の交換関係において現実化し存立するにいたる商品の不可視的・非計量的な社会的抽象態たる「価値」も、他の商品の可視的使用価値に受肉してはじめて現実的に可視化されるところの高次の物象的存立態なのだということ、そしてこの商品の価値も当該の社会関係を秘教的に反照する物象態であるということ、われわれが強調したいのは、まさにこのことであったのである。

因みに、人々の社会的生活過程における「物象化」なるものは、論理的に一般的な理論的な抽象規定としては、超歴史的事象である。それぞれの時代にはそれぞれの物象化が生じている。廣松やマルクスが問題とするのは、この〈物象化〉という論理的に一般的な概念規定を導き糸としながら、特殊歴史的な近代ブルジョワ社会における現実的で具体的な形態の物象化の解明と叙述である。この物象化をめぐる一般的規定と現実的規定との二肢的二重性の規定の論理構制は、例えば、『資本論』における「〝価値形成・増殖過程〟としての〝労働・生産過程〟」の重層・複合的な二肢的二重性規定のいわんとすることをみればよくわかるであろうことは既述しておいた。あえて再言しておけば、そこでの「労働・生産過程」の叙述は超歴史的な理論的一般規定であり、「価値形成・増殖過程」の叙述は、この理論的に抽象的な一般的規定に基づいた、その特殊歴史的な資本制商品社会における具体的な規定である。『資本論』第一巻・第三篇・第五章の「労働過程と価値増殖過程」は、このような複合的二重性（抽象的一般規定とその歴史的具体的規定との重層性）において記述されているのであった。蛇足ながら念のため。

最後に、もう一つ。この社会的ベクトル的合成・統合の産物たる上図における合成項Cは、函数的連関成態として一定の可能性に開かれたところのゆらぎを孕む多義的可能性に開かれた社会的運動態としての物象態であり、独立・

自存・不易の「実体」ではない。それに由来する帰結も、諸個人に対して因果決定論的一義性を強制・余儀なくさせるような、そのような決定論的帰結をもたらすものではない。

C．社会的物象化態の諸個人にたいする全体化的統合化とその社会的威力の逆倒的支配

以上のべてきたような社会的抽象化の産出態としての社会的形象態 soziale Gebilde、すなわち価値や社会的秩序・法則性やその威力 Macht・Gewalt が、それらの産出母胎における構成素としての「社会・内・存在」の構えをとる個々人の意図あるいは目的意識的諸行為から独立し、逆に諸個人を一定の可能的地平の範囲において規制・制御し支配するという顚倒した社会現象を汎化・普遍化し、人々をいわゆる疎外してしまう事態に対するマルクスの告発的・批判的な言及を、最後に再確認しておきたい。いわゆるマルクスにおける広義の意味の第二の「社会物象化論」の確認である。

マルクスは、ある所で、商品の価値は、人々の社会的活動の物象化の産物であることを、いささか迂遠な表現であるが次のように述べた後で、その顚倒的物象化論を展開していく。まず、マルクスはいう。「労働生産物の価値性は、事実上、諸生産物が価値の大きさとして発現する諸活動（諸行為の織りなす運動）Betätigen によってはじめて定礎・確定される sich befestigt」。すなわち、「価値」そしてまたその社会的実体たる「抽象的人間労働」は、生産過程における労働の対象化・外在化と交換・流通過程における諸種の労働の社会的照合を介した社会的単位労働への転化すなわち抽象的人間労働への還元の運動（活動）において確定されるということである。その上で、この価値法則の顚倒的・逆倒的なより高次の社会的物象化に関して次のように続けていく。

とはいえ、価値の大きさは、交換者たちの意思、予見、および行為にはかかわりなく、絶えず変動する。交換者たち自身の社会的運動が、彼らにとっては諸物象 Sachen の運動という形態をとり、彼らはこの運動を制御するのではなく、この運動によって制御される。互いに独立に営まれながら、しかも社会的分業の自然発生的な諸分子として互いに全面的に依存し合っている私的諸労働が社会的に均斉のとれた基準［抽象的人間労働］に絶えず還元されるのは、私的諸労働の生産物の偶然的でつねに動揺している交換比率を通して、それらの生産のために社会的に必要な労働時間［抽象的人間労働時間（物象としての社会的時間）］が――規制的な自然法則として暴力的に gewaltsam 自己を貫徹するからである。こうした科学的洞察が経験そのものから生じるためには、そのまえに、完全に発展した商品生産が必要である。だから、労働時間による価値の大きさの規定は、相対的な諸商品価値の現象的運動［価格運動］の背後に隠されている秘密である。この秘密の発見は、労働生産物の価値の大きさが単に偶然的に規定されるだけであるという外観を取りのぞくが、その規定の物象的形態 sachliche Form を取りのぞきはしない。（K.I.,S.89）

このような物象化されて構造化・制度化されて現われる社会的運動の姿態は、für es には（日常的・通念的意識にとっては）、なるほど、諸個人の個々の行為に基づくものではあるが、しかしながらそれは、für uns（学理的）には、諸個人の行為の単純なる算術的な社会的総和として成り立っているものではない。それは、諸個人の意図や目的とは超越した独立の構造的存立成態として、いわば「自然史的運動過程」の相で、諸個人とは無縁で自立した運動過程として、逆に諸個人を支配し従属さしめる「社会的形象態 soziale Gebilde としての普遍態」として作用する。これを、マルクス・エンゲルスはその共著（『ドイデ』）のなかで、次のようにもいっている。

社会的活動のこうした自己膠着 Sichfestsetzen、われわれ自身の産出物がわれわれを制御する一つの物象的な強制力 sachliche Gewalt と化するこうした凝固 Konsolidation ――それはわれわれの統制をはみだし、われわれの期待を裏切り、われわれの目算を無に帰さしめる――これが、従来の歴史的展開においては主要契機の一つをなしている。(1)

こうした社会的運動の全体化における事態こそが「社会的関係行為連関の物象化」といわれるものなのである。マルクス・エンゲルスは、こうした「社会的物象化」についてさらに次のように続ける。

社会的威力、すなわち幾重にも倍化された生産力——それらはさまざまな諸個人の分業の内に条件づけられた協働によって生じる——は、協働そのものが自由意志的ではなく自然発生的であるために、当の諸個人には彼ら自身の連合した力としてではなく、疎遠な彼らの外部に自存する強制力として現われる。彼らはこの強制力の来しかた行く末を知らず、したがってもはやそれを支配することができず、反対に、今やこの強制力の方がそれ独自の、人間たちの意思や動向から独立な、それどころかこの意思や動向を第一次的に主宰する、一連の展相と発展段階を閲歴するのである。(2)

同じ事態を、マルクスは、別のところ（『要綱』）で次のようにもいっている。

こうした運動の全体が社会的過程として現われれば現われるだけ、またこうした運動の個別的諸契機が諸個人の意識した意志や特殊的諸目的から出発すればするだけ、過程の総体はますます自然生的に成立する客体的連関として現われる。しかも、意識した諸個人の相互作用から出てくるものではあるのだが、彼らの意識のうちにもなく、全体として彼ら諸個人に服属させられることもないような客体的連関として現われる。諸個人自身の相互的衝突が、彼らのうえに立つ、疎遠な（fremd）社会的力（soziale Macht）を彼らにたいして生み出す。つまり彼らの相互作用が、彼らから独立した過程として、ゲバルト（Gewalt）として［現われる］。（Gr.,S.126）

このような社会的生活の総体的過程にあっては——とマルクスは続ける——「社会関係が諸個人から独立したあるものとして現われるだけでなく、社会的運動それ自体の全体までもが諸個人から独立したあるものとして現われ」そして「諸個人相互間の社会的関連」は「諸個人のうえに自立化した力」として「自然力」として現われるに至ると。（ebd.)

上述の『要綱』では、こうした物象的な力とその社会的独立化・自律化そして諸個人の包摂化・支配化の社会的展開の運動の姿態について、全篇において展開されているといってもよい。『学説史』もしかりである。それは『資本論』における中核的な問題意識であり、その論理展開の構制基軸となっている。

諸個人は、もともと、この総社会的磁場の主体的構成項としてではなく、その可除部分 alquoter Teil として、その意識や行為のあり方を規定されつつも、同時にまた彼ら自身の相互作用行為の総社会的関連行為を介して、新たな磁場空間を媒介的・間接的に時間的経過のプロセスにおいて構築・制度化・再編成していくのである。いわゆる諸個人の「被投的投企行為」を介した世界の創造とはこのことをいう。別様にいえば、諸個人は、「つくられながら・つくり＝つくりながら・つくられていく」ところの「歴史的世界－内－存在」という構えにおいて存在している「社会的に個人的な生活行為者」――「〝〈われわれ〉としての〈われ〉〟＝〝〈われ〉としての〈われわれ〉〟」――という二肢的二重性の契機において生きている「現存在 Dasein」であるということである。

この「〈われわれ〉としての〈われ〉」という人間の存在規定を、廣松流に表現すれば次のようになる。まず人間の「目的意識的行為」のあり方における（a）「目的意識性」の契機にそくしていえば、人々の意識（認知）の作用においては認知対象たる「現相的所与」が「意味的所識」として認知されるということである。（b）次にこれを認識者にそくしていうと、それを認識する者は純粋個人という資格においてではなく「社会的個人」として、すなわち「能識的或者（われわれ）としての能知的誰某（われ）」としてのあり方で受容しているということである。以上の事態を、今度は人間の「行為」の契機、すなわち先の「共同主観的主観性」という認識のあり方の四肢性を内的な構造的契機として生ずる「行為性」の契機に定位していえば、行為とは実践的対象世界の「意義的価値態としての所与的対象」に「役柄的或者（われわれ）としての能為的誰某（われ）」がかかわる行為（間主体的主体性）という諸個人の「役柄－役割」行為ということになる。(3)

この二重の重層・複合的な人間の目的意識的行為の四肢的構造については、本書における直接の主題ではないということもあって、ここではこれ以上は立ち入らないが、われわれの主張を補強し、かつ同時に廣松の「関係主義的四肢構造」論に基づく「事的世界観」の独自性を確認しておくべく、吉田憲夫のある認識論的契機に即した言辞を引用しておく。廣松のいう「商品世界の四肢的存立構造論」は、このような構図を基幹として展開されたものである。

> こうして廣松氏の「四肢構造」論とは、現相なるものは一般に、「現相的所与」が「意味的所識」として、「能識的或者」としての「能知的誰某」に対して、妥当する、という構造を意味しています。このように構造化された現相が、廣松氏によれば「事」なのでありまして、これが、現相を構成する「意味的所与」を自存視することによって成立する〝実体〟〝本質〟を意味する「物」に対置される概念であります。「関係の第一次性」とは、こうした事態を指示するキャッチ・フレーズです。したがって、廣松氏の哲学的構想は、「物的世界観から事的世界観への転換」と要約されるわけであります。それはまた、しばしば「実体主義から関係主義への転換」とも表現されます[4]。」

あらためて指摘しておくと、この社会的抽象化の過程的運動とその成果としての商品・価値・貨幣・資本、等々の「物象」を「物」として、その運動を自然的プロセスとして、人々の日常意識に立ち現われてくる姿において素朴に受容し、それを無批判に肯定し、そこに安住してすませる事態を、廣松は「物象化錯視」・「取り違え」と呼ぶのである。そして、この事態こそが、資本制商品世界の「物神性」といわれる事態なのである。それはまた、商品や価値や貨幣を、人々の日常意識における直接的な立ち現われ（現相・現象）に定位してすませて、その深層を貫徹している現相の本質基盤ないしは母胎たる人々の経済的生活関係に基礎づけて理解し把握することをしない人々の物神崇拝に対する根源的な批判を含意するものなのである。

マルクスの古典経済学批判の基軸もそこにある。彼らは、ある準位で、経済学諸カテゴリーの本質基盤が人々の社会的生活関係に定位したものであることを明るみに出した。ここにこの経済学の意義があることをマルクスは認めている。しかしながら、彼らは、これらの諸カテゴリーの生成と存立の母体としての資本制商品社会の人間関係・生活過程を歴史貫通的な、すなわち超歴史的に妥当する自然史過程とみなし、それら諸カテゴリーの特殊歴史的な社会関係反照規定性を見い出すことはできなかったのである。これが古典経済学の陥った物神性の一つであり、またこれこそがマルクスの古典経済学批判の基軸的視座をなすものなのである。

(三) 社会的物象化における「全体と個」の弁証法——物象化論の弁証法的論理構制(2)

さて、ここで討究さるべき次なる課題は、次のような問題である。それは、すなわち、前節でみておいた関係主義的物象化の生成と存立の機序と構造・構制、そしてそれに基づくところの知覚的には不可視の構造的存立態・社会的普遍態の形成およびその社会的力の形象化、さらには資本制生産様式社会における「私的労働の社会的労働への転化」あるいは「具体的有用労働の抽象的人間労働への転化」の過程における「生きた労働の社会的抽象化ないしは物象化」、こうした社会的物象化運動の論理構制の討究を承けて、今やわれわれが立ちむかうのは、資本制商品世界におけるいわゆる「個と全体」の弁証法の論理の討究というテーマである。「個と全体」の弁証法というのは、諸個人の織りなす生活関係の社会的全体化・統合化の運動におけるもう一つ別の視角からの物象化の形態規定の論理である。

このような視角から『資本論』における物象化論の論理構制を明るみに出すべく、われわれは、まず、既述しておいたマルクスのいう〈価値〉にしても〈抽象的人間労働〉にしても、あるいは〈平均利潤〉や〈生産価格〉にしても、これらのカテゴリー・概念はすべて物象的な全体概念つまり総社会的生活諸関係の物象化を反照するカテゴリーであるということ、このことの意味と意義をあらためて別の問題構制と視角から再検討しておくことにしたい。こうした諸カテゴリーの全体概念としての意味と意義の解読は、そのことが含意するはずの第三巻における「生産価格の運動を貫徹する価値法則」あるいは「生産価格の表示する価値」の位置づけと妥当性をめぐる問題の検討においても新たな理論的な可能性の地平をも開示してくれるはずである。

A.「総体論的関係主義」の方法論的視座

さて、前節で考察しておいた問題との関連づけにおいて焦点をあてられるべきは、主としてマルクス思想の「存在論的地平」におけるわれわれのいう「関係主義的な全体化論的視座」の独自性と、この「全体化の運動の弁証法の論理」としての物象化論の論理を別のコンテキストから剔抉することである。そのために、ここでは、まず、マルクスの「総体論的関係主義」とでも呼ぶべき存在了解、いうよりはむしろ「存在≈認識」論的了解のパラダイムを、この新しい物象化論の世界観上の地平およびその方法論的視座に定位してごく簡単に再論しておくことにする。

この物象化論の方法論的視座の地平において、あらためて再説的に指摘しておきたいことは、商品世界の全体構成は、個々の商品の単純な総和として成り立っていると理解さるべきではない、ということである。相互に原基的には内的関連を有しない独立・自存のアトム的諸商品の単純な集積が商品社会の総体を形成しているわけではないということである。人々の特殊な総社会的な関連、すなわち総体的な社会的諸関係の特殊歴史的なあり方の方が、すなわち先述しておいたように「独立した相互に無縁な私的諸個人の織りなす特殊歴史的な社会関係の総体的なあり方」の方が、私的諸個人の生産物たる財（物）を商品（物象）という形態で存立せしめているということである。世界の総体的「場」の状態においてこそ、個々の諸契機（財）が特殊な形態の関係項（商品）として生成し存立するにいたるのである。共時的に相互関係をなす諸項の総体（諸関係の共時的総体性）の動態的過程が、独自のあらたな「場」（商品世界）をつくり出すのである。実体的な項が先在して、第二次的にそれらの諸項相互の関係が生まれるのではない。場における状態の総体的あり方が関係項を生起せしめ・規制するのである。世界の存立における「総体的関係の第一次性」の視座、これは、実は自然界の存在様式あるいは自然的諸物質のあり方においても同じであることは先にのべておいた。

要するに、「商品」とはある特種な社会的諸関係の総体において生成・存立している財の特殊歴史的な形態規定なのである。くどいようであるが、マルクスもくりかえしのべているように、「ただ独立に営まれていて、互いに［直接には］依存し合っていない私的労働」の織りなす社会関係（社会的分業の総体）における「私的労働の生産物だけが、互いに商品として相対するのである」。個々の自立的な諸商品の単純総和が商品世界をなすのではない、というのはこの意味においてである。人々の特殊な社会的諸関係の統合化された総体が生産物（財）を諸商品として生成・存立せしめ関連せしめているのであって、〈商品〉とは全体概念・関係概念である、というのはこのコンテキストと意味においてである。

同じことは、〈価値〉・〈剰余価値〉・〈価格〉・〈利潤〉についてもいえる。詳しくは後段の叙述に譲るとして、ここでは、先取り的にごく簡単に〈剰余価値〉およびその価格表現たる〈利潤〉に的を絞って関説しておけば、剰余価値の貨幣（価格）表現としての利潤とは、たしかに個々の資本が独自に生み出し実現した投下資本量を超える増殖分・余剰分であるが、この個々の商品が実現した個々の利潤（剰余価値）の単純な社会的総和が総利潤（総剰余価値）を構成するのだ、とみなすことはできない。この外観を生起せしめる人々の経済的社会生活関係の内的構造連関あるいは本源的生活基盤（生産関係・交通関係）のそれに根拠づけていえば、すでにのべてきたように、剰余価値（利潤）は、商品世界の総体場における「資本－賃労働」関係の総体において諸資本によってその相互関連的運動過程においてつくり出されてベクトル的に合成化され、そしてこのベクトル的に産出された総体が総「資本－資本」関係において個々の資本家の所有物として相互の間で競争を介して配分されて実現されていくものなのである。そこでは、個々の資本および個々の賃労働者が商品世界の社会的諸関係の総体場における相互関係項として存在しているのと同時に、個々の資本の生み出す剰余価値（利潤）の産出は、この商品社会が生み出した社会的総剰余価値（総利潤）産出の件のベクトル的動力学的運動の一関係項（可除部分）として転倒した形で規定されて現われてくるのである。これが、『資本論』における総体論的な運動把握の独自の視座である。

資本制生産様式の社会においては、個々の資本は、最大限の利潤を求めて自由な営みを展開するが、それにもかかわらず、資本の総社会的競争においては彼らの意識からは独立した社会的力・社会的法則――例えば平均利潤の法則のごときもの――を生み出し、逆にこれが彼らを支配するのである。彼らはそれを理解することもコントロールすることもできない。いわゆる物象化の現象である。通俗的にいえば「物象化としての人間疎外」の現象である。

B．平均利潤と生産価格とをめぐる弁証法的総体論の視座

ところで、平均利潤法則は、資本と資本との競争において、同一の投下資本量に対しては同一の利潤量がもたらされるべきだとの個々の資本家の社会的合意に基づいて成立したものではない。自由で平等な資本間の相互に最大の利潤を求める競争が、逆にそのような帰結とそれに相即する社会的合意を公正なものとする暗黙の社会的 intersubjektiv な意識行為を招来し、それに適合する総利潤の配分の機制と機構そのものが社会的全体化・物象化の運動の産物として結果的につくり出されているのだ。それは、個々の資本家各々の利潤追求という目的意識的活動の社会的合成化・

ベクトル化・統合化において、彼らの直接的な企図とは独立の社会的法則として具現している事態なのである。そこでは、個々の資本は、社会的総資本の運動の一契機（可除部分）でしかない。個々の資本の個別利潤の総計が社会的総利潤となるのではない。最大利潤を追求する個々の諸資本の織りなす総社会的関係の運動過程において生み出され、ベクトル運動的に統合化された社会的総利潤産出の運動機構の方が、逆に、総社会的には、個々の資本の運動を規制するにいたるのである。個々の資本は、その自由な営利活動にもかかわらず、……というよりその自由な活動ゆえに、逆に社会的総資本の一分子（可除部分）という資格においてのみ取得する・また取得しうる利潤の形態が「平均利潤」として、市場の運動において実現されるのである。これを通俗的にいえば、社会的総利潤が「主」で、個々の資本に実現されて現われる平均利潤の方が「従」の機能と役割を付与されて現われるのである。われわれが、「全体化の運動における弁証法の論理あるいは物象化の論理」ということでいいたいことの意味の一つは、以上のような事態である。これは、近代科学主義の立脚する原子論的発想に依拠する「パラダイム（理論構成上の原理的前提枠図式）」とは全く発想の次元を異にするものである。その立場からは、このような運動の論理は理解と説明が不可能な事態である。「弁証法的理性の物象化論の論理」と「科学的実証主義の分析的理性に基づく機械論的・要素主義的なアトム実体主義の論理」とは大きく異なり、さらには両者の理論図式ないしは論理構制との間には大きな次元と位相の違いがあるのである。

「社会的総商品価格と個別商品の市場価格」に関しても、事情は全く同じである。平均利潤が社会的総利潤の従属変数として機能するのであるのと同様に、資本制商品においては、個々の商品の価格は社会的商品総価格の函数態的運動態の従属変数であって、その逆ではない。人々が目的意識的に自由に社会関係に参画し、そしてそこに不可避的に生起してくるところの社会的物象の力をコントロールできるような歴史段階に至っていないこの社会においては、社会的物象態が諸個人を超えたあり方と力で、逆に諸個人を支配するという上述のような事態は依然として克服することはできないのである。ここでは、「全体」と「個」との関係は、このような顚倒した形でしか発現しえないのである。マルクスの価値法則とは、この現実の眼に見える現相的運動（生産価格運動）の背後にある総社会的生活関係のこの深層・本質の次元での運動法則を、生活の生産・再生産のための労働の社会的関係に定位して、その総社会的法則を人々の経済的生活関係の構造的あり方に基礎づけて理論的に抽象化して把握したものなのである。それは、また、資本制商品世界における社会的総労働の配分と編成の理論的把握においても同様である。これらの事態は後段において、さらに立ち入って論ずることにする。

以上は、先述しておいた「物象としての資本」の社会的物象化の運動における「社会的総利潤」・「社会的総価格」と個々の商品の表示する「平均利潤」・「生産価格」との関係を、①「資本と資本」関係図式を視座にし、かつ資本家的日常意識において現象してくるところの客観的事象を彼らにとっての für es で an sich な視座からの把握のしかたと、②この事象の社会的総労働関係視座からのわれわれにとっての für uns で für sich な弁証法的物象化論の論理に基づく理論的な把握のしかた、この二つの対象把握の視座と方法との内的関連の解読である。それは、総社会的に生み出された総利潤は個々の資本家間にどのように配分されて、結果的には、なぜ・いかにして資本制商品の価格は単純な価値価格としてではなく生産価格として実現されていくのか、という総体論的視座に立脚した問題設定と独自の論理構制に基づく社会的運動の統一的な解読への弁証法的道筋なのである。

それでは、資本に帰属するこの社会的総利潤はどのように生産されるのであろうか。この問題を、初次的に最も単純な論理的な次元で、多くの現実的な規定と関連をブラック・ボックス化して、人間存在の本質的で本源的な基盤としての「対自然−人間相互」の関係行為としての資本制的「労働＝生産」行為の過程、すなわち「価値形成・増殖過程」一般に定位して、すなわち原基的な「資本−賃労働」関係図式を視座にして各種の剰余価値生産様式を解明したものが、マルクスの『資本論』第一巻における「労働価値論」とりわけ「剰余価値生産論」であった。第三巻の「利潤論」が物（資本）と物（資本）との関係を基軸として展開され、「平均利潤論」もまた総利潤に対する「資本−資本」関係（配分関係）を基軸とし、さらには「生産価格論」もまた「ものとしての商品」と「ものとしての貨幣」との大きさの関係として問いが立てられているのに対し、第一巻の「価値論」・「剰余価値論」は人と人との関係を基軸にして価値と剰余価値――「価値の物的表現（貨幣による表現）が価格」であり「剰余価値の物的表現（貨幣による表現）が利潤」であることはすでにのべておいた――これらが資本に依属する人間労働によっていかに生み出されるかを問うものであったのである。因みに、第三巻の「利潤論」の視座と問題意識にあっては、第一・二巻においては初次的・抽象的であった労働する人間にとっての「協働としての労働」の機能と役割と意味が、諸資本間の競争を介して、資本家的意識においてはどのように具体的に顕在化され明示的に開示されるに至っているかという資本家的日常意識の次元での具体的叙述へと上向していることは留意されるべきである。そこでは、利潤は資本そのものが生み出す利得であるとされる。

マルクスの第三巻の草稿のエンゲルス的編集においては、否、マルクス自身の叙述そのものにおいても、剰余価値（利潤）の生産とその資本間での分配との重層的・複合的な関係と構造とがスッキリとした形で成功裏に分析され、究明され、叙述されているかどうかはきわめて疑問である。しかしながらその問題は今は別にして、少なくとも、そこでの記述は、そうしたマルクスの問題意識あるいは方法的視座に立脚した事態の分析の営みを含意するものであるとわれわれには読み取れるし、そう論定もしている。第一巻・第二巻と第三巻とでは、問いの立て方も問題対象も問いのコンテキストも、上向的階梯の次元の進捗に伴って、その意味規定の準位と内容が違っている。しかしながら両者の対象処理の位相と次元が異なっているとはいえ、第三巻では、まず「モノ関係反照カテゴリー」（価格・利潤等）に依拠した現相界の物象的社会運動に定位した分析が前提にされて、次にそれらを「社会関係反照カテゴリー」（価値・剰余価値等）に依拠した現相的運動の深層の内的関係（生産関係・交通関係）に根拠づけ基礎づけて概念的かつ批判的に再把握されていく弁証法的論理構制に立脚していることでは、第一巻と第三巻との間には叙述の論理構成と方法論的視座の形式的違いは別として、本質的には決定的な違いはない。第一巻から第三巻への進捗は、まさに、弁証法的体系構成に基づく概念規定の上向法的豊饒化の過程なのである。とはいえ、留意さるべきは、既述しておいたように、「モノ（物）関係を表示する価格カテゴリー」によって表わされる「利潤」と、「人間関係（社会関係）を表示する価値カテゴリー」によって表わされる「剰余価値」とは、マルクスがくりかえし指摘しているようにその内実そのものは本源的には同じものをさしている。すでにのべておいたように、原理的には、利潤とは剰余価値の価格名にすぎない。剰余価値の可視化された形態、それが当事者意識において現われる形態が利潤である。とはいえ、価値の価格への転化においては、その本質の現象化を含意するものへと転化しており、そこにはその本質の隠蔽および逆倒化が生じている。マルクスはいう。「剰余価値と利潤とは実際に同じものであり数的にも等しい」（K.Ⅲ.S.58）。ただし、「われわれがここでいっている利潤とは、剰余価値そのもの——それを生み出す可変資本との関係においてではなく、もっぱら総資本との関係において表わされる剰余価値そのもの——の別名にすぎない」（ibid.S.224）と。すなわち、重要なことは剰余価値と利潤とは、その本質においては、原理上、同一の内実を含意するカテゴリーではあるが、しかしながら「われわれがここでさしあたり目にする利潤は、剰余価値と同じものである」と同時に「それがただ神秘化された形態——といっても資本主義的生産様式から必然的に生まれる形態——をとっているだけである」

(ibid.,S.46)という事態である。「利潤」カテゴリーにおける本質の隠蔽、すなわち人間関係とそこにおける物神性の隠蔽の事態の指摘でもある。

『資本論』においては価値と価格とは、一定の揺るぎやブレや乖離が伴うにせよ、両者は原則としては一定の期間〈時間的展開〉を経ることで基本的に一致する形で現われるにいたる社会的運動なのである、という理論前提が原理的に貫徹されていることは見失われてはならない。とはいえ、その場合においても、〈価値〉カテゴリーは人間労働の社会関係反照カテゴリーであり、〈価格〉カテゴリーは物としての貨幣関係反照カテゴリーであるということ、つまり、その表示する同一の内実の概念規定次元が異なっていること、このことは看過されてはならない。前者は本質次元の運動を開示するカテゴリーであり、後者は現相次元の表象を開示するカテゴリーである。但し、前者は不可視の運動であり、その可視化は後者のカテゴリーによって媒介的に間接表示されざるをえない事情は、これまでくりかえしのべてきたことである。この意味において、マルクスにおいては、〈剰余価値〉も〈利潤〉も、共に、関係概念にして全体概念なのである。重要なことは、そうした概念規定が、『資本論』の展開を通して弁証法的・階梯的な上向の進展に相即してその概念規定の再措定が進行しているということである。但し、この概念規定の高次化においても、〈価値〉および〈剰余価値〉の概念は、〈価格〉や〈利潤〉や〈平均利潤〉あるいは〈生産価格〉等の概念のごとき資本制社会における物と物との関係の総体ではなく、直接にその歴史的な人と人との社会的諸関係の総体を反照する概念であることを常に念頭に置いておかなければ、マルクスの明らかにせんとする事態の真相を看過・誤認することになるだろう。

C．総体論的視座と「個と全体の弁証法」

以上のような『資本論』における総体論的・全体化論的な視座と物象化論の論理構制の独自性あるいはその脱近代性＝超近代性を踏まえて、われわれは次に、これと密接にからんだ〝「全体と個」ないしは「個と全体」の弁証法〟といわれる問題にふれておきたい。われわれのここでいう〝「個と全体」の全一的・共時的相互作用運動の動態的編制における弁証法の論理〟ないしは〝物象化論の運動の論理〟の一端の例解ということである。

諸資本の運動の社会的物象化ないしは社会的抽象化を招来するにいたるその総社会的運動にあっては、市場における諸資本間の総社会的相互作用としての「競争」が一つの重要な役割を演じている。「競争」が重要な役割を演ずるというのは、このカテゴリーが市場価格・市場生産価格の産出とその結果として表示される市場価値（市場生産価格価値）の生成の運動を、転倒した姿ではあるが、合意するものであるからだ。しかしながら、われわれのみるところ、マルクスは第三巻において、こうした運動の機制と論理に関しては鮮明かつ充全に分析して言及していないように思われる。現実はそうなっているということをのべているだけですませている、といわれてもしかたないところがあり、実際マルクスも次のようにいっている。

生産関係の物象化 Versachlichung の叙述や生産当事者に対する生産関係の自立化の叙述では、われわれはもろもろの「競争において現われる」関連が世界市場、その景気変動、市場価格の運動、信用の期間、産業や商業の循環、繁栄と恐慌との交替、等々を介して、生産当事者たちに対して圧倒的な、彼らを無意識的に支配する自然法則として現われ、彼らに対立して盲目的な必然性として力をふるう仕方には立ち入らない。なぜ立ち入らないかといえば、競争の現実の運動はわれわれの計画の範囲外にあるものであって、われわれはただ資本制的生産様式の内的編成を、いわばその理想（念）的

平均において示しさえすればよいのだからである。(K.Ⅲ.S.839)

マルクスの一般的にはともかくも具体的かつ総括的には立ち入らなかった、「競争」を介した諸資本の総社会的な相互作用運動がもたらす現実的姿態の分析はともかくとして、そのメタレヴェルでのこの「盲目的な必然性とその力」の生成の論理的な機序と存立構制の解明は、もう少し立ち入って着手しておいてほしかった。とはいえ、第三巻第十章の「競争論」にあたる個所では相当突っ込んだ分析・検討がおこなわれており、学ぶところが多々あるが。とはいえ、一般的にいえば、遺憾ながら、この問題のより精緻かつまとまった究明は、われわれに残された重大かつ深刻な課題の一つとして継承していかなければなるまい。われわれの問うてきた全体化運動の弁証法である「物象化の論理」の理論的な討究は、ささやかながら、その課題の解答にむけた試みの初次的な一作業と自負している。

その作業の一環として、ここで、補足的に寸言しておきたいことがある。それは、競争を介した市場価格の物象化的成立と存立、そしてこの運動を通しての価値法則の成立と貫徹にかんしてマルクスはあるところで次のようにいっていることである。「ある一つの商品にはただその商品に社会的に必要な労働時間だけが費やされるということ「価値法則」は、商品生産一般では競争の外的強制として現われるのであるが、それは表面的にいえば、各々の生産者が商品をその市場価格で売らなければならないからである」と。マルクスは、このことを別の文脈で次のようにもいっている。「競争は異なる生産部門の諸利潤を平均利潤に均等化し、また、まさにそうすることによってこれらの異なる諸部門の生産物の価値を生産価格に転化する」(K. III. S. 218) と。既述しておいたように、「資本はこの形態「生産価格」において、自分自身を一つの社会的な力として意識するのであり、それぞれの資本は社会的総資本のなかの自分の持ち分「可除部分」に比例して、この社会的な力に参加するのである」(K. III. S. 205)。すなわち、「価値法則」は、資本制商品社会の現実においては、商品の市場価格での販売を介して実現され貫徹されるということである。資本制社会においては、現実の目にみえる具体的な姿態としては、諸商品の価格は市場における可視的で現実的な運動の形態として立ち現われてくるのであって、この市場価格が生産価格を規定するのである。ということは、不可視の価値法則は「表面的にいえば、各々の生産者が商品をその市場価格で売らなければならないからである」という事態を介して、資本制商品世界の深層を貫徹しているということなのである。

価値と生産価格の内的関係については、その段階ではいまだ自覚的かつ本格的にその重大性に気づいてはいなかったにせよ、マルクスの生産価格論の実質的端初をなす『要綱』においても、すでに次のような表現もみられる。

個々の諸資本相互の作用［競争］こそが、それらの資本に資本としてふるまわなければならなくするのである。個別的諸資本の外見的には独立した作用とそれらの無規制な衝突は、まさにそれらの一般的法則［価値法則］の措定の根拠をなすのである。市場はここで生産過程の運動に依拠しつつ一つの別の意義をうけとる。個別資本としての諸資本相互の作用は、こうしてまさに一般的資本［総資本］としての運動法則を社会的に措定し、かつまた個別諸資本の外見的独立性と自立性の止揚［社会的総資本の個別資本による規制・支配］となる。(Gr., S. 541)

因みに、マルクスの「価値と生産価格」をめぐる論考は、この『要綱』を引きつぐかたちで、一八六〇年代の『学説史』において本格的に展開されていくが、すでにのべておいたように、「価値の生産価格への転化」の連続的断絶性＝断絶的連続性の論理の重要性は、一八六四－六五年頃にはじめて対自化されたとわれわれはみている。その転換のポイントは、社会的総資本の運動においては、個々の資本は総資本の函数連関態的運動の従属変数として位置づけられ機能するに至っているということの対自化にある。われわれにいわせれば、「価値法則」とは資本制商品社会の総体的運動法則であって、それは諸資本の相互作用的運動としての総社会的な生産過程と交換・流通過程における競争関係のなかで、資本の本性が措定されることにほかならない。総社会的運動としての「競争」なくしては資本の本性および法則は生起・貫徹しない。もっとも「競争」は「すべてをさかだちにした姿であらわす」のであるが……。したがって、それは価値法則をも直接的にではなく間接的に、しかもさかだちした形で表現・貫徹せしめるのであるが。価値法則は生産価格法則においても貫徹されているというのは、この形態においてである。価値法則は、総社会的な資本制商品世界の運動過程においては、生産価格として可視化されて具現化されるにいたる、ということである。

商品も価値も資本も〝社会関係概念〟であるのみならず〝運動概念〟にして〝全体概念〟でもあるというのは、このコンテキストにおいて把握されるべきである。その具体的な人々の日常意識に現われてくる運動の具体的な姿態が第三巻での対象であったのである。第一巻と第三巻とは歴史的階梯を異にする異なった対象を扱っているのではなく、同じ対象が問題として立ち現われる新たな当事者――「資本家－賃労働者」関係にくわえて「資本家相互間」関係――および概念規定の論理的階梯を異にする次元での、同一の対象の再措定の進捗を含意するものなのである。

資本の本性に属するものが外的な必然性として現実的に外在化されて措定されて人々に立ち現われるのは、ただ総社会的な運動過程とりわけ競争の過程における現相（表層的姿容・姿態）においてである。しかし資本制下の「競争」とは、多数の個別資本が社会的総資本に内在する諸契機（可除部分・一分子）として現われ、そしてそのような形態で機能せざるをえない諸規定を、相互に、また自分自身に強制する運動のあり方にほかならないのである。そこにおいては、全ての運動の姿態は顚倒した形で現われる。今はこの問題には立ち入らない。しかし、ここで、あらためて「個と全体の弁証法」ということでわれわれのいわんとすることをわかりやすくいえば、すでにのべておいたように、「全体はそれを構成する個々の諸要素の単純総和として成り立っているわけではない」ということである。「個々の部分が真であれば、そうであることだけの理由で、それらの集合としての全体についても必然的に真となる」と単純に決めつけることを論理学では「合成の誤謬」というが、社会的運動における「部分と全体」の関係の理論的把握においてもこの「合成の誤謬」には警戒を要する。最大利潤を追求する競争を介した諸経済主体の最良・最適な営利活動の総和が、社会全体の最大利潤を必然的に生み出すとは限らない。内的な相互関係を本源的・本質的に有する個々の諸契機・諸要素・諸部分の競争における社会的相互作用は、社会全体においては個々の諸営為から独立した社会的結果を招来する。「需給法則」・「景気変動」・「景気循環」・「恐慌」・「物価変動」等々……これらは個々の経済主体の活動の社会的産物ではあっても、それは彼らのこうした活動の相互関係作用の総体が単純合計されたものとは異質の「社会集合態・集列態」として統合されて立ち現われてくる運動の産物なのだ。それは独自の構造と機能と役割を有する運動法則として、物象化された社会的合成化の法則として、独自の構造的存立態の姿態をもって現われ、独自の物象化法則を表示するものなのである。こうした社会的運動のあり方に基づいた物象化とその運動の法則化は、各々の行為主体の意図から独立した自然史的過程として自立的な運動姿態でもって現われ、資本制商品社会においては制御不可能な社会的力をもって彼らを圧倒的に支配するのである。

よりわかりやすい例をあげておこう。基本的には要素主義的機械論・原子論的実体主義のパラダイムに立脚する近代経済学においてさえ、われわれのいう「部分と全体」の問題がとりあげられているが、これをわれわれ流にくだけた形で読み解いてみよう。近代経済学の例えばケインズの「乗数理論」の問題構制やサミュエルソンの指摘する経済学的事象における「合成の誤診」論を卑俗な形で改釈していえば、社会的個別要素としての実体的な単位量「一」の成素があって、それを「百」単位集積すれば、その社会的合成化の運動の結果としては単純に「百」になると結論づけてはいけない、ということになろう。総社会的な運動過程における、このようなミクロ的な原子的行為の総体のマクロ的立ち現われにおいては、きわめて奇妙な事態が出来する。この個の全体化の運動においては、単位「一」の「百」

個分の総和は、「百」になることがあるかも知れないし、「百二十」になることも、「九十」になることもあるのである。簡単にいえば、「一」単位量を「百」単位集めれば、「百」単位量を常に社会的に帰結するとみなすことを、この理論では「合成の誤謬」と呼ぶのである。複雑な総社会的生活過程では、個々の要素の単純合計が単純に全体を構成するわけではないということである。われわれのいう運動における「個と全体の弁証法としての物象化・社会的抽象化」とは、このような事態をも考究する理論である。

社会的抽象化とか社会的物象化とかいわれる運動の論理とは、このような常識的には不可思議な事態を生み出す総社会的運動の理論的解明のための新たなヒュポダイム（理論前提枠組・範式・論理構制）に立脚した論理をいうのである。『資本論』のマルクスに沿った読み解きは、こうした彼の新しい世界観の地平における独自の方法論的視座と論理構制を理解することなしには、十全の成果を達成することはありえないであろう。われわれは、そう断定している。

註

（一）

（1）日山紀彦『廣松思想の地平――「事的世界観」を読み解く』御茶の水書房、二〇一六年（第Ⅱ部を乞参照）。

（2）廣松渉『事的世界観への前哨――物象化論の認識論的＝存在論的位相』勁草書房、一九七五年（ちくま学芸文庫版、二〇〇七年、「序文」、九頁）

（3）廣松渉『マルクス主義の地平』勁草書房、一九六九年（『著作集⑩』所収、九～一〇頁。以降『地平』と略記）

（4）廣松渉『物象化論の構図』「Ⅳ・自然界の歴史的物象化」および「跋文――物象化論の拡張」、岩波書店、一九八九年。

（『著作集⑬』所収）、以降『構図』と略記）

廣松の「事的自然観」の理解にとっては、いうまでもなく彼の「科学論」は不可欠であるが、ここでは省く。『著作集③』、とりわけそこに所収されている『科学の危機と認識論』・『相対性理論の哲学』・「物的世界像の問題論的構制」等を参照されたい。因みに、廣松は自己の科学論の企図に関して次のようにいっている。自分の「事的世界観」の主張を「権利づける前提としては、私は実体主義が最も強く主張される拠点となってきた物理学の現場に着目し、物理学そのものがある意味では〝関係の第一次性〟という存在観への転換を示しているということを、そしていわゆる物理学上の実体概念というのは、関係規定の物象化であるということ」を上述の著作等で「追認してみせた次第」であると。（「宇野経済学方法論をめぐる問題点」、『コレクション④』所収、二七一頁）

（5）この問題に関して、張一兵の興味ある考証を引用しておく。張はコメントしている。廣松もいっているように「物化Verdinglichung」あるいは「物象化Versachlichung」という概念は、マルクスの文献の中では、あまり使用頻度の高いものではなく、「私の不完全な文献データベース統計によると、Verdinglichungは、『ドイデ』、『要綱』、『一八六一～一八六三年経済学手稿』、『資本論』第一・二巻中の使用頻変はゼロであり、『資本論』第三巻でやっと二度出ている。Versachlichungは、『ドイデ』の中で二度、『要綱』では六度、『一八六一～一八六三年経済学手稿』では三度、『資本論』第一巻では一度、第三巻では二度使用されている」にすぎないと。（張一兵「廣松の物象化パラダイムの起源――『物象化論の構図』の構造環境論による解読」中野英夫訳――雑誌『情況』情況出版、二〇一四年九・十月合併号、註三四、一八三頁）

（6）内田弘は、前掲書『『資本論』のシンメトリー』なかで、廣松とは独立に、新たな存在論の地平をその『資本論』研究に即して「集合－内－元」という構えにおいて切り拓いている。そこには、結果として、廣松のいう新しい世界観の地平と近しいものが孕まれているが、それはあくまで内田独自の視座からの独自の理論において構築されたものである。しかしながら、それはいわゆる近代世界観の地平のトータルな止揚が企図された営みとなっており、われわれも多くを学んだ。それは、『資本論』第一巻の第一篇から第七篇に至る各々の篇における「パラドックスとシンメトリー」の形式にもとづく論証方式とその論理構制の独創的な剔抉の作業として遂行されている。因みに、内田においては、アリストテレスやヘーゲルだけでなく「カントーマルクス」問題が独自の視角と問題意識からとり上げられ、精力的な検討・吟味が昨今の多くの著述において遂行されており、注目に値する研究となっているが、ここでは指摘するだけにとどめる。

（7）張一兵『マルクスに帰れ――経済学的コンテキストにおける哲学的言説――』中野英夫訳、情況出版、二〇一三年

張一兵は、この大著において、初期マルクスから『資本論』にいたるマルクスの思想形成史を、膨大な数のマルクスおよびマルクスの参照した文献を下敷きにして、かつその時代背景や思想背景をもおさえつつ分析し再構成する作業を遂行している。われわれとしては、一定の批判を留保しつつも高く評価するものである。このことについては、上掲の拙著『廣松思想の地平』第Ⅱ部を参照されたい。

張の多くの著作のうちで、邦訳されたものは、上掲書（『マルクスに帰れ』二〇一三年）のほか『レーニンに帰れ――「哲学ノート」のポスト・テキスト学的解読――』中野英夫訳、（情況出版、二〇一六年）があり、また近々『フーコに帰れ』も翻訳・刊行の予定である。

因みに、張は「廣松渉・マルクス主義哲学国際シンポジウム」――二〇〇〇年以降二〇一七年迄計六回開催中――の主催者の中心人物の一人である。張の廣松批判に関しては、上記の註⑤の張論文を参照されたい。

（8）廣松渉『構図』、二四四頁

（9）同上書、二四六頁、ここで、廣松の「物象化態」をめぐる分類図表式を簡略化して、参考までに掲げておく。廣松の「物象化態」の分類図（一部修正したもの）

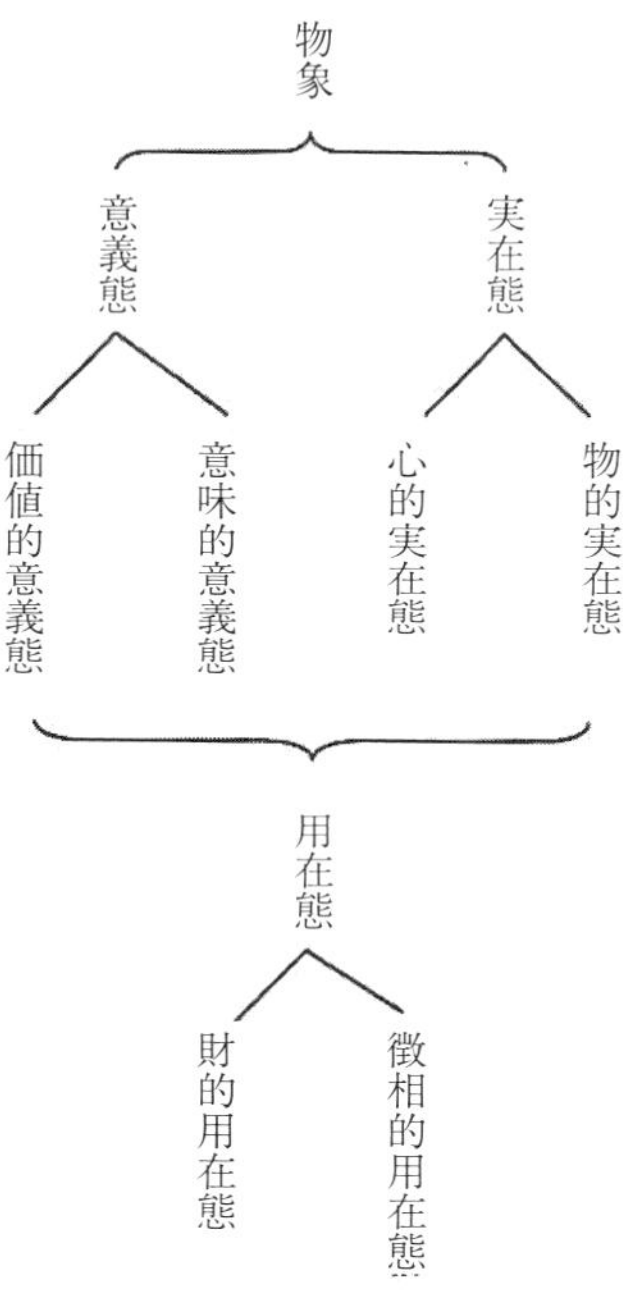

廣松はこれをさらに細かく分類した図表化を遂行しているが、ここでは省略する。

（二）

（1）マルクス・エンゲルス『ドイツ・イデオロギー』：廣松渉編訳『新編輯版ドイツ・イデオロギー』河出書房新社、一九七四年（原文テキスト篇と邦訳テキスト篇の二冊）、これに基づいた文庫版が小林昌人補訳『ドイツ・イデオロギー』（岩波文庫）である。引用はこの岩波文庫版による。六九頁。マルクス・エンゲルスの持ち分問題に関しては一切省略。

（2）同上書、六九～七〇頁

（3）この問題をめぐっては、いうまでもなく、廣松の主著、『存在と意味 第一巻――認知的関心に拓けてくる事的世界観の定礎・世界の共同主観的存在構造』および『同、第二巻――実践的関心に拓けてくる事的世界観の定礎・実践的世界の存在構造』を参照されたい。この書にかんする相対的にわかりやすい、しかも比較的に入手容易な概説書としては廣松の『世界の共同主観的存在構造』（講談社学術文庫、岩波文庫、『著作集①』にも所収）および『事的世界観の前哨』（ちくま学術文庫）がある。

（4）吉田憲夫『資本論の思想』、「第九章 廣松哲学とマルクス」、情況出版、一九九五年、三五二頁

因みに、こうした文脈における「世界・内・存在」としての人間の四肢的・函数連関的・構造的な共同主観的・間主体的な諸個人の行為のあり方とその形成および社会的帰結の諸問題を、廣松渉の思想と西田幾多郎や田辺元あるいは丸山真男などの思想と関連づけながら、そこから彼らの理論的成果と意義をあらためて肯定的に評定し浮び上らせつつ廣松「事的世界観」の独自性を、これまでになかった視座から強調してみせた二一世紀の理論家として、米村健司を特記しておきたい。そこには、膨大な二〇世紀欧米諸思想とのつながりも配視されている。

米村健司『丸山真男と廣松渉――思想史における「事的世界観」の展開』御茶の水書房、二〇一一年

米村健司『アイヌ・言葉・生命――西田幾多郎と廣松渉』御茶の水書房、二〇一四年

米村健司『田辺元と廣松渉――混濁した視差と揮発する痛覚のなかで』御茶の水書房、二〇一五年

終章　資本制商品における価値の価格形態：生産価格

――資本主義社会における価値法則の貫徹様式――

われわれは、今や、ここ「終章」において、これまでの議論を再び整理・要約し、われわれの主張する「資本制商品世界における価値法則の貫徹」と「生産価格における価値法則の支配」の意味およびその構制と論理を、暫定的にではあるが提示して、結論に代えることにしたいと思う。

（一）資本制商品世界における社会的総資本と個別資本

さて、前章での「社会的物象化における全体化の弁証法」、とりわけそのなかでも〝社会的物象化における「個と全体」の弁証法〟の考察を承けて、本第一節では、これまでとは別の問題意識と視角から、再び「社会的総資本と個別資本の弁証法」をめぐる具体的・現実的な諸問題に立ち入っておくことにしよう。

A．社会的総資本の「可除部分 aliquoter Teil」としての個別資本

われわれは、先の「個と全体の弁証法」の考究において、①全体は個々の要素の独自の運動に依拠し、かつそれを前提にして構成されるにしても、全体はこれら諸要素の単なる総和としてではなく独自の構造的存立態として形成・定礎され、個々の諸要素とは独立した独自の運動法則において展開されること、②そしてその運動は、個々の諸要素

が内存在する「函数態的場」ないしはその「場の状態」における客観的な構造成態として存立・機能し、役割を付与されて、この「場」を自立的にして自律的な全一的・統合的な運動態として現わしせしめるということを明らかにしておいた。ここにおいては、「全体と個」との関係は「全体－内－個」という基本的・原理的な構えをとった函数的連関として了解される。そして、それに基づいて諸個人と社会とのかかわりをみれば、そのつながりは内田弘流にいえば「集合－内－元（契機的要素）」あるいはハイデッガー流にいえば「世界・内・存在」という構えをとる人間たちの構成する社会ということになろう(1)。マルクスの「人間・社会」観は、まさにこうした超近代的な〝「歴史的社会－内－諸個人」という構え〟をとる画期的な「人間－社会」をめぐる存在了解となっている。近代主義的発想からいえば、独立した純然たる主体的諸個人がまず前提とされ、次に彼らの諸営為にもとづいて社会的相互関係がとり結ばれるということになるが、マルクスの場合は逆である。諸個人は社会的諸関係に内存在し、それを反照する存在であり、しかも近代的ヒュポダイムからいえば諸個人の営為の第二次な成果・結果・産物の方が、逆に、結果として顚倒的にこの主体的諸個人を規制し支配するにいたる摩訶不思議な事態が現実となって現われてくるのである。いわゆる「主体の客体化＝客体の主体化」という日常的な意味での疎外の事態であり、ヘーゲル流の思弁的・観念論的な表現を借用していえば、あたかも「絶対精神（普遍）の自己展開」を本質とする歴史哲学の現代版、すなわち、いうなればわれわれのいうヘーゲルを止揚した弁証法的唯物論の構制ということになろう。

　このような事態を、今、『資本論』第三巻が扱う準位での対象としての「資本制生産様式下の商品世界」の分析のための視座に据える時、「社会的総資本とその構成要素としての個別資本との連関」はどのような構造と機能と役割を有し、そしてそれはどのような論理構制において把えられ解読されうるのかを見ていこう。

すでにのべておいたように、マルクスは、「社会的総資本と個別資本」との関連をめぐって、次のようないくつかの奇妙な発言をとりわけ第三巻においてくりかえしていた。例えば、現実的で具体的な資本制生産様式の支配する社会での諸資本の立ち現われとその作用を考察する時、個々の資本は「総生産に使用された社会的総資本の可除部分 aliquoter Teil としての各使用資本」(K.Ⅲ.S.168) という形で規定され機能しているというのである。この事態を別のところでは、資本制商品社会の現実的な運動姿態においては、各々の資本間の相互依存連関作用力のあり方は、すなわち諸資本の相互作用力の比重、「この相対的な重みは、それぞれの特殊な生産部門に投下された諸資本の「社会的総資本に対する」比率的な大きさに、すなわち、それぞれの特殊な生産部門に投下された資本が社会的総資本のどれだけの可除部分をなしているかに依存する」(ibid.,S.172) ともいっている。

前述しておいた「全体と個の弁証法」をあらためて想起してほしい。これを「社会的総資本と個別資本」の局面に転形させていえば、定礎を終えた資本制商品世界においては、銘記しておきたいがゆえに上述の記述の内容をいとわずくりかえしておけば、①社会的総資本は個別諸資本の単なる寄せ集めではなく、②個別諸資本は、彼らがつくり出したものではあるが逆に彼ら個別諸資本から自律して存立・運動する物象としての社会的総資本、この社会的総資本の一構成契機として規定され、③逆に諸資本はその社会的総資本（物象）の支配的規制力下に包摂されて現われてくる、ということである。マルクスの言辞を借用していえば、社会的総資本すなわち諸個別資本の複合的総体は、単純集計体としてではなく、「統一体として、集合力として」作用することになる。ここでは個別資本は、総社会的力の可除部分としてのみ、すなわち集合態の一構成要素・一肢体としてのみ機能しているのである。因みに、そうした社会的統合力の産出は、生産・交換・流通の社会的運動過程における「平均利潤」の産出において典型的に見出されるように、総社会的な相互作用——とりわけ競争——の社会的物象化あるいは社会的外在化の運動過程を媒介とした結果であることは、マルクスによって強調されているところである。

以上のごとき「個と全体」をめぐるマルクス独自の世界観の地平および方法論的視座を前提にして、今やわれわれは、社会的総資本と諸個別資本との関係を、別のコンテキストにおいて今少し立ち入って考察していくことにしよう。マルクスは、すでにのべておいたように、「個々の資本は社会的総資本の可除部分 aliquoter Teil にすぎない」と数学的用語を用いて表現しているが、この「可除部分」という用語は『要綱』以来頻繁に用いられているものであって、『資本論』それもとりわけ第三巻においては特に多用されている。例えば、マルクスは、第三巻のなかで、商品の価値や利潤をめぐる社会的総資本と個別資本とのかかわり合い（相互関係）に関して、以下のようないい方をくりかえしている。これらの言辞は、個別資本を前提とした上で社会的総資本のあり方をみるのではなく、複合的に形成された社会的総資本のあり方を前提として個別資本のあり方をみていく方法的視座を強調するものになっていると、われわれはとらえている。マルクスが、本来は未整理の草稿・ノートではあるが、第三巻の「利潤論」その他の個所で、執拗にくりかえしのべていることとは、次のような事態である。個々の資本のあり方は、「統一体として、集合力として、相互に作用し合う。ここでは、個々の要素は、一つの社会的な力の部分としてのみ、集団の原子の力としてのみ、作用するのであり、競争が生産および消費の社会的性格を顕現させるのはこの［顚倒した］形態においてである」(ibid.,S.203)。「それゆえ、異なる生産諸部面の資本家たちは、自分たちの諸商品の販売にさいして、それらの生産に消費された諸資本価値を回収するとはいえ、彼らは自分自身の部面でそれらの生産にさいして産出された剰余価値すなわち利潤を［そのまま］受け取るのではなく、ただひとまとめにしたすべての生産部面における社会的総資本によって所与の期間内に生産された総剰余価値または総利潤のうちから、均等な分配にもとづき総資本の可除部分に帰属するだけの剰余価値それゆえ利潤だけを［各々は］受け取るだけである」(ibid.,S.168)。「個々の商品の価格、換言すると商品総量全体の可除部分としての個々の商品の平均価格ないし市場価値は、異なる諸条件のもとで生産された諸商品の価値の積算によってえられる商品総量の総価値と、この総価値から個々の商品に帰属する可除部分とによって規定されるであろう」(ibid.,S.193)。「諸資本は、この形態［社会的総資本の可除部分としての自己資本］において自分自身を一つの社会的な力として意識するのであり、各々の資本家は社会的総資本のなかの自分の持ち分［可除部分］に比例してこの社会的な力に参加するのである」［強調は引用者］(ibid.,S.205)。引用してきたこのような文言は、いたる所に出てくる。決して特例だけを挙げたものではない。「社会的総資本の可除部分としての個別資本」というのは、以上のようなコンテキストと意味において用いられているである。

この「社会的総資本の可除部分」あるいは「社会的総資本の一構成契機」としての諸個別資本という存在規定——「社会的総資本‐内‐個別資本」という諸資本の基礎的構え——とその存在性格は、件の「資本の有機的構成」の理解と規定をめぐっても革命的転換が要請される。

諸個別資本の技術的構成を基盤とするその有機的構成は、同一種商品生産部門の総体においては、例えば、競争を介した価格の運動における「一物一価」の法則に基づいて均衡化され、同一の生産部門内においては部門内の諸資本の平均的な有機的構成への転化が帰結するにいたる、という事態が生じてくる。しかしながら異種の商品の生産部門間ないしは異種生産部門領域間における有機的構成においてはそうはいかない。異種部門間の各々においては、上述の機制《メカニズム》において各々の部門内において社会的に均衡化されて現われるそれぞれの部門別資本の構成（不変資本と可変資本の構成の百分率比）は、技術的構成においても有機的構成においても部門別にそれぞれ異なっているのが普通である。しかるに、マルクスは、「利潤の平均利潤への転化」を論じる際に、かならずしも充分な論拠を示すことなく、ある意味で不明瞭な形で、「社会的総資本の平均的構成」を持ち出し、そこから平均利潤を導出する。

もともと、「価値の生産価格への転化」、そしてその根拠づけのための「利潤の平均利潤への転化」をめぐる問題の論拠づけの不備・欠陥というよりこうした不明瞭さこそが、マルクス第一巻「価値論」の第三巻「生産価格論」における破産が指摘され、厳しい批判にさらされてきた源でもあったといえる。マルクスの平均利潤の導出は、単純に総社会的資本における各産業部門の有機的構成の単純平均値を根拠にして理論的に導出しているかのごとく読みとりうるところもある。もし、そうなら、マルクス「価値理論」の破産という批判は、ある意味では当をえている、とわれわれには思われる。

しかしながら、われわれはこれまで、マルクスの不充分かつ不明瞭な言説に依拠しながらも、これをわれわれ流の解読にもとづいて再考しながら継承する形で、「個別資本と社会的総資本の弁証法の論理」および「社会的総資本による個別資本にたいする顚倒的規制と支配」に関して多言を費やしてきた。資本制生産様式の支配する世界では、社会的総資本の方が、あたかも自律的・自立的な構造的存立主体として現われ、個別諸資本を共時的にも通時的にも規制し支配する事態とその論拠と論理をみてきたわけである。それには理由がある。われわれは、一つには、そこでは、個別諸資本は、社会的総資本の構造的な「一可除部分」として位置づけられ、役割を付与され、社会的総資本の一肢体として機能する資本として現われるということの意味の重要性を喚起しておきたかったからでもある。因みに、マルクスも、ある意図をもって、この事態を、前述の引用文とは別に、「総資本の一定の可除部分」(ibid.,S.157)、「社会的総資本の単なる可除部分としての個別資本家の前貸資本」(ibid.,S.169)、「総生産に使用された社会的総資本の可除部分としての各使用資本」(ibid.,S.168)、等々の表現を用いてくりかえし叙述している。また、ややあいまいな表現ながら、次のような発言もしている。

個々の各商品の、また商品総量全体の各可除部分の平均価格または市場価値は、いまや、異なる諸条件のもとで生産された諸商品の価値の［ベクトル的］複合によって得られる商品総量の総価値と、この総価値から個々の商品に帰属する可除部分とによって規定されるであろう。（ibid.,S.193）

以上のような類似的表現で、マルクスはなにがいいたかったのであろうか。われわれは、上述の引用文においてマルクスがいいたかったことを、「資本の有機的構成」の生成と存立の問題に軸を移してみていこう。

B.「社会的総資本の有機的構成」の反照的肢体ないしは「可除部分 aliquoter Teil」としての「個別資本の有機的構成」

われわれは、上述の記述と関連させながら「資本の有機的構成」の問題にある別の視角から再度立ち入っていこう。いうまでもなく、この問題は「価値価格の生産価格への転化」の問題との関連において重大な意味を有することになる「平均利潤」の産出の論拠の基礎づけ・権利づけにおいて決定的な意義を有するからだ。結論を先取りする形で提示しておこう。諸個別資本の有機的構成は、「社会的総資本の可除部分としての諸個別資本」という前述しておいた論理において規定される、ということである。同一部門内のみならず、とりわけ異部門間の諸資本は、第一巻・第二巻の「価値（価格）法則」の準位にあっては、少なくともそこでは、各部門間の資本の技術的構成の差異に基づいてそれらの有機的構成も異なり、マルクスのいう搾取率（剰余価値率）はすべて百％の理論前提においては——回転期間の差異は今は除外するとして——、単位あたりの資本に対して異なる剰余価値量——その価格表現としての異なる利潤量——を生み出す結論が導出されるはずである。ところが、資本制社会の現実においては、同一単位量の資本においては同一利潤量が産出される。諸資本間においては、現実には第一巻・第二巻の「価値法則」から素朴に導出さ

【表式Ⅰ】

生産部門	資本構成	剰余価値率	剰余価値	生産物価値	利潤率
Ⅰ	80 c + 20 v	100%	20	120	20%
Ⅱ	70 c + 30 v	100%	30	130	30%
Ⅲ	60 c + 40 v	100%	40	140	40%
Ⅳ	85 c + 15 v	100%	15	115	15%
Ⅴ	95 c + 5 v	100%	5	105	5%

（K.Ⅲ.,S.165 より）

【表式Ⅱ】

生産部門	資本構成	剰余価値率	剰余価値	利潤率	消費されたc	商品の価値	費用価格
Ⅰ	80 c + 20 v	100%	20	20%	50	90	70
Ⅱ	70 c + 30 v	100%	30	30%	51	111	81
Ⅲ	60 c + 40 v	100%	40	40%	51	131	91
Ⅳ	85 c + 15 v	100%	15	15%	40	70	55
Ⅴ	95 c + 5 v	100%	5	5%	10	20	15
合計	390 c +110v	—	110	—	—	—	—
平均	78 c + 22 v	—	22	22%	—	—	—

（ibid.,S.166 より）

れるはずのその個別資本間の有機構成の違いにもとづく異なった利潤率ではなく、同一の有機的構成にもとづく「平均利潤率」を根拠として単位資本あたり同一の平均利潤量がもたらされているのである。これこそが、いわゆる、かのバヴェルクに端を発する「マルクス価値論批判」の中核の一つをなす「第一巻と第三巻との矛盾」すなわち「価値論と生産価格論の齟齬」の中核的な問題であった。

この問題を考究するために、マルクスによるある意味で不可解にして、またマルクスによって充分説明されないまま残されたある奇妙な範式をここで表示しておくことにする。(2) まずは、上記の「表式Ⅰ」と「表式Ⅱ」である。この二つの表式においては、剰余価値率・労働日・回転は各部門とも等しい、と前提されている。また、この表においては、第二巻第三節の「社会的総資本の再生産過程」の考察において前提とされた諸生産部門間の

〔社会的総資本の合計と平均〕

生産部門	資本構成	剰余価値率	剰余価値	利潤率	消費されたC	商品の価値	費用価格
合計	390 c +110v	—	110	—	—	—	—
平均	78 c + 22 v	22	22%	—	—	—	

【表式Ⅲ】

生産部門	資本構成	剰余価値	商品の価値	商品の費用価格	商品の価格	利潤率	商品の価値からの乖離
Ⅰ	80 c + 20 v	20	90	70	92	22%	+ 2
Ⅱ	70 c + 30 v	30	111	81	103	22%	− 8
Ⅲ	60 c + 40 v	40	131	91	113	22%	− 18
Ⅳ	85 c + 15 v	15	70	55	77	22%	+ 7
Ⅴ	95 c + 5 v	5	20	15	37	22%	+ 17

(ebd.)

総社会的な素材補填の均衡関係は、さしあたり視野外におかれている。

次に、マルクスによる表式Ⅲを掲げる前に、われわれは独自に表式Ⅱの下端における社会的総資本の「合計と平均」が有する意味と意義とをあらためて強調しておきたいがゆえに、ここにこれを切り離して掲げておく。この総社会的視座に立脚した「価値・価格」規定が、表Ⅲを構成しているからだ。

まず、マルクスの表式Ⅰでは、いわゆる第一巻の単純な「価値法則」の準位にもとづいて有機的構成の異なる資本部門Ⅰ〜Ⅴが表示され、各々に実現される各々の部門での諸商品の価値・剰余価値・利潤率等々のカテゴリーの関係する数値が冒頭での商品価値の規定に依拠する形で表示されている。あらかじめ留意さるべきは、マルクスの表式Ⅰ〜Ⅲにおいては『資本論』全巻に渡って貫徹されている理論前提・理論原則としての「価値は価格とは遊離していない」ということ、われわれのいう「価値は価格でしか可視的かつ客観的に表示できない」ということに依拠した「価値＝価格」という前提、この前提に依拠した表示なっていることである。そこでは、両カテゴリー（価値と価格）の次元の相違――一方は労働時間カテゴリー、他方は貨幣価格カテゴリー――は捨象され、両カテゴリーの数値は無条件で等値として表示されているということである。すでにのべておいたように、これは理論的にはある意味で不正確というよりむしろ誤解を生む表現ともいえるものであって、マルクスは立ち入って両カテゴリーの位相の違いと内実の同一性の根拠をここでも註記ないし説明しておくべきであったと考えるが、このことは今は問わない。

さて、この表式Ⅰにおいては、剰余価値率が均等であっても、利潤率は相違することが示されている。次の表式Ⅱの意味と意義に関しては、われわれにはややわかりにくいところがある。ここで、マルクスは、固定資本の消却・価値移転が一挙には行なわれず、各生産部門で異なっている場合を示している。商品の価値はそれに依拠して規定されている。しかし、利潤率は投下総資本に対する利潤の比率として示されている。資本家にとっては、投下された実質資本量が基準となるためであろう。

問題は表式Ⅲである。表式Ⅲにおいては、資本制商品社会の日常において現われる生産価格ないしは生産価格価値において具現される現実の事態に定位して、各々の部門で実現される価値・価格・利潤率、等々の数値が示されている。その際留意さるべきは、利潤率はすべて平均利潤率としての二二%として示されているが、それは表式Ⅱの下段で示された総社会的に均衡化され平均化された形で、つまり社会的総資本（390c＋110v）の有機的構成にもとづいて各生産部門資本に対する社会的総利潤（＝社会的総剰余価値110）が配分されるということ、つまり総社会的資本の有機的構成の百分比（割合）が基礎・前提とされて各部門の利潤率が表示されているということである。ということは、われわれからいわせると、マルクスは、この表式において、資本制社会においては、個々の生産部面において実現される利潤率は、一般利潤率（平均利潤率）として、すなわち社会的総資本に対する社会的総利潤の割合によって規定されるということをいっているのだ、ということである。われわれが、表式Ⅲの掲示の前に総資本の「合計と平均」をわざわざ挿入したのは、このことを強調したかったからである。つまり、今や、社会的総資本の可除部分へと転化した個別資本、そして社会的総資本の有機的構成を反照する個別資本の有機的構成、さらには次節において主題的に論じることになる社会的総利潤の可除部分として現われる個別資本利潤（平均利潤）、これらの事態を示しているのがこの表式Ⅲであることを強調したかったのである。そのことによって資本制商品の価格はすべて、生産価格という形態で、「費用価格プラス平均利潤」として与えられるということを結論的に導出する道筋をしつらえておきたかったのである。ただし、ここでは、「費用価格の生産価格化」の件の問題は捨象されている。因みに、この社会では、初めから、費用価格も利潤も生産価格によって表示されているはずであるが、この問題は、今は、問わない。

しかしながら、マルクスは、この図式の説明にあたって明確な手順も論拠も示さず、いきなり「もしもこの［各資本の加算合計値］五百を単一の資本とみなし、生産部門Ⅰ～Ⅴはその資本のさまざまな部分にすぎないとみなすならば」（K.Ⅲ.S.165）とか「生産部門Ⅰ～Ⅴの資本を……単一の総資本として考察すれば」（ibid.,S.166）と仮定した上で、資本の総社会的な平均構成にもとづいて平均利潤そして商品価格（生産価格）をいきなり導き出している。なぜに、生産部門Ⅰ～Ⅴを単一の資本ないしは総資本として考察しうるのか、あるいは考察しなければならないし、考察すべきなのか、そして各々の生産部門Ⅰ～Ⅴはこの単一資本のさまざまな部分（可除部分）にすぎないとみなすことができるのか、これらに関してはなにものべられていない。ただ、同一部門内ないしは同一企業内での異なった生産条件下の諸種の生産工程を統括する結合生産においては、それは一つの企業の生産過程として実際にそういう形で処理されている事態を例示はしているが、理論的には満足いくものではない。われわれが「総資本とその可除部分としての個々資本」等々の問題を本節で考究している理由の一つは、上述したように、この問題を念頭においてそれを「全体と個との弁証法」から基礎づけたいと考えているからでもある。

問題は、なぜ、いかにして、資本制商品においては、価格や利潤は、生産価格あるいは平均利潤として、社会的総資本と社会的総利潤との関連によって総社会的に規定されて配分されることになるのか、あるいは逆にいうと、それは第一巻準位で一般に理解されてきた「価値法則」における諸資本の各々の個別的に異なった有機的構成の比率関係に基づいて規定されていないのか、あるいは生産価格なるものは諸商品の諸々の価格を基準としてその統計的な単純平均として規定されないのであろうか。なぜ、なにをもって、いかにして、マルクスは「社会的総利潤の可除部分としての個別資本の平均利潤」あるいは「社会的総価格の可除部分としての個別商品価格（生産価格）」という規定のしかたをしているのであろうか。彼は、この問題に対して明示的には答えていない。というよりも、むしろ、平均利潤率を個々の資本のそれぞれの有機的構成の差異に基づいて生ずる異なった諸利潤率の単純な平均値として規定していると読めるようなところすらもある。例えばマルクスはいう。「異なる生産部門で支配する利潤率は、もともと非常に異なっている。これらの異なる諸利潤率は、競争によって、これらすべての異なる諸利潤率の平均である一つの一般的利潤率に均等化される」（ibid.,S.167）と。

しかし、重要なことは、マルクスは、ここでは「単純な統計的平均化の産物あるいは全利潤率の数学的平均値としての一般的利潤率」といっているわけではない、それは「競争」の産物であるといっていることである。競争を介した利潤率の一般的利潤率への「均等化」ないしは「均衡化」――因みに、この問題を扱う第三巻・第二篇・第十章の標題は「競争による一般的利潤率の均等化 Ausgleichung」となっている――この均衡化ないしは均等化、すなわちわれわれのいう社会的普遍態として生成・存立している「一般的・平均的利潤率の形成」――これは第九章の標題でもある――とは、総社会的競争という運動における社会的抽象化・社会的物象化に基づく「社会的均衡化」（「社会的第三項化」）の産物なのであり、それは理論的抽象化に基づいたものではなく、ましてや人々の自覚的営為や協定に基づく単純な平均化・均衡化の産物でもないのである。諸商品の等置 Gleichsetzung を媒介とした「社会的な均衡 Glechgewicht」とは、社会的物象化によるいわば社会的第三項態ないしは社会的普遍態の折出の産物なのである。

それでは、表式Ⅲおよびそれにかかわる説明において、マルクスは、具体的にはどういうことをいわんとしているのであろうか。われわれにいわせれば、それは、重複をいとわず再説しておけば、ここでは、「個々の資本の有機的構成は、社会的総資本の有機的構成の可除部分」として、その社会的総資本の有機的構成を反照する一肢体として、この総資本の構成に規定されかつそれを鏡映する一構成要素に転化した形態において現われて機能しているということである。諸資本の構成は、先の表式Ⅰの個々の資本の異なった有機的構成に依拠した各々の資本の最大利潤（＝剰余価値）の獲得をめざした生産・再生産・流通の運動過程における姿態とは異なって、現実的な資本制社会の総社会的運動過程においては、表式Ⅲにおけるような「社会的総資本の有機的構成（78 v ＋ 22 c）を鏡映する個別資本の有機的構成への転化」を媒介として各資本は機能するにいたる、ということである。これが、定礎を終えて自立した資本制商品世界における「社会的総資本と個別資本の弁証法的運動の論理」であり、「社会的総資本の有機的構成を反照するその可除部分への個別資本の有機的構成への転化」の運動の論理の含意するところの内実なのである。ただし、先取りしていえば、この事態は「競争」がもたらす本質（価値法則）の顚倒した現われなのであるが……。マルクスは、くりかえし主張している。「競争はすべてをさかさまに具現する」と。このことの意味することは、あらためて後述する。

C．社会的総労働の一分子ないしは「可除部分 aliquoter Teil」としての諸個人の労働

われわれは前項Aにおいて、諸生産部門における諸資本のみならず個々の資本は、社会的総資本の可除部分として規定され立ち現われる事態をみてきたが、ここではそれを敷衍する形で、諸生産部門における諸労働のみならず諸個人の労働は生産部門をこえて社会的総労働の可除部分として規定されて「抽象的人間労働としての具体的有用労働」という二肢的二重性の姿態を身に纏って立ち現われる事態を考察していくことにしたい。

その前に、あらためて、やや先取り的に強調しておきたいことがある。それは、件の同一部門内・同一種労働と異部門間・異種労働との二重の社会的還元を介して形成される〝価値実体としての「抽象的人間労働」〟の生成と存立に関してである。重要なことは、諸個人の抽象的人間労働のあり方は、第一に、各部門で産出された「社会的総利潤＝社会的総剰余価値」に対象化されて表わされる各部門の生きた労働（投下具体的有用労働）の社会的総体が一般的人間労働へと転化して現われ、この転化を介して現われた労働（抽象的人間労働）を単位として、それが各部門において投下された諸資本量の総計すなわち社会的総資本量（総価格）に対象化された総労働として表示される時、まさにそれが「社会的総労働量」すなわち「社会的総抽象的人間労働の量」なのであるということ、このことである。そして各種のそれぞれの部門で投下された技術的構成の異なった割合の具体的有用労働量がそれぞれの部門において実現される「同一の平均利潤率に基づく利潤量」へと対象化される時の比率が、各種の社会的必要具体的有用労働の抽象的人間労働への還元比率となって現われるということである。社会的総利潤＝総剰余価値に対象化されて表わされる生きた労働（諸社会的有用労働）の社会的な抽象的人間労働への転化、このような二重のプロセスにおいて形成される抽象的人間労働が社会的労働単位として前提とされ、そしてそれが総社会的な資本制商品――単純な商品ではなく資本の生産した商品の総体――の可除部分としての諸商品に対象化されたもの、それが諸商品の社会的実体として

表示されるところの抽象的人間労働なのである。そこでは、各商品や各生産部門における労働のあり方のみならず、諸個人の労働のあり方が、とりわけ私的諸労働の「抽象的人間労働としての社会的労働」のあり方が、この社会的総労働の「一構成分子＝可除部分」として表示されているということになるのである。要するに、私的諸個人の抽象的人間労働としてのあり方は、上述の意味での社会的総抽象的人間労働の可除部分として規定されている、ということである。詳しくは、後段において再論することにする。

ここでは、さしあたり、以上の事態をわかりやすく変形して今後の叙述への参考となればということもあって、すでに「第二章－(二)－C」（一一二頁）において掲示しておいた図表に依拠して、あらたな視点から――二、二〇〇円をa量のリンネルとb量のリンネルの生産において実現された平均利潤（一万円の二二パーセント）として――、この視角からの注釈を遂行すべく、以下にこのあらたな図表を掲載しておく。剰余価値率は先の例と同じく百パーセントとする。

┌ a 量のリンネル生産において実現される平均利潤の生産に要する社会的必要紡績労働時間　：三時間
└ b 量の上着生産において実現される平均利潤の生産に要する社会的必要縫製労働時間　：二時間
＞ ＝ 二、二〇〇円＝抽象的人間労働x時間の生産した平均利潤

いうまでもなく、この二、二〇〇円の表示する平均利潤は、投下資本一万円の平均利潤率二二パーセントにあたるものである。それが示す抽象的人間労働x時間は、社会的必要紡績労働時間三時間と社会的必要縫製労働時間二時間が対象化・擬固化された抽象的人間労働時間である。すなわち、両者の異種具体的有労働の社会的単位労働＝抽象的人間

労働への還元比率は、ここに表示されているということになる。

今すこし敷衍しておこう。マルクスはいう。「競争が、まずはじめに一つの部面［同一種商品生産部門］でなしとげることは、［同一種］諸商品の異なる個別的諸価値から、同一の市場価値および市場価格を形成することである。しかし、異なる諸部面［異種商品生産部門］における諸資本の競争こそ、はじめて、異なる諸部面間の諸利潤率を均等化し、そのことを介して生産価格を生み出すのである」(ibid.,S.190)。重要なことは、抽象的人間労働とは、異なる諸部門の異なる技術的構成の表示する異種の諸々の社会的必要投下具体的有用労働の通約不可能な異なった質の各々の量が通約可能化されて、較量されうる社会的単位労働という形態を身に纏ったものをいう、ということである。そして、これを基準として、諸々の異種労働が同一の平均利潤量に対象化された労働としてその交換が遂行される時、それが等価交換なのである。すなわち、等価交換とは、異種の諸労働が抽象的人間労働へと転化され、この社会的労働の同一量の社会的交換として実現されること、それが等価交換なのである。それは、通約不可能な異種労働相互がこの抽象的人間労働へと異なる還元率を前提・基準として転化・還元されて具現されているということである。「生産価格」は、等価交換において、この各種具体的有用労働量が同一量の平均利潤（平均剰余価値）への異なった還元比率を介して対象化されることによって、つまり諸具体的有用労働が社会的単位労働としての同質かつ同一の量の抽象的人間労働へと転化することを介して、そしてこの抽象的人間労働の度量単位を基準にして「費用価格＋平均利潤」という形ではじめて可能となり実現するのである。これが、諸種の具体的有用労働の抽象的人間労働への還元・転化の有する意味の一つである。

社会における諸具体的有用労働の全体は、当該社会の「社会的分業」を構成する。しかしながら当該社会の生活の生産・再生産の基盤となる具体的有用労働の総体が織りなすこの社会的分業の安定ないしはバランスのとれた均衡的編成、これこそが当該社会の安定した存立と存続の不可欠な要件として要請される。前近代的な直接的に人身的な依存関係を基礎として存立する共同体型社会（人格的依存関係社会）においてならいざ知らず、〝自然的な社会的紐帯〟を欠いた相互に無関係の独立したアトム的諸個人からなる近代ブルジョワ社会にあっては、具体的有用労働は、私的労働として現われ、そのままでは社会的相互関係の紐帯を欠いている。そこでは、労働の個人性と社会性とは切断・分離され、各人の労働は私的具体的有用労働としては相互に通約不可能であり、そのままでは労働の社会性すなわち諸私的労働の社会的相互関係は客観的・恒常的には保証されえない。すなわち、私的具体的労働の織りなす総社会的分業のバランスのとれた編成は客観的には保証されず、したがってこの社会の安定した成立基盤を欠き、社会そのものの生成・存立・存続の根拠・基盤をもたないことになる。それでは、近代ブルジョワ社会における私的労働の織りなす総社会的分業体制は、いかにしてその社会性・連帯性・紐帯性を獲得し、社会的相互関係を安定的に具現していくのであろうか。

それは、社会的生活の生産・再生産の基盤をなす社会的な生産財および人々の必要生活財の生産・流通・消費を商品形態のそれとして、総社会的に定礎することによってである。そこでは、すでにくりかえしみてきたように、諸々の私的具体的有用労働の社会性は、商品としての財の社会性すなわち価値の実体としての抽象的人間労働として具現されるのである。諸個人の各々の各種の私的具体的有用労働は、商品に対象化された価値実体としての抽象的人間労働へと転化することを介して、その私的労働の社会性を獲得し、その総社会的分業体制の安定をこの抽象的人間労働時間をメルクマールとした私的労働（具体的有用動労）の社会的均衡配分、このプロセスを介して実現するのである。

再確認しておくと、人間労働の各個性と社会性とは、前近代社会の共同体的な人格的依存関係においては即自的

an sich に融合しており、人々の直接的な社会的生活の実現が、即、労働の各個性と社会性の実現でもあった。近代商品社会における相互他者的・独立した私的諸個人の労働の各私性と社会性との分裂は、労働力商品化を実現した私的具体的有用労働の抽象的人間労働への転化を介して統一され、「社会的に個人的な労働」を具現するのである。そのことによって、私的労働の社会的に均衡のとれた配分は実現されるのである。

以上のことからもわかるように、各人の私的労働の総社会的分業の均斉のとれた社会的編成は、もちろん人々の意識を超えて〝労働の社会的単位である抽象的人間とその時間〟に依拠して、総社会的プロセスにおいて遂行されているのである。私的な具体的有用労働を基礎にして、その時間を単位としてではない。これまた再言しておくと、諸種の具体的有用労働の間には通約可能性はない。そしてそれらの労働時間相互の間にも共約性はない。A労働一時間とB労働一時間は比較しようがない。それらは、上述しておいた機制と論理を介して諸々の具体的有用労働が社会的単位労働とその単位たる抽象的人間労働とその時間に還元（社会的抽象化・社会的物象化）されて、それを基準・単位にして――社会的な市場メカニズムを介して――計測され、こうして測定された抽象的人間労働時間を基軸にして諸具体的有用労働が総社会的に配分・編成・統合されるのだ。重要なことは、商品交換を媒介とする「社会的総労働の配分」という時の「社会的総労働」とはなによりも「総抽象的人間労働」のことをいうのであるということ、このことである。そして「社会的総労働の一分子として諸個人の労働」という時も、この「労働」は抽象的人間労働に還元された準位での個人の労働という規定、つまり、「私的個人の労働が社会的労働＝抽象的人間労働へと転化した形態」あるいは「社会的形態に還元された私的個人の労働（＝抽象的人間労働）」のことをいうのである。廣松を援用していえば、「当事主体たちにとって生産物の等価性［価値］という物象化された相で現象する事態の真実態とは、……「お互いに独立に営まれている、とはいえ社会的分業の自然発生的分肢として全面的に相互依存的な私的労働」が「社会的総労働に対してもつ関連」［廣松のマルクスからの引用個所はK.I.,S.89－90］がそれであり、その関連があの錯乱せる形態で人々に映現するのである」[3]。「諸個人の労働は社会的総労働の可除部分である」というのは、まさにこの事態をいうのである。

「そもそも使用対象が商品になるのは、使用対象が互いに独立に営まれる私的諸労働の生産物であるからにほかならない。これらの私的諸労働の複合体が社会的総労働をなす。生産者たちは彼らの生産物の交換を通してはじめて社会的接触にはいるから、彼らの私的労働の社会的性格もこの交換の内部ではじめて現われる。あるいは、私的労働は交換によって、労働生産物がそして労働生産物を媒介として生産者たちが結ばれる諸関連［物象的依存関係］を通して、事実上はじめて、社会的総労働の諸分肢としての自己を発現する」［強調は筆者］(K.I.,S.87) ものなのである。そして「ある社会的物品［商品］に費やされている社会的労働の量」とは、「社会がこの物品の生産に費やすその社会的総労働力の可除部分、したがってこの物品の生産が総生産のなかで占める範囲」(K.Ⅲ.,S.197) として規定されるものなのである。

その際、留意さるべきは、〈商品〉・〈価値〉・〈貨幣〉・〈価格〉・〈資本〉等々の諸カテゴリーが物象化された相での特殊歴史的な社会関係概念にして全体概念であったのと同じく、「統一的な社会的総労働」の内実をなす〈抽象的人間労働〉概念もそうであるということ、これである。前述しておいた「全体化における物象化」あるいは「全体と個」をめぐる弁証法の論理を、ここでもまた想起されたい。意味と位相は異なるが、諸個人の具体的有用労働さえも、抽象的人間労働と同様に、社会的分業の総体を形成する社会的総具体的有用労働の一有機的肢体にして構成要素なのではあるが、それはともかくとして、マルクスのかの表式に戻っていえば、この表式の作成がいわんとしていることは、次のことにあったといえよう。それは、すなわち、社会的総資本の運動は、各投下諸資本との関係においても、個別資本の有機的構成に関しても、諸個人の総社会的労働編成に関しても、そして諸資本の利潤の実現においても、それらはすべての個別資本やその利潤そして個別労働あるいは個別商品価格が社会的総資本そのものの運動の一契機・可除部分へと転化せしめられて、そして社会的総体が個々の諸契機の存在を支配しているということ、このことを顕にすることにあったのであり、そのための作業であったのだ。われわれは、かく論定する。

（二）資本制商品世界における社会的総利潤と個別資本利潤

——「利潤の平均利潤への転化」および「価値価格の生産価格への転化」の論理の解読にむけて

A．社会的総利潤の「可除部分 aliquoter Teil」としての個別資本利潤：平均利潤

さて、あらためて社会的総資本利潤と個別資本利潤との関係に再び戻り、これに焦点をあてて、件の「全体と個の弁証法」を詳しくみていこう。すでに前節で概括的に論じておいたが、先に「社会的総資本の可除部分としての個別資本」・「社会的総労働の可除部分としての諸個人の労働」・「社会的総資本の有機的構成の可除部分としての個別資本の有機的構成」の項で説明しておいた事態およびその論拠と論証は、ここ「社会的総資本利潤と個別資本利潤」の場合もまた当てはまる。すなわちこの社会的総資本利潤と個別資本利潤をめぐる命題と先の「社会的総資本の可除部分としての個別資本」および「社会的総労働の可除部分としての諸個人の労働」等々の命題の含意するものとは、その権利づけにおいてはまったく同じ論拠と論理に立脚している。それゆえ、社会的総利潤と個々の資本の利潤との関連とその論理にかんしては、前項での議論のくりかえしを避けるため、ここでは省略する。それにかえて、マルクスのこの問題に関連するあるいくつかの言説を、上述してきた議論を補完すべく、引用しておこう。まず、マルクスは平

均利潤をめぐる基本的命題を以下のようにわかりやすくいう。すなわち、総社会的に産出された総利潤は、個々の資本に対して「同じ大きさをあの可除部分が割り当たるように配分されるのである」（K.Ⅲ.S.183）と。要するに、資本制商品世界において個別資本が実現する各々の利潤は、社会的総利潤の「可除部分」として規定されている、ということである。

以上のことを今一度再確認しておくべく、「社会的総利潤と個別資本利潤の弁証法」を別の視角から補足的に総括しておこう。この総利潤と個別資本利潤との弁証法は、前述しておいたように「社会的総資本と個別資本」および「社会的総資本と個別資本との有機的構成」・「社会的総労働と諸個人の労働」等の弁証法的関係と同じ論理構制に立っているのであるが、これを利潤にかかわらせていえば、個々の資本の産出するはずの利潤の単純合計がかならずしも社会的総利潤として現われるというわけではない、ということである。たとえば、売れない商品の剰余価値とそれに対象化された労働は、利潤および剰余労働としては実現されず総社会的な計量対象とはならない。また、商品の価値は生産時の投下労働量によってではなく、その同一商品の再生産において社会的に必要とされる抽象的人間労働量によって規定されるという事態もある。社会的総利潤が個別利潤の単純総和でないという事情は、その他いろいろある。

しかし、ここでの問題において、とりわけ重要なのは資本制商品世界の具体的な立ち現われにおいては、「個々の資本に具現される利潤」は、「社会的総資本の可除部分としての個別資本」という規定における個別資本に配分される「平均利潤」として現われる、というマルクスの上述の表現である。われわれは、ここで、この問題を、「価値価格の生産価格への転化」の論理を考究していくための必須の前提作業として、今少し詳しくみていくことにしたい。

さて、資本制商品世界においては、すべての諸資本の利潤率は一般的利潤率・平均利潤率という形での同一利潤率において総社会的に実現されるということになるわけであるが、そうなると、新たな問題として、異なった有機的構成を有する諸資本の単純な数学的・統計的な平均値が一般利潤率を構成するのだとみなすことはなぜいけないのか、という問題が出てくる。その場合、社会的総資本の総利潤が、社会的総資本の可除部分・有機的構成分子としての各資本に、一般利潤率に基づいて、一律に配分されるというマルクスの第三巻における発言と、数学的平均値としての一般利潤率という見解とは、どこが違うと考えたらよいのであろうか。第三巻においては一般利潤率・平均利潤率は、社会的総資本の有機的構成――先のマルクスの図表でいえば「78：22」――に基づいて配分されるとなっているが、これは統計上の平均値だとはいっていない。この配分は「社会的総資本の可除部分としての各資本」に配分されるといっている。「この場合は、本来の困難な問題は、このような諸利潤の一般利潤率への均等化がどのようにして行なわれるかという問題である。なぜならば、この均等化は明らかに結果であって、出発点ではありえないからである」(ibid.,S.183) と。それは、われわれにいわせると、「競争」等を媒介するところの諸資本の最大利潤追求の総社会的運動過程における件の「社会的抽象化＝社会的一般化」(第三項のベクトル的折出) の産物ないしは結果である。マルクスの先の表現を敷衍して言い換えると、この結果が逆に資本制商品価格の新たな出発点となるのである。「社会的普遍として機能する一般的利潤率」は、あくまで総社会的物象化による社会的均衡化・社会的平均化・社会的合成化の結果であり、それが逆倒的に社会的に自立した姿態において諸個別資本を規定し支配する出発点として現われるからである (結果の出発点への転化)。だから、具体的には、算術的平均値ではなく、社会的な抽象化・物象化の産物としての均衡値たる「総資本の可除部分」に転化した各個別資本は、その利潤を平均利潤に転化した形において実現することになるのである。

マルクスはいう。資本制商品社会の現実においては、「すべての資本は、それら自身が生産する剰余価値［その価格表示としての利潤」がどれだけであろうと、この剰余価値［利潤］のかわりに平均利潤をそれらの商品の価格によって実現しようとする。すなわち生産価格を実現しようとする」(ibid.,S.183) と。

> 生産諸価格を価値［価格］の単なる転化諸形態に転化する傾向、または諸利潤を［総］剰余価値の単なる諸部分に転化させる傾向が支配する。——といっても、それは各特殊生産部面で生み出される剰余価値に比例して配分される諸部分ではなく、各生産部門で使用されている資本の総量に比例して配分され、そのため、構成がどうであれ同じ大きさの資本総量には、社会的総資本によって生み出された剰余価値全体のなかの同じ大きさの可除部分が割り当たるように配分されるのである。［強調は引用者］(ibid.,S.183)

ここでは、「生産価格は価値の単なる転化形態に転化する」という表現に留意しておいてほしい。

やや異なったコンテキストにおいてではあるが、次のような表現もある。「各生産部門の総資本に与えられる総利潤は、あるいはその部門の諸資本の平均利潤は、明らかに各生産部門における総資本量に対して、それらの大きさに比例して配分された剰余価値の総分量以外のものではありえない」(ebd.)。第一巻レヴェルでの「商品（単純な商品）と交換（単純流通）」の階梯に定位した分析とは異なった形で現われるに至った高次の上向的階梯の準位における「資本制社会の商品（資本によって生産された商品）とその総社会的な交換と流通」の準位での階梯の分析に定位していうと、ここでは「諸商品は単純に諸商品［単純商品］として交換されないで、諸資本の生産物［資本制商品］として交換され、［そこでは］諸資本は、剰余価値総量のなかからそれらの資本の大きさに比例してその分け前を要求し、またそれらの資本の大きさが同じなら同じ分け前を要求する」［強調は引用者］(ibid.,S.184f.) という事態へと転化した姿態で立ち現われてくるのであって、これが新たな次元（資本制商品世界）での商品交換の実態として提示されるのである。そこでは、各資本が個々に産出した各々の利潤という形態がそのまま各資本の利潤として実現されるのではなく、諸資本の社会的総資本に対する比重の大きさに基づいて、それに比例して社会的総利潤量（剰余価値総量）が各資本に配分されて、各自の利潤量が実現されることが明るみに出てくるのである。重要なことは、「平均利潤」とは、社会的総利潤の可除部分として、「商品一般（単純商品）」にではなく「資本によって生産された諸商品」に対象化され実現される利潤である、ということである。

　因みに、上述の引用にもみられるごとく、マルクスは「単なる商品」（単純商品・商品一般）と「資本によって生産された商品」という術語を区別して用いている。とりわけ第三巻においてはそうである。一方は第一巻レヴェルの商品規定、他方は第三巻レヴェルでの商品規定である。もう一つ、社会的総利潤と個別利潤のこうしたかかわりは、資本制商品社会における「競争」を介して現われる姿であるが、しかし「競争においては、すべてがさかさまになって現われる」というマルクスの言辞にも注意を払っておいてほしい。

　以上、要するに、われわれが、「社会的総利潤の可除部分としての個別資本利潤」すなわち「平均利潤」ということでここでいいたかったことは、まさに以上の事態だったのである。そして、その際特に留意されるべきは、そこにおける件の「弁証法的全体化の視座」と「社会的総体（社会的総資本・社会的総利潤）による個別諸契機（個別資本・個別資本利潤）の制御・支配の論理構制」である。この問題は、ここでは、あらためて再言しておくだけにする。

B. 社会的総商品価格の一有機的肢体ないしは「可除部分 aliquoter Teil」としての個別商品価格：生産価格

　上述しておいたように、個々の資本の獲得する利潤は、社会的総資本の産出した総利潤の可除部分としての「平均利潤」として実現されるわけであるから――マルクスのいう「利潤の平均利潤への転化」とはこの事態をいう――各資本が生産する商品の価格は、部門を問わず「費用価格＋平均利潤」ということになる。かくして、各資本が生産した総商品価格およびその一分子・一肢体（可除部分）としての個々の商品も、「費用価格＋平均利潤」として具現化される。個々の商品に即していえば、その価格は各々の商品の生産に要した費用価格――費用生産価格――に平均利潤を加えた価格、すなわち資本制商品の「生産価格」として具現化される。この事態こそが、第一巻の単純な商品規定準位での「単純価格」――単純な価値規定において表記された「価値価格」――の第三巻準位での資本制商品の価格すなわち「生産価格」への規定の進捗・転化なのである。

この「単純価格の生産価格への転化」とは、歴史的な転化ではない。それは、冒頭の端初商品の論理的に単純な価値規定に依拠した「単純な価格」規定の上向的な弁証法的再措定の進捗の終極点における「生産価格」規定への転化をいうのである。論理的に抽象的な「単純な商品の価値価格」カテゴリーから現実的に具体的な「資本制商品の価格すなわち生産価格」カテゴリーへの上向的・弁証法的再措定の産物なのである。端初としての「〈商品〉・〈価値〉・〈価格〉」概念規定の資本制社会に現われる現実的な「〈商品〉・〈価値〉・〈価格〉」概念規定への弁証法的な論理的高次化の帰結なのである。端初的階梯での規定から最終的階梯への規定への上向的進捗の帰結なのである。これこそが、「利潤の平均利潤への転化」に相即する「価値価格の生産価格への転化」の意味するものなのである。その意味で、第一巻でいう「価値価格」（単純価格）の実現形態が「生産価格」なのである。価値の価格表現は、資本制商品にあっては生産価格として表示されるのである。再確認しておくと、これこそが「価値（価格）の生産価格への転化」の秘密であり、内実なのである。ここでいうところの「転化」とはあくまで概念規定と表記形態の上向的進捗・転位という意味での「転化」なのである。それは断じて冒頭の価値・価値価格ひいては価値法則の日常的・通念的意味での変更・改訂あるいは廃棄をいうのではない。概念規定の上向的な高次化・豊饒化・重層的複合化・現実化を含意するものなのである。

商品世界一般において理論的に定礎された価値法則は、現実の資本制商品世界においてもその基底を貫徹している。「価値」は資本制商品においては「生産価格」という現実的姿態をもって現われてくるわけである。その意味では、資本制商品においては「価値は生産価格への転化」において可視化され計量化され具現されるということ、あるいは「価値の生産価格への転化」は必然であるということになる。この意味では、マルクス自身の用いた資本制商品における「価値の生産価格への転化」という件の表現は、われわれが用いてきた「価値価格の生産価格への転化」という表現よりも、より適切であったともいえよう。

第一巻の端初としての価値規定・価値価格規定においては、それらを構成する理論的諸契機がいまだ捨象されブラック・ボックスに入れられた準位にあるため、価値や価格が社会的総資本とどのような関係下にあり、個々の資本・商品・価値・価格さらには剰余価値が社会的総資本・総価値・総価格・総剰余価値等々とどのような脈略でつながっているのか、とりわけ、各々それらが総資本の可除部分に対応するものであることはほとんど浮上してはいない。あくまで、それは第三巻において本格的に浮上し明るみに出てくる事態であり契機なのである。利潤とは剰余価値の価格表現にすぎないという「剰余価値の利潤への転化」という論理すら、第三巻冒頭においてはじめて本格的に明るみに出されるのである。マルクスは第三巻において、事実上はじめて、剰余価値（価値カテゴリー）と利潤（価格カテゴリー）との関係を次のようにいっている。

剰余価値と利潤とは実際には同じものであり、数的にも等しい……。利潤は剰余価値の転化した形態であり、剰余価値の源泉とその定在の秘密とを隠蔽しいんめつする形態である。実際、利潤は剰余価値の現象形態であり、後者は分析によってはじめて前者から抽出されなければならない。（ibid.,S.58）

不可視の剰余価値の可視化・客観化に関しても、次のようにもいっている。

> 剰余価値と剰余価値率とは、相対的には目に見えないものであり、究明されるべき本質的なものであるが、一方、利潤率それゆえ利潤としての剰余価値の形態は、諸現象の表面に現われる。（ibid.,S.53）

因みに、この場合の「転化」（「剰余価値の利潤への転化」）とは、「利潤の平均利潤への転化」あるいは「価値価格の生産価格への転化」の場合と違って、概念規定の内包の高次化という意味は全く含まれてはおらず、単なる表記の形態の準位・次元での変更という意味での転形・転換にすぎない。『資本論』全巻において汎出する「転化Verwandelung」カテゴリーの二義性には注意を要する。この語の有する「表記形態の変換・変更」と「内実の転換」という二つの意味の区別である。蛇足ながら、念のため[1]。

繁雑をいとわず、あらためて強調すべく再言しておけば、諸商品の社会的な総価格とは、諸商品の個別的な価格の単純合計として成立しているわけではない。資本制社会における諸商品の各々の価格は、諸商品の単純価格（価値価格）の件の社会的・ベクトル的合成化において形象化される社会的総価格の可除部分として規定された個別価格として、「費用価格＋平均利潤」を内実とする「生産価格」という形態で具現されるのである。「社会的総商品価格の可除部分としての個別商品価格（生産価格）」とは、このことをいうのである。「価値価格の生産価格への転化」とは、まさにこの事態を背景とするコンテキストにおいて生成・存立する事態なのである。その機制と論理とは、すでにのべておいたように、「社会的総資本と個別資本」・「社会的総労働と諸個人の労働」をめぐる弁証法の運動のそれと同一であるがゆえに、ここでは、これ以上は触れない。

以上、われわれは、簡単ながら、「社会的総商品価格の一有機的肢体（可除部分）としての個別商品価格＝生産価格」の問題をあわただしく論じてきた。ここでもまた、われわれは、近代的世界観におけるヒュポダイム（理論前提枠・構図・範式・方法論的視座・論理構制 etc.）を根本的かつ全体的に超克 Aufheben するマルクス的世界観の地平とそのヒュポダイムを看過してはならないという廣松の指摘の重要性を痛感させられる。とりわけ、近代主義的方法論的視座・論理構制ないしはヒュポダイムにおいては決して理解できない件の「全体と個の弁証法」・「物象化論の論理」・「上向法における弁証法的体系構成の論理」の理解が、さしあたって、ここでも重要となる。

C. 社会的総資本と「総計一致命題」

われわれのこれまでの議論において、〈商品〉も〈価値〉も〈貨幣〉そして〈資本〉も、社会関係概念にして全体概念であることをくりかえし明らかにしてきた。例えば、個別資本は社会的総資本の可除部分として了解されねばならず、また個別資本利潤も社会的総資本利潤の可除部分として位置づけられるべきであることを論じてきた。なるほど、社会的総資本やその総利潤は諸個別資本の利潤の複合的集積として構成されるにしても、それらは個々の資本の単なる集計・総和としてではなく、ベクトル的合成化の産物として固有の構造・機能を有する自立的・独自的な社会的形象態・社会的物象態へと転成して存立するにいたること、そしてこの総社会的な形象態・物象態の方が顚倒的に個別資本のあり方を規制し支配することになること、これらの事情をこれまで明らかにしておいた。これこそが、近代的世界観における要素実体主義的個体主義の地平をトータルに超克するマルクスの弁証法的関係主義的総体主義《ホーリズム》の地平に立脚するヒュポダイム・方法論的視座の一つの特質・独自性であった。

　このような視座と論理構制を前提にして、われわれはここで、マルクスのいう件の「総計一致命題」に関して、若干の考察を施しておくことにしよう。マルクスのいう「総計一致命題」とは、資本制商品社会における資本価値・商品価値・剰余価値の諸規定から一般利潤率（平均利潤率）を導出し、また費用価格と平均利潤の和としての生産価格が導かれるかぎり、①「すべてのさまざまな生産部門の利潤の総計は剰余価値の総計に等しくなければならない」し、②「また、社会的総生産物の生産価格の総計はその価値の総計に等しくなければならない」（vgl.K.Ⅲ.S.182.S.169）とする命題である。すなわち、総社会的には「総利潤＝総剰余価値」および「総生産価格＝総価値」という事態が価値と生産価格との総社会的連関の総括として成立しているというのが、マルクスのいう「総計一致命題」の中核をなすものである。このマルクスのいわゆる「総計一致命題」は、ボルトキェヴィッチ L.V.Bortkiewietz に始まる一連の「転形問題」論争の直接的な素材となったものであるが、われわれにはこの論争の高度で複雑かつ精緻な数学的アレゴリーに定位した議論に関して言及する余裕も充全に対応する能力もないが、しかしながら、われわれとしては、こうした「転形問題」をめぐる論者の問いの構え、発想枠、原理枠に関しては、哲学的コンテキストにおける素朴な疑念を禁じえないところが多々ある。そうしたわれわれのあくまで哲学的地平と視座からのいわば初歩的な疑念に焦点を絞って、以下の議論を展開していくことにしたい。

　われわれは、すでに、価値はそれ自体としては不可視でかつ計量不可能なイデアール・イレアールな社会的形象態・社会的存立態――近代的世界観に立脚していえば形而上学的理念態としかいいようのない存立態――であること、そしてその客観化すなわち可視化・計量化は貨幣（究極的等価形態商品）による価格表現において具現されざるをえないことを論じておいた。それゆえ、マルクスにおいては、「価値」と「価格」とは、そのカテゴリーの次元の相違は別として、内実においては等価であることが理論上の原理として宣言されていた。諸商品の価値はその価格表現と等しい内包を表示しているとする理論上の原理的――あくまで原理的な規定としてであって、実際にはある一定の動態的かつ振動的運動過程の結果としての等価表現であるが――前提をとっている、ということである。したがって、社会的総資本の可除部分としてのある特定の資本、①この資本の価値としての大きさは、その価格表現において現実的に表示されているということ、②そしてそれゆえその資本の実現した剰余価値は「利潤」として価格表示されるということであった。

このようなマルクスの理論前提枠と理論構制とに立脚する以上、諸商品の社会的総価値（価値カテゴリー表現）は、その社会的総価格（価格カテゴリー表現）に等しいという命題は、同義反復の表現であり、原理的かつ論理に成立する命題であることは自明のことである。また、「生産価格」とは資本制商品世界における総資本の可除部分としての個別資本が生産する諸商品の価格――社会的総商品の一分子としての個々の商品の価格としての生産価格――であるのだから、「社会的総価格＝社会的総生産価格」という等式も同じく原理的に自明なもの（同義反復命題）として成立することもまた言を必要としない。かくて「社会的総価値＝社会的総価格＝社会的総生産価格」という「総計一致命題」は、表現上のカテゴリーは異なるにしても、いわば同義反復命題として成立することは無条件にいえる事態である。

さて、われわれは、次に、諸資本の営みの起動的因子としての最大利潤追求の運動における別の形の「総計一致命題」の考察に移ろう。われわれは、先に、利潤は剰余価値の価格表現にしかすぎず（価値の価格への転化の必然性）、また社会的総資本の産出する剰余価値（価値カテゴリー）は、社会的総利潤として可視化されかつ計量化されて客観的に価格カテゴリーにおいて表現されることを指摘しておいた。先にも引用しておいたように、マルクスも「剰余価値と利潤とは同じものであり数的にも等しい」あるいは「利潤としての剰余価値の形態は現象の表面にあらわれる」形態にすぎないということを明言し、くりかえしてもいる。ということは、「社会的総剰余価値」の価格カテゴリーによる表現は「社会的総利潤」ということになるのであるから、「社会的総剰余価値＝社会的総利潤」という命題は、このマルクスの理論前提においてはいうまでもなく同義反復の内実を表わす命題として無条件かつ自明な命題として成立する判断ということになる。また、資本制商品社会においては、社会的総商品群の一肢体としての個々の商品に実現されている利潤は、社会的総利潤の可除部分としての個別資本利潤として規定されるところの「平均利潤」として実現されているのであるから、「社会的総利潤＝社会的総平均利潤」という命題もまた自明なものとして成立する。かくして「社会的総剰余価値＝社会的総利潤＝社会的総平均利潤」というもう一つの「総計一致命題」の内容もまた価値カテゴリーの価格カテゴリーによる言い換え表現であり、そしてすでにのべておいたような意味で社会的総利潤とその可除部分としての個別資本利潤との弁証法的構造連関を視座に収めた立言であるから、われわれからいわせるとこの命題も無条件に自明なものとして認めざるをえない。

いわゆる「転形問題」論争は、上記のごときわれわれの見解からいわせれば、「総価値と総価格」・「総価格と総生産価格」そして「総剰余価値と総利潤」・「総利潤と総平均利潤」における弁証法的相互連関を看過したことから生ずる問題意識あるいは問いの立て方に立脚しているといわざるをえず、そこにわれわれは何か問題があるのではないかという疑念を排除しえないのである。問題は、窮極的には、「単純な価格価値」と「生産価格価値」との関係であり、それら両者が表示する価値実体としての抽象的人間労働の個々の商品に表示される内実となるはずである。しかし、今、端的に問題となるのは、商品世界一般における総社会的運動法則としての価値法則における「単純商品価値の価格への転化」とは、資本制商品世界においてはその商品価格は生産価格に転化して可視化され計量化されて表わされるということである。「価値の生産価格への転化」とは、本質的にはまさにこのことをいうのである。「商品一般」の価値価格は、「資本制商品」においては生産価格という形態で個々の商品においては現われるということなのである。

因みに、すでにのべておいた具体的有用労働の抽象的人間労働への二重の還元における第二の階梯すなわち「諸々の異種労働の抽象的人間労働への還元とその還元率」は、「生産価格」カテゴリーにおいてはじめて明るみに出てくることになるのである。その理由はすでにのべておいた。留意されるべきは、ここでもまた価値法則は総社会的な生産と流通の過程において定礎・確立される総社会的経済法則であるということである。商品世界一般の準位にあろうと具体的な資本制商品生産世界の準位にあろうと、個々の商品生産あるいは個々の生産部門での商品生産はあくまで総社会的商品生産の一有機的肢体・可除部分にすぎないのである。そこでは諸商品の価値は価格形態で表現されざるをえず、総価値は総価格として表現され、この総価値・総価格が可除部分としての個別価値・個別価格を規定し措定しているのだ。以上が、われわれの懐く「転形論論争」にたいする素朴な第一の疑問である。

われわれが、多くの「転形問題」論者に対していだく第二の疑念は、その方法論的視座に関してである。近代的理性の経験主義的実証主義の分析的悟性の論理に依拠した要素主義・アトム実体主義の方法論的視座においては、社会的総資本・総利潤は、個々の独立・自存の実体的要素（個別資本・個別資本利潤　等々）の単純な総和・総合計とみなされ、その全体的なあり方は個々の要素によって直接的に構成され、規定され、かつまた変動するものとみなされている。しかしながら、マルクスの弁証法的総体主義の方法論的視座においては、何度も指摘してきたように、現実にはいわば逆の形で、個々の諸要素は全一的総体の函数的な一構成項として規定されて存立・機能することになっており、しかもこのような項的要素（諸契機）はそれらが帰属する全一的総体に支配されながら、即、全一的総体に関与していくものである。このマルクスの超近代主義的な視座は「転形論」においては殆んど視野に入っておらず、そこでは近代主義的要素実体主義・個体主義的方法論的視座が原理的に前提されて、「総計一致命題」をめぐる議論もこの視座に依拠して展開されている、といわざるをえない。われわれは、このマルクスの画期的な視座に関しては、これまで執拗にくりかえし論じてきた経緯もあり、また後段においても総括的に触れることにもなるので、ここではこれ以上は立ち入らない。

それに代って、もう一つのわれわれの「転形論」における疑問（第三の疑問）に、ごく簡単に触れておきたい。それは、「価値の生産価格化」あるいは「費月価格そのものの生産価格化」をめぐって導入された「乖離率」の問題である。これは、上述した第一の疑問とも密接にからんでいるのだが、ここでは据え置くことにする。この問題は、件のボルトキェヴィッチあるいはボルトキェヴィッチの生産価格をめぐる提題のスウィージーP.M.Sweezyによる肯定的紹介に始まったといってよい。(2) ボルトキェヴィッチはツガン・パラノフスキーの影響もあって、上記の問題の解法において、マルクスの単純再生産表式のモデルを利用し、産業部門を生産部門（部門Ⅰ）と賃金財部門（部門Ⅱ）と資本家用奢侈財部門（部門Ⅲ）の三部門に分割し、それぞれの部門の「価値表式」を独自に作成した。その上で、社会的価値に対する部門別の生産価格の偏倚率ないしは乖離率を、それぞれx・y・zとして設定し、その内の未知数zを実数「一」とすることにより「価値価格の生産価格への転化」を総社会的に数学的手法にもとづいて解き明かし、権利づけようと試みた。それは、以降の「転形論論争」に大きな影響を与えた問題提起であった。

すでにのべておいたように、「総計一致命題」の数量的手続きに基づく問題提起と問題処理・解法に関して、素人であるわれわれが素朴に懐く疑念の一つは、彼らにおいては、少なくとも価値価格（以降「価格ａ」と呼ぶことにする）と生産価格（以降「価格ｂ」と呼ぶことにする）との量的関係は問われても、量的考察の前提をなす両者の質的同一性に関してはほとんど論じられていないようにも思われる事態である。いわゆる「労働の同質性をめぐるドグマ」である。諸具体的有用労働が社会的に同質な労働の転化した時、その同質労働すなわち抽象的人間労働の特殊な社会的性格と形態の看過の問題である。[3] マルクスがグレイやブレイやプルードンを執拗に批判してきた問題である。

単純な価値価格（価格ａ）はある特定の歴史的段階の商品のそれではない。それは、すでにのべておいたように、上向の端初にされた「アルケーとしての商品一般」の論理的に単純なる「価値（以降「価値ａ」と呼ぶことにする）」の価格（＝「価値価格」）つまりわれわれのいう「価格ａ」という規定である。この規定が、上向法的再措定の進捗に伴って、資本制商品の具体的な価値（以降「価値ｂ」と呼ぶことにする）規定の価格表示たる「生産価格」（価格ｂ）として論理的に高次化された形態で再措定されていくのである。それは、例えば、第一巻第三篇第五章の「第一節 労働過程」における「労働過程一般」なる論理に抽象的な一般的規定が、同章「第二節 価値増殖過程」における資本制商品世界での「価値形成・増殖過程」として、現実的姿態で具体的に再措定されるのと同じ論理構成である。あるいは、人間労働の社会性としての「社会的労働一般」という理論的抽象規定が、資本制商品世界においては、それは具体的には「抽象的人間労働」と形態規定されるにいたるのと論理的な道筋は同じである。このコンテキストにおいては、件の「価格の端初規定としての価値価格（価格ａ）」と「この価格の転化形態としての生産価格（価格ｂ）」との乖離の問題は、総社会的には原理的に出てきようがないはずである。

端初としての冒頭「価値価格（価格ａ）」規定、この論理的に単純な商品一般の抽象的「価値価格一般」は上向の到着局面における資本制商品にあっては「生産価格（価格ｂ）」という具体的な規定において現われるというだけである。われわれは、この上向法の含意する論理的コンテキストが「転形論論争」においては看過され、その重要性が見逃されているのではないかという疑念を拭えないのである。

われわれの懐くこの問題をめぐる疑念の第四のものは、件の「乖離率」の設定において、これがすでにのべておいたように近代主義的要素個体主義の視角から設定されているだけでなく、乖離の対象が「価値と生産価格との乖離」として措定されていることにある。例えば、ポルトキェヴィッチは、設定したかの三部門におけるそれぞれの「価値（価格）と生産価格との乖離率ｘ・ｙ・ｚ」、この個々の部門の個別的乖離率の解を求めることによって「総剰余価値＝総利潤」命題および「総価値＝総生産価格」命題を論証しようと志向した。因みに、ポルトキェヴィッチ的手法ではマルクスのこの二つの総計一致命題のうち一方（総価値＝総生産価格）は成立しないことになるのだが。だが、ここでのマルクスの場合、いうところの乖離率が問題となるのは、個々の生産部門における社会的労働（諸種の社会的必要具体的有用労働）と価値に対象化される社会的労働（抽象的人間労働）との間の乖離率である。諸商品の表示する抽象的人間労働相互間の乖離率ではない。ましてや、冒頭商品の価値または価値価格と資本制商品の生産価格との間の乖離率ではない。マルクスにおいては、問題とされている乖離率とは共約不可能な異質の諸社会的具体的有用労働相互間における同質かつ同一量の抽象的人間労働への還元において生じる乖離率である。これについては、前述しておいたし、また次節においてさらに論考する。多くの転化論者たちにおいては、個々の異なった生産部門の資本間の「剰余価値（利潤）と平均利潤」および「価値（価格）と生産価格」間の乖離率を前提的に設定して、そこから総社会的な「総価値＝総生産価格」の成立の可否を問おうとする視角になっている。これこそ、「個の集積・総和すなわち社会的総体」という典型的な近代主義的「アトム実体主義的個体主義・要素主義」の視座である。マルクスの場合、これと逆である。それは、「社会的総体の可除部分としての個別」という弁証法的総体主義の視座である。マルクスにおいては、個体主義的方法論的視座からではなく、近代主義的な個体主義と総体主義との対立の地平を止揚した、独自のいわば弁証法的・関係主義的なホーリズム的総体主義的方法論的視座に立脚して分析が遂行されている。前者の視座に立脚して導出された彼らの「総計一致命題」の検討・吟味およびその正当性の検証は、マルクス的方法的視座にもとづく理論にとってどれ程の意義があるのであろうか。「社会的総資本の可除部分としての個別部門資本」という視座からいうと諸部門間で価値ａ・価格ａはなぜ・いかにして価値ｂ・価格ｂへと転化するのか、そして両者の間の転化率あるいは乖離率とは、一体何を意味しているのか、否、それ以前に乖離という際の対象は一体何であるのか、「価値と生産価格」間のそれなのか、それとも諸種の具体的有用労働が価値実体としての抽象的人間労働へと転化する際の還元率のそれなのか、まずこれこそが問われるべき問題の核心であるとわれわれは考える。乖離の対象設定をめぐる問題性、これが、われわれの懐く上述の第四の素朴な疑念はそこからくるものである。

これと関係するわれわれにとって第五の「転形論」をめぐる論争に関する素朴な疑念に移ろう。冒頭の価値価格（価格ａ）の表示する実体は、いうまでもなく社会的に形象化された抽象的人間労働であり、その大きさは抽象的人間労働時間（社会的時間）である。それでは、生産価格（価格ｂ）はいかなる実体を表示するのだろうか。社会的商品交換の比率を基礎づける何らかの諸商品に共通の単位、あるいは諸商品を通約するところの実体にして、しかも冒頭商品のそれとは別の社会的実体ないしは社会的単位を表示しているのだろうか。それは、価値価格の表示する「抽象的人間労働」とは別種の社会的単位なのだろうか。仮に、生産価格もまたある種の抽象的人間労働を社会的実体としているとしたら、この抽象的人間労働なるものは、かの冒頭「価値価格」の社会的実体たる抽象的人間労働と本質としては同じなのだろうか、違うのだろうか。違うとしたら、内実においても量的規定性においても、さらにまた形態においても異なるのだろうか。異なるとしたら、それは全く次元の違う、そして件の冒頭商品の価値価格の実体と無関係な実体なのだろうか、それともそれの修正された実体としての抽象的人間労働なのだろうか――その場合は別の概念名称を用いるべきであろうが――。あるいは、また、生産価格が問題になる次元では、価格は価値なるものの指標ではなく、ベイリーがいうように単なる交換比率を表示する一手段・章標であって、実体なるものはそこでは存在せず、それは思弁的な捏造の産物なのであろうか。〈価値〉とは実在論的概念ではなく唯名論的ないしは理論的事実・仮説的概念にすぎず、「価値」の客観的実在性の主張は単なる錯認の産物なのだろうか。問題の根本は、価格あるいは生産価格の実在的根拠の有無をどう考えているのかという問題であり、この根拠の同一性（同質労働）をいかに措定しているのか、というところにある。「転形論」においてはこの問題は重きをなしていない。

さらに決定的な問題がある。それは、価値価格にもとづく商品交換は「等労働量交換」であるが、生産価格にもとづく交換は「不等労働量交換」ということになるのだろうか。バヴェルクの提起した問題である。そして、その場合、かの乖離率はこの諸種労働間の不等量性を示す数値とみなしていいのだろうか。異種労働間には共約性・通約性はなく、したがってそこにおける「等量性」・「不等量性」は、直接、問えないはずである。

「転形論論争」からは、こうした問題提起それ自体、そしてそれに対する論理的な根拠づけ・権利づけに基づく明示的な解答を、われわれの能力をもってしては、読み取ることはできない。しかしながら、マルクスにとっては、これらは、商品論・貨幣論・資本論、さらには価値と価格をめぐる議論において、本質的で決定的な意味と意義を有する不可避の問題であったはずである。現相論（現象的表層論）としての「転形論」ではなく、「価値から生産価格への転化」を、その背景・深層にある本質（社会的生活関係の基盤である生産関係・交通関係）に定位して解明するためには、上記の問題群は避けては通れない、とわれわれは考える。「転形論論争」において、少なくとも哲学的準位においては、決定的な意味と意義を有するこれらの問題群に対する本格的な対決が今日に至ってもみられないのは、われわれにいわせると解しかねることである。

(三)「冒頭商品価格（単純な価値価格）」の「資本制商品価格（生産価格）」への転化の意味：総括をかねて

A. 上向の端初としての冒頭商品の「価値—価格」規定と上向の終極としての資本制商品の「価値—価格」規定

さて、マルクスのいう「価値の生産価格への転化」という件の命題にいう「価値」（価値a）とは、いうまでもなく『資本論』第一巻にいう冒頭商品（商品一般）の交換における社会的単位、諸商品の交換における共通の社会的実体をいうものであった。したがって、われわれの立場からいわせると、この単純商品の価値を表示する価格は「単純価値価格（価格a）」と表記するべきものであった。そして、この価格の表示する価値は、すべての具体的有用労働を共約する基体・社会的単位としての一般的人間労働すなわち抽象的人間労働なるものを実体的根拠とするものであった。他方の「生産価格」（価格b）は、主として第三巻で本格的に開示される資本制商品の同じく社会的交換可能性の大きさを表わす貨幣の表示する価格表現であった。したがって、それが表わす「価値」は「生産価格価値」（価値b）と表記されるべきものであった。

あらためて再確認しておくと、「価値」はある商品を生産する社会的必要労働とその大きさを表わす単位——いわゆる総社会的単位労働としての単純労働——であり、それはその当該商品のみならずすべての商品を生産・再生産するのに必要な社会的に一般的かつ普遍的な労働の時間すなわち抽象的人間労働時間によって表示されるものであった。

それでは、「冒頭の端初規定」すなわち「論理的に単純な商品における単純な価値および価格」とは一体なにを言い、また「資本制商品の現実的で具体的な価値および価格」とはどう違い、両者はどのような関連にあるのだろうか。そもそも「冒頭商品」とは何をいうのであろうか。この問題をあらためて確認すべく、次に、われわれは、既述していたマルクスのいう「経済学の方法」すなわち「上向法」の論理とこれを基軸にした廣松流の「端初論」に定位したこの問題の考察にあらためてもう一度立ち戻ってみよう。

われわれは、すでに、冒頭商品の存在規定と存在性格とを考察しておいた時、この冒頭商品は歴史的な単純小商品社会における単純商品なるものではなく（歴史説）、また様々な歴史の局面に存在してきた多様な商品のあり方を理論的に一般化し抽象して構成された「一般的商品」なるものでもなく（歴史‐論理説）、それは資本制商品を念頭におきながらも、マルクス固有の「経済学の方法」においてのべている意味とコンテキストでの上向法的・弁証法的な体系構成の端初に置かれた「領域的アルケーとしての商品」であることをみておいた。すなわち、日常的に立ち現われてくる商品像からの下向的な経済学的分析の到達点に位置づけられるべき、論理的に構成された抽象的かつ単純な「商品一般」として規定さるべきものである、と論定しておいた。この意味で――あくまでこの意味において――われわれの立場は「論理説」に立脚しているといえよう。

この冒頭の単純な商品規定にあっては、下向の途上で浮上してきた様々な経済学的諸規定は、一旦ブラック・ボックスに入れられ、上向の始点・端初としての商品は抽象的な「商品一般」という規定においてその上向の歩みを始めるのである。したがって、論理的に単純な上向の端初・始点として措定されたこの商品の価値も、同じく論理的に一般化された準位での「商品価値一般（価値ａ）」としてその道行きを始めるのである。このような準位での冒頭の「単純な商品」の「単純な価値」を可視化して客観的に表現するのが「単純な価格（価格ａ）」なのである。それらの規定は、前者は上向の端初としての「領域的アルケー（始源・原基）としての商品」における「論理的に単純な価値規定（アルケーとしての価値規定）」であり、後者はその意味での「単純な価格規定（アルケーとしての価格規定）」であったのである。

廣松はいう。再説しておこう。「冒頭商品について、それが歴史上の単純商品であるのか、それとも、歴史上の資本主義的商品であるかについて問求するのは、マルクスの方法論、さしあたり彼の端初論に対してはそぐわない設問」であるとして、マルクスのいわゆる『経済学批判』「序説」等を配視しながら、「端初の「商品」は、歴史的・具体的な規定性を捨象して下向的に措定される抽象的な「商品一般」」とみなすべきであるとする。[1] そして、「この端初的な「商品」一般についての原初的な諸規定」にかかわる「『資本論』第一章の商品論、とりわけ価値法則の立論はもしマルクスが〈歴史的現実にそのままの形で妥当するものではなく、弁証法的上向の端初的提題として方法論的に措定された事態に照応するものだ〉という趣旨の発言を残していれば事が治まる」ところ、そういう発言はみられないし、一見したところ「実情はむしろ逆になっている」[2] とものべているが、われわれとしては廣松の問題提起も踏まえながらも、この問題は廣松も結論づけているように、まさにそれは「上向の端初的提題として方法論的に措定された事態に照応するものだ」[3] と把える。われわれが、冒頭商品およびその価値・価格を、方法論的に措定された、下向の到達点にして上向の出立点としての論理的に抽象的な単純な商品一般・価値一般・価格一般とみなすのも、以上のような論拠にも基づいているのである。

他方、第三巻の商品が資本制商品であることは自明である。それでは、冒頭の「端初商品とその価値・価格」と「資本制商品とその価値・価格」との関係はどうなっているのであろうか。いうまでもなく端初のアルケーとしての商品は、上向の道筋を辿って具体化され、さしあたっての上向の到達点たる資本制商品の諸規定においては高次化・豊饒化・複合化され、具体化されて再措定されている。そこでは、下向の道行きにおいて次々に明るみに出された諸規定——端初商品規定においてはこれら諸規定はブラック・ボックスに入れられ捨象されて出立したわけだが——これらの諸規定は上向の各階梯のコンテキストに応じて、マルクス独自の批判的修正・組み替えにもとづいて開示されていき、そしてその開示の階梯の高次化・複合化にそくして統合化的に再措定されていく。弁証法的な概念規定の再措定とそれに基づく全体化・重層的複合化・具体化である。次にわれわれは、そのプロセスを考察していくことにしよう。

B．生産価格における価値法則の貫徹の論理構制
——「単純価値価格の生産価格への上向的転化・再措定」または「単純価格価値の生産価格価値への上向的転化・再措定」

マルクスにとって、不可視の価値の可視化は価格を媒介にして初めて客観化されること、そしてそれゆえ「価値＝価格」の理論原則は全巻を通して貫徹されていること、このことを、われわれはくりかえし論じてきた。『資本論』においては、同じ内容が次元の異なるカテゴリー（価値カテゴリーと価格カテゴリー）で階梯的かつ上向的に表現されているというわけである。これに関連して、われわれがある種の転化論者に対する疑問の一つに、上記しておいたように、例えばポルトキェヴィッチが各部門における「価値と生産価格との乖離率をいきなりx・y・zと前提している」こと、そのことにあったことをしるしておいた。ポルトキェヴィッチ等が「価値と生産価格との乖離」というのは、われわれの視座からいわせると、結果的にはそれは単純商品の価値価格と資本制商品の生産価格との偏倚ないしは乖離ということになるのだが、そしてその場合、それを各生産部門間の各々の社会的労働（社会的具体的有用労

働）相互間の抽象的人間労働への還元率の相違にすぎないのであるが、この点はポルトキェヴィッチの視野にはまったく入っていない。今この問題は別にして、すでにのべておいたようにわれわれにいわせると価値価格と生産価格との違いは、論理的に単純な商品（商品一般）の価格規定とそれが上向的に再措定されて具体化された価格――資本によって生産された商品の価格――この両者の価格の形態規定上での違いである。つまり、くりかえしとなるが、両価格規定の違いは論理的に単純な商品の価値価格規定とそれが上向のより高次階梯において再措定された資本制商品価値価格（生産価格）、この両者の相違に他ならない。それは、要するに、階梯的な価格規定の上向的・弁証法的な再措定の産物に他ならないのである。すなわち、「価値価格（価格ａ）」と「生産価格（価格ｂ）」との違いは、「論理的に単純な端初的価格規定」の上向の最終局面における「歴史的に具体的な価格規定」への進展を表わす価格形態規定の進捗・転化をいうものであり、この二つの価格規定の差異なのである。重要なことは、総社会的には、総価値価格は総生産価格に等しいということである。そして価値法則は、個々の商品相互の関係にもとづく法則ではなく、総社会的な商品の生産・交換・流通を根拠として生成・定礎される総社会的関係法則であった。したがって、「価値価格」規定と「生産価格」規定とは、概念規定の内実においては、総社会的かつ本質的には、乖離・転換はないのである。冒頭商品規定における諸資本が個々の資本の有機的構成の違いにもとづいて産出する剰余価値＝利潤の違いに関する規定、それは初次的段階の準位でわれわれの認識においてさしあたって問題として生じるいわば始源的規定であり、端的にいってしまえばそれは暫定的規定であり、ある意味で仮設的規定といってよいのである。この「価値法則」は、あくまで冒頭商品世界論の準位においてはいまだ明示的には浮上していないところの具体的な社会的商品関係の総体が捨象された単純な商品交換の運動法則として規定されている法則規定にすぎないのである。

　このようなわれわれの立場からいうと、各生産部門における「価値の生産価格への転化における乖離率」をｘ、ｙ、

z、として設定する理論上の処置は、転化論の論者とは異なって、①各生産部門で一物一価の機制を介して規定される各種労働の社会的労働への転化――ここでいう社会的労働とは各々の種の「社会的必要具体的有用労働」の準位にあるものである――②この各種社会的有用労働の抽象的人間労働への転化、この多彩な前者の統一的後者への還元率の相違を示すための手続きと理解さるべきである。それは、各生産部門において産出される個々の抽象的人間労働の相互間の乖離率とみなされるべきではない。くりかえしのべてきたように、「価値＝価格」であり、生産価格は価値価格が上向的に具体化されて再措定されたものにすぎない。価値価格（単純商品価格）と生産価格（資本制商品価格）とは質的規定性においても量的規定性においても、総社会的には、同じ社会的実体を表わすものである。違いは、単純な論理的に抽象的な一般規定かそれとも歴史的現実に即した具体的規定か、という異階梯での規定のしかたの違いでしかないのである。ただし、単純価格価値と生産価格価値とでは、個々の商品に体化される価値の量的規定性においては、二向的再措定に伴い遷移が孕まれていることは看過されるべきではない。ただし、上述しておいたように、総社会的には両者の間には乖離はない。このことは「総計一致命題」の考察のところでも別の視点からのべておいた。

再度、強調しておく。われわれは、上述しておいたこの異部門間での「価値価格と生産価格との乖離率：x、y、z」の設定は、それぞれの部門内で成立する各々別種の具体的一般労働（諸具体的有用労働一般）の統一的・統合的・普遍的な社会的労働一般（抽象的人間労働）への転化率の違いとして規定されたものと理解すべきであると考える。マルクスの〈社会的労働〉カテゴリーには、各部門での各種の労働の「社会的具体的有用労働一般」という意味規定と、総社会的単位労働としての「社会的一般労働（抽象的人間労働）」という意味規定、この両者の意味規定の混在、というよりむしろそうした誤読を招来する不用意な表現がみられる。〈社会的労働〉カテゴリーのマルクスのこの不用意な使用が、これまでの「価値論論争」あるいは「転形論論争」において、多くの混乱や対立をもたらしてきたように思われる。たとえば、①一物一価の機序を介して成立する社会的紡績労働一般や別部門のたとえば社会的時計製造労働一般、さらには同じ機制を介して成立する様々な種類の社会的有用労働一般等々としての各々の同一部門内の同種労働の「諸々の社会的必要具体的有用労働一般」への還元率と、②それらすべての部門のすべての種の諸社会的必要具体的有用労働が「抽象的人間労働という総社会的労働一般（社会的単位労働）」へと統一的に転化・還元される時の転化率・還元率、この両者の還元率・転化率との混同・無区別・あいまいな表示がそこにはあるように思われる。「社会的労働」あるいは「社会的必要労働」といっても「社会的必要具体的有用労働一般」――例えば「社会必要紡績労働」――と「社会的必要抽象的人間労働」とは全く次元の異なる社会的労働規定である。価値の実体としての社会的労働とは後者の抽象的人間労働である。

同一部門・同一種の社会的労働とは、さしあたってのこの準位では、社会的必要具体的有用労働である。この各種社会的具体的有用労働が、さらにそれらに共通の社会的単位労働たる抽象的人間労働へと転化・還元されることではじめて、そうした各種の社会的必要具体的有用労働は抽象的人間労働として規定されるのである。重要なことは、各部門の各種の社会的必要労働時間は相互に通約不可能であると同時に、この各種社会的必要具体的有用労働の各々の一時間が一定の時間の抽象的人間労働時間へと還元される際の度合いは、各々の具体的有用労働種によって異なる、ということである。各種の具体的有用労働の抽象的人間労働への還元率には差異があるということである。「乖離」とは、このことをさし示すものなのである。

くりかえすようではあるが、「価値価格と生産価格」との間には、原則として、総社会的には上述の意味での乖離率はない。〈価値〉も〈価格〉も総社会的な関係概念である。「価値と価格」との間には、原理・原則上はカテゴリー規定の次元は異なっているが、両者の内実は同値であって乖離率がないのと同じく、「価値価格と生産価格」との間にも位相は異なるにしても、原理的には総社会的には乖離はない。というのも、「価値価格」は価格の端初規定であり「生産価格」はその具体化された終極規定であって、現象的には転移しているが、本質的にはその概念規定の内実は同じものであるからだ。しかしながら、①生産過程で対象化された同種の様々な社会的必要具体的有用労働がその総社会的な交換と流通の過程において照合され、まずもって一物一価で表示された社会的必要具体的有用労働へと転化・還元され、②さらにこれらの異種の諸社会的必要具体有用労働の各々が共通の社会的単位たる抽象的人間労働へと還元されて表示されていくのであるが、この二重の還元の統一的事態が明示されるのは「生産価格」を表示する貨幣のもう一つの機能形態においてである。ここでは、貨幣は、単純価格の表示から生産価格の表示へと上向的にその機能を転化させて現われてくる。すなわち、貨幣の「生産価格」表示機能においては、件の「一物一価」表示機能とは異なった貨幣機能が現われているということである。(4)

上述しておいたように、異種の諸社会的必要具体的有用労働相互間においては、それぞれの労働種が抽象的人間労働量へと社会的に還元のされる際の比率は同じではない。再確認しておこう。この諸種の社会的労働（具体的有用労働）の抽象的人間労働への還元率、あるいは諸種の労働のそれぞれが社会的単位労働としての抽象的人間労働へと還元される比率は、時間カテゴリーでいえば諸々の社会的必要具体的有用労働時間の抽象的人間労働時間への還元の比率として表現される。その際、これらが平均利潤に還元されて表示された抽象的人間労働時間、この時間を内実とする「生産価格」においては、技術的構成を異にする異なった産業部門において各々の資本構成に見合ったそれぞれの異種の商品の生産のために投下された各種のそれぞれの社会的具体的有用労働の量とその時間を「一物一価」として均衡的に表示する際の貨幣の機能とは異なった新しい貨幣の機能が浮上してきている。それは各種社会的必要具体的有用労働とその時間を、一様に「平均利潤に対象化される抽象的人間労働とその時間」へと還元する新しい貨幣の機能である。要するに、一物一価を介した「同種労働間の均等化ないしは一元化」を果たす貨幣の機能とは区別されるべき「異種労働間の均等化」ないしは／および「複雑労働と単純労働との一元化」とその比率を開示する貨幣の新たな機能の浮上である。「平均利潤」へと対象化される各種の技術的構成を異にする資本が投下した異なった具体的有用労働量が、同じ平均利潤に対象化されて同じ大きさの抽象的人間労働として実現される際の両者の転化率がそこでは問題となってくる。

ここで、もう一つあらためて再説的に強調し確認しておきたいことがある。それは、「価値価格」およびその上向的に発展し現実化・具体化した「生産価格」にもとづく社会的交換は、資本制商品社会における「等労働量交換」を表わすものであるということ、このことである。ここでいう「等労働量交換」というのは、もちろん、諸労働の社会的実体としての社会的単位労働たる抽象的人間労働の等しい大きさの等価交換、すなわち等量の抽象的人間労働時間が対象化された商品相互の等しい生産価格での交換をいう。一物一価に基づく同種労働生産物（同種商品）においても、当該の同種商品の均衡した同一価格に基づく商品には、当該商品の生産に社会的に必要な具体的有用労働時間には当該種の商品を生産する諸個別資本・諸企業の生産条件や生産力等の違いによって個々の資本の現実的な投下労働量にばらつきがあり、個別的には同一生産部門内での「不等労働量交換（不等な当該種具体的有用労働量交換）」を帰結する。しかし、さらに重要なのは、異種商品の相互・交換においては、各々の諸種商品生産に必要な社会的必要労働時間は、各々の部門の平均的な資本構成・生産条件・生産力——今、回転時間は捨象して——の相異が存在する以上、当然、各種商品生産に社会的必要とされる各種の投下具体的有用労働時間（自然的時間）には差異がある。それにもとづいて、例えば三時間の社会的紡績労働時間を費やした二〇リンネルと二時間の縫製労働時間を費やした一着の上着の交換が社会的に成立している場合、それが不等量の労働量の交換（不等労働量交換）というのだという風に誤認されることがこれまで多々あったように思われる。しかしながら、この事態は、あくまで各種の商品生産のための具体的有用労働時間にかかわるものであり、それは各々の商品種の生産に社会的に必要とされる異なった種類の具体的有用労働の時間である。異種の具体的有用労働とその時間の相互の間には通約可能性はない。「等量」というのは「等質性」・「通約可能性」が前提となる。「等労働量交換」というのは、同種労働および異種労働が、すべて共約され通約されて表示される同一の社会的労働単位である抽象的人間労働時間、この時間を基準にした諸商品種相互の交換における等しい抽象的人間労働量に基づく交換のことである。すなわち、「等労働量交換」とは、等しい抽象的人間労働時間（社会的時間）を表わす等しい価格の諸種の商品相互の交換のことである。それは資本制商品社会においては「同一生産価格」でもって可視的に表現されているのである。これこそが、異種労働間の抽象的人間労働への転換の論理なのである。諸具体的有用労働の抽象的人間労働への「二重の還元」という際の第二の還元の論理なのである。

要するに、「価値法則」にいう「等労働量交換」とは、資本制商品世界においては、現実的・具体的には「同一生産価格」で表示される「抽象的人間労働の同一量の交換」すなわち「同量の抽象的人間労働時間の対象化された諸商品の相互交換」をいうのである。われわれが、ここで、あえてこのことを強調するのは、〝資本制商品世界における商品交換は、第一巻「価値法則にいうような「等労働量交換」ではなく「不等労働量交換」へと転化したものになっている」〟とする件のバヴェルクの見解に始まり、昨今においても依然としてこうした見解が新たな論拠をも追求しながら主張をされているからだ。われわれにいわせると、こうした見解の少なからぬものは、前述しておいたように、マルクスによって使用された〈社会的労働〉概念を不正確に把握し、これを誤読したことに由来していると思われる。それは、マルクス自身のあいまいなこの用語の使用、さらには、彼自身、この概念の規定をかならずしも充全に遂行していないこと、等々に由来する面もあったのではないかと思われる(5)。

事の重大性に鑑み、再説しておく。「社会的労働」あるいは「社会的必要労働（時間）」という場合、マルクスの不用意な発言においてもその傾向があるのだが、多くの「不等労働量交換」論においては、このタームの含意する二義性が混同されているところがみられる。同種労働の社会的必要労働への社会化においては、この個々の労働の社会化は同種労働の社会的具体的有用労働一般への転成のことであり、その社会的必要労働時間は自然的時間の準位にあり、複雑な数学的手続きは必要であるが直接可視化可能である。しかし異種のこうした各種の社会的労働（社会的諸種具体的有用労働）の相互の間には通約可能性はなく、例えば社会的必要紡績労働一時間は社会的必要縫製労働時間一時間と等置することはできない。それらは第三の社会的単位労働すなわち抽象的人間労働に還元されて量的比較が遂行されなければならない。そのことによって、例えば社会的紡績労働三時間と社会的縫製労働二時間とは社会的一般労働すなわち抽象的人間労働としてはx単位時間にあたり、その価格表示は例えば一万円であるから、紡績労働三時間分の綿布と縫製労働二時間分の上着とは一万円で等価交換されるというわけである。そして両者は一万円の価格が表示する不可視の抽象的人間労働x時間分の等労働量交換であると社会的に措定されるわけである。というより、すでにのべておいたように、現実の具体的な事態としては、両商品は一万円という価格での等価交換が成り立っているという事態から、両商品に対象化されている紡績労働三時間と縫製労働二時間とは共に抽象的人間労働x時間（一万円の価格で表示されたもの）として共約・通約されて等置されているということになっているのである。「等労働量交換」とは、「等しい社会的必要紡績労働量」と「等しい社会的必要縫製労働量」との交換をいうのではない。両種の社会的必要労働が還元される共通の社会的労働単位たる「抽象的人間労働の等しい量」を含む商品同志の交換、それが「等労働量交換」ということなのだ。この交換が相互に等しい抽象的人間労働時間を含む商品交換としての「等価値物交換」であり、またその価格表示に即していえば「等価格物交換」ということなのである。マルクスがいう「等価交換」という表現には、実は不用意に読むと、知らず知らずのうちにこのような「二義的意味」の混同・誤解を生じせしめる契機が孕まれているといってもよいだろう。強調しておく。上記の例にそくしていえば、紡績労働三時間と縫製労働二時間との交換は決して「不等労働量交換」ではない、ということである。

この抽象的人間労働およびその時間は、社会的実体であり社会的時間である。それは、不可視にして自然的時間によっては計量不可能である。その可視化・計量化は貨幣による価格表示をもって客観的に表示可能となるのである。そして資本制商品の価格表示こそが「生産価格」なのである。上記の社会的紡績労働の三時間（社会化された自然的時間）の対象化されたa量の綿糸と、社会的縫製労働二時間（社会化された自然的時間）の対象化されたb量の上着とは、抽象的人間労働 x 時間の価格表現としての一万円として交換される、これが「等価交換」の原理と論理である。これこそが、生産価格に基づいて交換される資本制諸商品の交換を規制する準位での「価値法則」（価値法則b）のいう「等労働量交換」の実態なのである。その際、決定的に重要なのは、〈価値〉・〈価格〉・〈生産価格〉等の概念は、否、そもそも価値法則は総社会的商品関係を前提とし根拠とする全体概念にして総社会的運動法則なのだということである。個々の諸契機・諸要素は、総社会的運動の「可除部分」であるということである。

またもや、くりかえしをいとわず記しておく。「不等労働量交換」の主張者たちの主張においては、われわれの見るところ、上述の「社会的紡績労働一般」ないしは「社会的縫製労働一般」等々、つまり「社会的具体的有用労働一般」と「社会的一般労働＝抽象的人間労働」、この両者の区別のあいまいさ、あるいは混同が潜在的に孕まれているように思われる。あるいは「社会的有用労働一般」を「社会的一般労働＝抽象的人間労働」とみなすことに異論をはさむことなく、機械制大工業時代のすべての労働の単純労働化に伴って諸社会的必要具体的有用労働間の還元率を無条件で「一」とみなして、相互に通約可能と処理しているのではないかと疑われもする。抽象的人間労働時間をめぐる直接測定と間接測定をめぐる件の廣松の宇野批判を思い起こされたい。抽象的人間労働とその大きさは直接測定不可能にして直接表示不可能なのである(6)。

　われわれにとっては、既述しておいたように、諸具体的有用労働間の還元比率・交換比率の確定にとって鍵をなすものは、異領域に属する諸資本の「技術的構成」下において労賃として投下された貨幣額の表わす各々の具体的有用労働時間が、資本制「有機的構成」下において実現される平均利潤額（資本制商品剰余価値の価格表現）へと対象化されて抽象的人間労働時間へと転化していく時、各種の労賃に投下された具体的有用労働時間が平均利潤に対象化された抽象的人間労働時間にどのような比率関係で転化しているかを指標として、各種具体的有用労働量（自然的時間の大きさ）がどれだけの剰余価値量（社会的時間の大きさ）を実現し表現しているかを明るみに出していくこと、このことが鍵をなすと考える。〈生産価格〉（価格ｂ）概念は、〈単純価格〉（価格ａ）概念と異なって、このことを可能とする概念構成へと上向法的論理構制の進捗に伴って複合的に豊饒化され修訂されて、弁証法的に再措定されて規定されている、というのがわれわれの見解である。

　ここでも、また、「社会的総資本の可除部分としての個別資本」および「社会的総利潤の可除部分としての個別資本利潤」すなわち各資本の実現する「社会的総利潤の可除部分としての個別資本の〈平均利潤〉」の概念規定とその理解が決定的となる。そのためには、近代的分析悟性の要素実体主義・原子論的個体主義のパラダイムを超克するマルクスの弁証法的理性の函数連関主義的総体主義のヒュポダイムと方法論的視座の独自性が再検討されるべきであろう。あらためて引用しておけば、廣松がいうように、「マルクスの方法論上の構制ひいては存在論的・認識論的次元を解析する〝哲学的〟作業ないしは所詮無用の錯綜を防遏できない(7)」のである。

C. 要約的総括

本書を閉じるにあたって、われわれにとっての主題であった「価値法則の生産価格における貫徹様式」ないしは「価値の生産価格の規制・支配の論理構制」をめぐるこれまでの論考を総括的に要約し、〝「価値の生産価格への転化」とはどういうことか〟にかんするわれわれの一応の結論を提示しておくことにしたい。

まず、この問題をめぐるマルクスの結論とみなしてよい言説を、以下でキャッチ・フレーズ風にまとめておこう。その前に、まず「価値と生産価格」にかかわるマルクスの最終的な基本的・原理的な命題を、先取りして、掲げておこう。

価値こそは、生産価格の背後にあって、窮極においてそれを規定するものである。(K.Ⅲ.S.219)

すでにのべてきたように、資本制商品世界においては、「すべての資本は、それら自身が生み出した剰余価値がどれだけであろうと、この剰余価値のかわりに平均利潤をその諸商品の価格を通じて実現しようとする。すなわち生産価格を実現しようとする」「マルクスの原草稿では最後の文章は「この価格を生産価格に転化しようとする」となっている」(ibid.,S.183)。その資本家間の利潤獲得をめぐる競争の共同主観的な動機的な背景においては、件の「資本家の埋め合わせ」という得手勝手な観念が横たわっているのであるが、それは今は別として、「生産価格」とは、総社会的には諸資本の投下資本額たる費用価格と平均利潤を合算したものであり、「またこの平均利潤は社会的平均資本に対する利潤であり、その総額が剰余価値の総額に等しい利潤以外のものではありえないのであり、またこの平均利潤の費用価格へのつけ加えによってもたらされる価格とは、生産価格に転化された価値以外のなにものでもありえない」[強調は引用者](ibid.)とマルクスは明言する。

「資本と賃労働との総社会的関係」において産出された剰余価値すなわち利潤をめぐって「資本と資本との総社会的関係」における「競争」を介して平等な利潤の配分を実現しようとする傾向、したがって「構成の異なる生産諸部門のあいだでの[利潤率の]均等化」の傾動すなわち社会的均等化の物象化の運動が生じる。「こういうしかたで、必然的に、生産価格を価値の単なる転化諸形態にする傾動、または諸利潤を剰余価値の単なる諸部分——といっても、各特殊生産部門で生み出される剰余価値に比例して配分される諸部分ではなく、各生産部門で使用される資本の総量に比例して配分され、そのため、構成がどうであれ同じ大きさの資本総量には社会的総資本によって生み出された剰余価値の全体のなかの同じ大きさの分け前(可除部分)——に転化させる傾動が支配する」[強調は引用者](ibid.)ことになっていくのである。かくして、マルクスは、この社会的事態を総括する形で、別のところでは次のようにいっている。

諸商品の総価値は総剰余価値を規制し、この総剰余価値はまた平均利潤それゆえ一般利潤率の高さを規制するのであるから、一般的法則として、または諸変動を支配する法則としての価値法則は、生産価格を規制するのである。[強調は引用者](ibid.,S.189)

以上が、「価値と生産価格との関係」、すなわち「生産価値は価値の転化形態」であるとするマルクスの明確なる言明の再確認である。

さて、資本制諸商品の価格の本質は、「生産価格に転化された価値以外のものではなく」(ibid.,S.183)、換言すれば「生産価格とは価値の単なる転化形態にすぎない」(ibid.) ということ、これこそが「価値法則が生産価格を規制する」(ibid.,S.189) ということの内実であるが、それはいかなる社会的運動の機制と構制と論理に依拠してであろうか。まさに、「競争」においてである。「競争」という社会的運動における物象化の機制と構制と論理においてである。社会的総剰余価値すなわち社会的総利潤の均等な配分をめぐる諸資本間——資本と賃労働との相互間においてではない——の総社会的な競争が、「諸商品の個別的価値から、同一の市場価値および市場価格を形成し」(ibid.)、それが生産価格の生成と存立の基盤となることによって「価値が生産価格へと転化」するのである。すでにのべておいたように、「競争は異なる生産諸部門における諸利潤を平均利潤に均等化し、また、まさにそうすることによってこれらの異なる諸部門の生産物の価値を生産価格に転化するのである」(ibid.,S.218)。要するに生産価格は、諸資本間の利潤（＝剰余価値）をめぐる総社会的な競争において現われる「価値の現実的な資本制的価格形態」なのである。

しかしながら、看過されてはならないのは、「価値の生産価格への転化とともに、価値規定の基礎そのものが目にみえなくなる」(ibid.,S.178)、このことである。競争は、資本制商品社会の現相における目にみえる諸資本の相互作用運動の具体的姿態である。それが映し出すものは、物としての資本と貨幣と利潤等の運動の姿態である。それは、平均利潤や生産価格の運動の目にみえる姿である。「しかし、競争が示さないもの［隠蔽するもの］、それは生産の運動を支配する価値規定である」(ibid.,S.218)。要するに、競争は「生産価格の背後にあって究極的にこれを規定する」

ところの価値の運動を隠蔽し現象の根拠・基盤をなす本質を目にみえなくしてしまうのである。

それだけではない。「競争においては、すべてがさかさまになって現われる」(ibid.,S.219)。競争において可視化される「すべての現象は、労働時間による価値の規定にも不払いの剰余労働からなる剰余価値の性質にも矛盾しているようにみえる」。労働が価値・剰余価値をつくるのではなく、資本が利潤をつくり出し、費用価格がその源泉をなすものとして現われる。「表面に現われているような経済的諸関係の完成した姿態は、その現実の実在の姿においては、それゆえ、またこの諸関係の担い手たちおよび当事者たちがこの諸関係を明らかにしようと試みる諸観念のなかでも、この諸関係の内的な・本質的な核心の姿態つまり蔽い隠された本当の姿態およびそれに照応する概念とは非常に異なっており、また実際にそのような本質的姿態や概念にたいしてさかさまになっており」(ibid.) 反対になって現われているのである。競争において現われる生産価格とは、「商品の価値のまったく外面化された、また〝明らかに〟没概念的な形態なのであり、「現相的な」競争において現われるとおりの、したがって凡俗の資本家の意識のなかに、それゆえまた俗流経済学者の意識のなかに現存するとおりの形態なのである」(ibid.,S.208)。

以上のような「価値」と「生産価格」をめぐる概念規定とその関係を踏まえて、あらためて総括しておこう。冒頭商品章において概括的に定礎された「価値法則」(初次的規定)は、全三巻を通して貫徹されている。それは、上向法的な階梯的規定の進捗に伴って高次化され円環的(メビウスの環的)に再措定されていくのではあるが、その基幹的論理構制の骨子は貫徹されている。それは、第三巻準位の資本制商品世界においても貫かれている。重要なことは、価値法則は個々の商品および個別的商品交換において生成・確立される法則ないしはその総和として成立しているものではない、ということである。価値法則は総社会的なプロセスにおける総資本の生産する諸商品の総社会的な生産・

循環・回転そして流通を過程的契機とする社会的総資本の再生産過程における運動法則なのである。

この運動過程にあっては、まずもって、冒頭の論理的に単純な規定における「商品世界一般」において規定された商品の価値は、貨幣を媒介として可視化・計量化されて間接表示され、「単純な価値価格」として表現される事態が明るみに出される。しかしながら、この価値価格は、上向の終局における資本制商品世界においては、諸資本間の社会的相互関係の過程において、社会的総資本が産出した総利潤が、今や社会的総資本の可除部分へと転化して位置づけ直された個々の資本に平均利潤率に基づいて分与され、諸商品の価値価格は生産価格という形態で現実化され実現されている事態が明るみに出されるのである。そこでは、総社会的には価値法則という総社会的運動法則が基底を貫徹しており、その現実的に具現された姿態が資本制商品価格が生産価格へと転化した形態において表示されている、というわけである。総社会的視座においては「価値（価格）」と「生産価格」とは同格なのである。マルクスはいう。「総社会的な生産を考察する場合には、「生産価格と価値との区別は度外視してよい」と。「というのは、労働の年々の総生産の価値、すなわち社会的総資本の生産物が考察される場合には、この区別は一般的になくなるからである」（Ⅲ.,S.840）と。というのも、資本制商品世界においては、諸資本は「社会的総資本の可除部分」に転化して現われ、その構造的総体の一肢体として位置づけられ、機能し、役割を付与されて現われるからである。

重要なことは、資本制商品世界においては、①個別資本は社会的総資本の可除部分となっていること、②個別資本利潤は社会的総資本の可除部分であり、平均利潤率に基づいて分与されていること、③それゆえ、個々の商品の価格は社会的総価格の可除部分として、つまり生産価格として現われていること、このことである。（a）社会的総資本の産出する総価値の貨幣表現（可視化された価値表現）は総生産価格として立ち現われ、（b）社会的総剰余価値の貨幣による価格表示は社会的総平均利潤として立ち現われてくるのである。。以上を別様にまとめて結論を導出していこう。

まず、廣松のこの問題をめぐる総括をみておこう。廣松はいう。弁証法的な体系構制の論理においては、すなわち『資本論』の叙述においては、「端初にかぎらず、基本的原理に関わる場面では、具体的現実からイデアリジーレンされた〝抽象態〟を設定し、これに即して定立をたて、構造的連関係を究明しておき、それを道具にして漸次に具体的・現実的な事態を「精神的に具体的なものとして再生産していく」（マルクス『経済学批判』序説）という手法が採られている」(8)のであるが、そこにおいては「価値の生産価格への転化」の論理展開にそくしていうと、「マルクスとしては……労働価値説の立場を堅持しつつ、価値法則が原理的には依然として妥当するものと考え、「価値法則」をもとにして「生産価格」の形成を解明しようと図った」(9)と解読してみせている。これは、われわれの結論の導入規定でもある。

われわれの結論をより鮮明に具体的に提示すべく、宇野弘蔵の「価格と生産価格」をめぐるきわめて直截的なある言明を引用して、本書を閉じることにしたい。本書においては、紙幅の関係もあって、大幅に割愛し、それとの批判的対質を別の機会にせざるをえなかったところの戦後『資本論』研究に決定的な影響を及ぼした「宇野理論」――われわれにとっても決定的な意義を有する宇野理論――にかんして付言しておくと、われわれはそこから多くを学び、その理論的な意味と意義を高く評価するものであるが、それにもかかわらずわれわれには同時に宇野理論にたいする多くの批判もある。たとえば、宇野の立脚するその近代科学主義的な「主－客」図式の地平と論理構制、宇野「価値論」にあたっての形態論的価値規定と実体論的価値規定の峻別、価値の初次的な実体的規定の「価値形成・増殖過程」への配置がえ、価値実体の直接測定・直接表示の理論構制およびその〈抽象的人間労働〉の概念規定の内実、等々にかんしては、廣松と同じく、宇野を厳しく批判する立場にあるわれわれではあるが、[10]「価値と生産価格」をめぐる宇野の以下の見解は少なくとも結論としては、われわれもまったく同じ問題設定を共有するものである。われわれはこのプロブレマティックを、宇野とは異次元の哲学的世界観の地平における論理構制・ヒュポダイムに定位して、根拠づけ・基礎づけ・権利づけを企図して本書において議論を展開してきたといっても過言ではない。宇野はいう。

商品の価値法則……［は］資本家的商品において始めてその社会的に必然的なる基礎を得るのであって、商品が互に価値を基準にして生産せられ、交換せられることも、実は……商品価値の生産価格化を通して実現せられるのである。[11]資本家商品が、価値を基礎とする生産価格で売買されるということは、価値法則に反するどころが、価値法則はそういう形でしか貫徹せしめられないことをしめすものである。……価値の生産価格化は価値法則そのものを修正するものではない。[12]

これが本書において解明しようと企図した問題のありかと理論的課題すなわちプロブレマティックだったのである。

註

（一）

（1）内田弘やハイデッガーの世界の存在了解に関しては、われわれはその﹅ま﹅ま﹅踏襲するものではない。因みに内田の『資本論のシンメトリー』への書評を兼ねたわれわれの批判的問題提起は、以下の論文を論じておいた。日山紀彦「『資本論』の独の観点からの読み解き――内田弘氏の「群論・仮象論」と廣松渉の「関係論・錯視論」の地平の対比を基軸に」（『社会理論研究 第17号』、社会理論学会編、千書房、二〇一七年）また、廣松のハイデッガー批判に関しては、『著作集⑦』所収の「ハイデッガーと物象化錯視」論文を参照されたい。因みに、『資本論の哲学』を起点としたその後の廣松思想形成史をフォローしながら、主題的にではないがそこにおける「廣松―ハイデッカー」関係をチェックした論文としては以下のものを特記しておきたい。というのも、この論文の主題は、あくまで『資本論の哲学』のさらなる展開、拡充の可能的地平をその後の廣松の役割理論の展開と結びつけて展望しているところにあるが、廣松「物象化論」における自由論の地平をめぐっても廣松のハイデッカー批判をもからめて独自の見解が展開されているからだ。

渡辺恭彦「物象化論と役割理論――廣松渉の思想形成史における『資本論の哲学』」――(『文明構造論：京都大学大学院人間・環境研究科現代文明論講座』、文明構造論分野論集、二〇一四年、一八一～二一七頁)

(2) このマルクスの図表の提示においては、基本的にはともかく、一部、微妙な修正が加えられている。この図表の解読においては、石塚良次の鋭い読み取り・解釈・解説から学ぶところが多かった。さしあたっては、『視軸』(岩波書店、一九九六年、『著作集⑬』)に所収の石塚論文「第八講 物象化の次元累新と生産価格の成立」を参照されたい。また、同論文における「転形問題論争」の簡にして要をえた整理と批判からも多くを学んだ。

(3) 廣松渉「資本論における単純商品の意義――労働価値説の定立場面と併存モデル」一九八五年(『コレクション④』所収、三〇頁)

(二)

(1) マルクスは、『資本論』全三巻において「転化 Verwandelung」なる語を多用している。しかしながら、この語の用法においては、概念規定の二義性が孕まれており、マルクス自身そのことをかならずしも明確に指摘・指示・説明していない。そのことが、この語が用いられている文章・命題の理解においてある種の混乱が生ずる原因となってきたといえるところがある。この事態をかなり的確に指摘したのが、例えば甲賀光秀であった。(『資本論を学ぶⅣ』所収の「2 費用価格と利潤」有斐閣選書、一九七七年、三七～八頁)。とはいえ、われわれの理解においては甲賀のそれと若干異なるところがある。われわれにいわせると、この〈Verwandelung〉なる語を、マルクスは、①本質的には同一の内実が違った形態規定に立ち現われてくるという「転化」という意味、たとえば「価値の価格への転化」・「剰余価値の利潤への転化」等々の用法がそれであるが、もう一つは②内的事態の別の質的転化を伴って現われるという意味での「転化」、たとえば個々の商品の「価値価格の生産価格への転化」・「利潤の平均利潤への転化」という場合の転化という意味、この二つの意味において用いている。前者の場合は「転形としての転化」、後者の場合は「転質・転換としての転化」ということになろう。英訳においては、これを〈transformation〉と〈conversion〉と一応区別して訳されているが、かならずしも首尾一貫しているわけでもなく、区別の根拠も不明であり、われわれとは逆になっている場合がある。いずれにしても、このマルクスの〈Verwandelung〉の術語の二義性には留意が必要であろう。

（5）P.M.Sweezy. *The Theory of Capitalist Development*. 1942.（都留重人訳『資本主義発展の理論』新評論、一九六七年）

（3）石塚良次は、この「同質労働のドグマ」にひそむ「転形論」における〈抽象的人間労働〉概念の欠如を鋭く批判し、ウルリッヒ・クラウゼ（高須賀義博監訳『貨幣と抽象的人間労働』三和書房、一九八五年）を引用しつつ、「異質労働の同質労働への還元比率が何の根拠もなく「一」として固定されてしまっている」と指摘している。（『視軸』、四七三頁）

（三）

（1）廣松渉「視角」、一五一頁

（2）同上書、一三九～四〇頁

（3）廣松はいっている。この問題は、「結局のところ、弁証法的な展開における「端初」の方法論的位置づけの問題に帰趨する」（同上書、一五〇頁）と。

（4）「価値と生産価格」をめぐるこの間の事情は、本書の〔序章〕の註⑨および以下の画期的な廣松論文を参照されたい。廣松編『視軸』「直接的生産過程の諸結果・第三節　資本関係自体の物象化」（岩波書店、一九八六年、『著作集　第十二巻』所収、五〇二～一二頁）

（5）和田豊『価値の理論 第二版』桜井書店、二〇一四年；特に第1章第6節、第2章、第6章、第7章を参照のこと。
和田は、きわめて精緻にして複雑な数学的手法を用いて、マルクス「価値論」の「不等労働量交換」の帰結を論証している。同一生産部門内での第一種不等労働量交換、異部門間における第二種の不等労働量交換の理論的な根拠づけの作業である。しかしながら、われわれが指摘してきたように、マルクス「価値法則」における「等労働量交換」とは「等抽象的人間労働量交換」をいうのであって、和田も強調しているように、それは二重の諸具体的有用労働の社会的還元（社会的抽象化・社会的物象化）の帰結にしてその産物である。それにもかかわらず、和田においては、マルクスのいう「社会的労働」なる語の不用意な使用もあって、社会的に均衡化された社会的必要具体的有用労働と社会必要単位労働としての抽象的人間労働との未区分・混在がみられる。もちろん、同一種商品生産においては、企業間における生産性の格差が存在し、同一価格での交換において不等有用労働量交換が出来し、この事態は異種部門間交換にも生じうるが、総社会的には商品の等価交換とは等しい抽象的人間労働量交換として規定されるのである。そして、その際生じる同一部門間・異部門間に生じる個々の格差は「特別剰余価値」あるいは「超過利潤」とみなされ、いわゆる「地代」の基盤として措定されていくのである。

（6）この問題を軸にした廣松の宇野弘蔵批判は、価値実体としての抽象的人間労働の生成と存立の構制、その間接測定等々の問題を考える上で重要となる。さしあたって「視角」の「第三節「価値実体」の「論証」」および「第四節 山口重克説との対質」を参照されたい。

（7）廣松渉『哲学』、一二頁

（8）廣松渉「視角」、一五二頁

（9）同上書、一六七頁

（10）廣松の宇野批判に関しては、『コレクション④』所収の「第二部 宇野経済をめぐって」における「視角」をはじめとする諸論文を参照されたい。

（11）宇野弘蔵『経済原論』（上巻一九五〇年、下巻、一九五二年）岩波書店、（『宇野弘蔵著作集 第一巻』所収、岩波書店、一九七三年、三二八頁）

（12）同『新訂 経済原論』：（現代経済学演習講座）、青林書院新社、一九六七年（上掲『著作集 第二巻』所収、岩波書店、一九七三年、三六五頁）

補遺　本書の残された課題

——資本制商品世界における物神性の認識論的・存在論的な剔抉

われわれは、これまでの本論の各章において、『資本論』の第一巻・第二章で展開された「労働価値説」ないしは「価値法則」の第三巻における位置づけおよび意味と意義、ひいては第三巻における「労働価値説」そのものの妥当性をめぐる考究にむけた作業として、われわれにとって重要と思われるいくつかの哲学的問題関心に基づく課題群を提起してこれを検討してきた。いささか、議論の展開のリズムを崩すことになるが、これまで本書において、本来は意図していたテーマにもかかわらず充分に立ち入ることのできなかったやり残した課題を、ここであらためて、追補として概括的に提示しておきたい。それは、『資本論』、それもとりわけ第三巻における資本制商品世界の現実的な姿態における人々にとっての「物象化された物神性」とその不可視化および隠蔽化の論理構制の「認識≈存在」論的視座からの開示である。

われわれはこの作業を、件の「転形論論争」を独自の問題論的構制と方法論的視座から批判的に総括している熊野純彦の言説を借用して、これをわれわれの問題関心にからませ下敷きにすることで簡潔に論じておくことにしたい。というのも、熊野のこの「転形論論争」に対する批判的総括は、われわれがこれまで充分には論じてこなかった「価値の価格への転化」あるいは、とりわけ「競争を介した価値価格の生産価格への転化」における物神性とその隠蔽をめぐるプロブレマティック、そしてなによりも「転化論」それ自体のイデオロギー性をめぐる問題を、すぐれて「認識≒存在」論的視座の問題性として鋭くえぐり出す営みとなっており、われわれの本書における残された課題にたいする今後の研究にとって一つの「導きの系」をなすものと思われるからだ。

熊野は、その最新の『資本論』研究の著作において、次のようにいっている。「置塩信雄そのひとが早くから主張していたように、価値と価格とは「数学的にいえば demension を異にする二つの量」である」にもかかわらずマルクスは等置している。しかしながら、熊野にいわせれば、「問題は、………その両者が「次元」をことにしているのはなぜか、であり、マルクスが次元の差異を設定しながら、なお両者のあいだに「転形」あるいは「転化」の関係をも認定しているのはどうしてなのか、にほかならない」(1)。この視点から「問われなければならないのは、価値から価格への移行、商品価値の生産価格への形態転換が、だれにとって生起しているのかということである。問題はこうして、たんなる数理的解法の次元をはなれて、方法論的・認識論的なひろがりにおいて考察されなければならないはずなのである」。「価値から価格への転化あるいは移行が問題となるときに、その過程でじっさいに転換していたのは、むしろ「認識様式」そのものである」(2)。この問題は、すでに、高橋洋児が指摘し、そして廣松渉も強調している論点であることを確認しつつ(3)、熊野は続ける。「そこで問題となるものは「分析者に固有の認識様式から当事者流の認識様式への変換(切り変わり)」なのであって、「この「変換」の理解なしには「転化」の概念の理解はない」と。熊野は続ける。「転形問題とともに問われているのは、この変換を叙述のうちに組みこんだ、マルクスによる経済学批判をめぐる、その方法的な次元の理解にほかならない」(4)。

熊野純彦の言をさらに聞いていこう。「商品価値は、生産価格へと転化する。その転化は、とはいえ「文字通り対象的に自存するもの」の変化、すなわちその属性の変容であったり、あるいはその本質(投下労働量)が現象(市場で実現される価格）のうちへと顕現したりすること、ではない。そこで生起している移行は、かえって「投下労働量に応じた交換」が公正な価値どおりの交換である、とするイデオロギー的な意識形態から、ひとり「投下資本量に比例した」利潤取得のみが適正な価格を実現する機構であるとする、おなじようにイデオロギー的な意識形態をとらえかえした結果として生まれる、形態転換にほかならない(5)」。「マルクスの資本論体系が経済学ではなく、経済学批判である」というのは、まさにこの意味においてである。つまり、「マルクスの経済学批判にあって枢要な問題」は、経済科学理論上の無矛盾性、理論的整合性・精緻性の高次化にあるのではない。「マルクス『資本論』の主題はむしろ、古典経済学のうちに典型的にあらわれている資本制的な日常意識をたどりつつ、それを内的に批判するところにこそあったのだ(6)」。

熊野も批判するように、第三巻の転化論・転形論に対する「近代経済学的な装置をつうじて提示された解法」、この「数学的アルゴリズムによる解法」では、その分析カテゴリ　　諸価格カテゴリー群――がその都度「倒錯」と「神秘化」をふくんでいる「消息」が全く等閑視されてしまい、「かくして生起するのは、資本制そのものの構造の起源とその成立要件の忘却であり、隠蔽である(7)」。ましてや、その原子《アトム》実体主義に立脚する近代科学主義の分析理性の手法においては、われわれが先に指摘しておいたような件の「個別と全体」の問題、資本制生産様式社会の全体化の弁証法が開示する「顚倒」・「錯視」・「物神性」の問題はその視圏に入ってこようがないのである。

熊野は、広範かつ柔軟な「転形問題」の精査にもとづいて、次のような批判的総括をもってここでの議論を暫定的にしめくくっている。熊野は宣告する。

転形問題という難問は、そのかぎりで、日常的認識批判としての資本論体系の方法的次元を閑却するところに生じた一

種の奇問あるいは疑似問題でもあったのである。(8)

『資本論』第三巻における「労働価値説」の妥当性をめぐる考究においては、このような問題論的背景とプロブレマティックをも視野に収めて問われるべきである、とわれわれも考える。

すでに何度ものべてきたように「価値の価格への転化」は、不可視で客観的には計量不可能な価値を可視化し客観的に計量化して表示するためには不可避の転化であった。しかしながら、その際、看過されてはならないのは、次の事態である。すなわち、資本制生産様式社会における人々の社会的営みが、生活に必要とされる財を生産するために使用された財を超える余剰の生産物をつくり出し、社会を富ましていくのはどのような経済的社会関係を基盤とし、どのようなしくみと機構でそれを可能とし、そこでは人々の労働と生産手段はいかなる機能と役割を果し、「対自然－対他者」相互関係はどのように構造化されて現われてくるのか……、〈価値〉はこのことを明らかにする特殊歴史的・社会的カテゴリーなのである。

マルクスは、『資本論』の初版への「序言」において「この著作の最終目的」を「近代社会の経済的運動法則を暴露すること」(K.I., 初版 .S.16) にあるが、そのために「私がこの著作で研究しなければならないのは、資本主義生産様式とこれに照応する生産関係および交通関係である」(ibid.,S.12) と。このマルクス経済学批判の目ざすもの、すなわち資本主義社会の「生産関係と交通関係」の批判的開示とは、経済科学的〈価格〉カテゴリーにおいてはこの問題は直接かつ究極的には一切問題とはなりえず、それは人々の社会関係とは無関係の物象の運動カテゴリーとして機能しているにすぎないものに陥っていることを明るみに出すことにあったのである。

「剰余価値の利潤への転化」においてもしかりである。〈剰余価値〉は、それがどのような社会関係において、どのようなしくみで、どのようにして人々は社会的生活財を剰余をもって生産し実現していくのか、その秘密を解き明かすためのカテゴリーである。近代主義的〈利潤〉は、人間関係ではなく投下資本を超える剰余分を示すものとしての貨幣・価格カテゴリーである。それは、生活の存立の構造と機能とそこにおける「資本と賃労働」関係と両者の構造・機能・役割を何ら表示するカテゴリーではない。〈利潤〉という〝ものカテゴリー〟においては、産出された剰余がどのような生産関係と交通関係にもとづいて、どのようなしくみで生み出されるのかはまったく問題とされない。〈価格〉・〈利潤〉カテゴリーにおいては、「資本と賃労働」・「搾取」・「階級関係」といった問題はまったく対象とされないばかりではなく、それらの問題は完全に隠蔽・隠滅されている。

剰余価値を生み出す資本の構成は「不変資本と可変資本」と規定されるが、利潤を生産する資本は「固定資本と流動資本」として分類・規定される。あるいは、商品価格は「費用価格＋平均利潤」として規定される。前者は人々の社会的生活関係（生産関係・交通関係）を反照する資本カテゴリーであるが、後者は物としての貨幣の運動を反照する資本カテゴリーである。この物としての資本カテゴリーにおいては一切の生産関係・交通関係は隠蔽され消却されている。資本制商品社会の物質的生活基盤を構成する生産関係と交通関係は、ここではまったく問題とされない。ここで問題なのは、ものとしての貨幣・資本の機能と効率と成果のみである。

「価値の価格への転化」がさらに「価値価格の生産価格への転化」を招来し、また「剰余価値の利潤への転化」が「利潤の平均利潤への転化」へと転換し、これらのカテゴリー規定の転換・転化が進捗するにつれて、上述のごとき生活の本質的・本源的基盤としての人々の社会的生活関係、とりわけその母胎としての生産関係・交通関係は、より一層おおい隠されて目に見えなくされる。というのは、価値の価格への転化における物象化よりも、価値価格の生産価格の転化における物象化の方がはるかに多面的で重層・複合化した社会関係とその運動――とりわけ資本間の競争関係――を背景にしており、〈生産価格〉カテゴリーはそれを反照する物象化の産物として生成・存立したものであって、このカテゴリーにあってはそれだけ一層この物象化的錯視が常態化し本質が目に見えなくなっているからである。利潤の平均利潤の転化においても事情は同じである。したがって、資本家においてのみならずこの社会に生きる生活者の意識や行為において受けとめられ受容される物神性もそれだけ一層進捗し、日常的常識のなかにこの物神化された物象化の事態こそが事の真実のあり方として錯認的に取り込まれていくのである。日常的意識における常識的な発想や観念における、そしてごくあたりまえの生活行為の準位における「物象化・物神性」の累乗的昂進である。

この事態の哲学的暴露とその方法的視座と論理構制の基幹を提示したのが熊野の問題提起であるとわれわれは読み取っている。そして、これを展開していくのが、さしあたり本書のやり残した課題と位置づけている。別の機会に、地代・商業利潤・金融資本・利子生み資本・信用資本の問題とからみあわせ、かつ二一世紀型資本の新たな形態――これまでの重商主義型商品資本・産業資本・金融資本の系列とは異なる新たな次元を切り拓く実需を伴わない「投企信用資本」（直接的な財的価値の産出を企図しない投機商品としての資本）をも視野に入れて、これらを今日の「社会的総資本の再生産」の過程的運動に連関させつつ、このやり残した問題を論じてみたい。

註

（1）熊野純彦『資本論の思考』（せりか書房、二〇一三年）、五一一頁

（2）同上書、五一一～一二頁

（3）この問題に関しては、さしあたって高橋洋児『物神性の解読――資本主義にとって人間とは何か』（勁草書房、一九八

一）、廣松渉『資本論の哲学』（『著作集⑫』岩波書店、一九六六年）あるいは『弁証法の論理』（『著作集②』所収）および『理路』等々が重要であろう。とりわけ、そこにおいて展開されているヘーゲル『現象学』の論理を批判的に継承した〝「当該意識」（当事者の日常的意識に定位した分析、für es）と「われわれ」（新たな学理的視座からの分析、für uns）の見地、および「われわれによる舞台廻し」のもう一つのしかけ（著者・für uns による読者・für es の誘導）〟の論理構制の理解がポイントになろう。

（4）熊野純彦『資本論の思考』、五一二頁

（5）同上

（6）同上書、五一四頁

（7）同上書、五一一頁

（8）同上書、五一四頁

あとがき

本書の主題をあらためてここで再提示しておけば、それはマルクス『資本論』におけるメタ・レヴェルにおける哲学的地平の論理構制と方法論的視座の剔抉ということにあった。それは、『資本論』の二十一世紀における意味と意義の再確認のためのもっとも抽象的な理論準位における近代思想を超克するマルクス思想の独自性と画期性を宣揚せんと企図した試みでもあった。二十世紀の伝統的なマルクス主義あるいは正統派マルクス主義と称せられるものの大半は、われわれからみると、近代科学主義の立脚する近代的世界観の地平の枠内においてマルクスを読解し整合化・精緻化してきたといわざるをえず、大胆にいえばマルクス経済学批判の本質を誤読ないしは看過してきたのではないかという疑念を払拭しきれないのである。このような理論の構制と構図では、『資本論』は二十一世紀においてその理論的妥当性を定礎することはできず、生き残ることはできないのではないかという疑念をとうてい払底できないからである。

そのためには、初版刊行後百五十年を経た『資本論』を、今日までの歴史の進捗と現実を視野に収めて、抜本的に再構成・再構築し直し、補正・補強・修訂していかなければならないという主張をも正視しながら、それとの対応の作業を遂行していくことは回避することは許されないであろう。しかしながら、本書の企図は、こうした作業のさらなる基礎作業の必要性の対自化（明確化）の主張にある。それは、「そうした作業の前にまずもってもう一度出発点にたちもどって〝マルクスその人に帰れ〟・〝『資本論』そのものにたち戻れ〟」というキャッチ・フレーズにおいてもっともわかりやすく表現できるであろう。つまり、宇野弘蔵流にいえば、現状分析およびその前段の階段論的規定のための基礎的原理論として『資本論』を位置づけ、その整備を図っていくという理論的基礎作業としての〝『資本論』に帰れ〟ということにもなろう。しかも、本書は、この基礎作業のそのまた基礎作業として、経済学的視座からの再検討と再吟味ではなく、さらにメタ・レヴェルからなされた〝『資本論』の哲学的地平〟の批判的吟味と再定礎、これを目ざしたものであった。

なにゆえに、このようなペダンティックな迂遠な作業を行うのかといえば、世界観上の歴史的なヒュポダイム転換期の渦中にあるとされる今日において、このようなメタ・レヴェルでの抽象的な哲学作業を欠いては、今や『資本論』の思想のマルクスにそった把握は重大な欠落をもたらすからだ。今日の『資本論』研究の行き詰りの原因の一つは、そこにあるとわれわれはとらえているからである。われわれのこの作業は、決して単なる特殊哲学的な関心に焦点をしぼった思弁的な、つまり生きた問題を視野からはずしたそれゆえ現代的・現実的な意味や意義の少ないペダンティック作業ではない、と自負している。今日こそ、こうした遠回りの基礎作業が時代の課題として要請されていると、われわれは考えている。『資本論』が立脚している目にはみえないメタ・レヴェルでのいわゆる哲学的世界観の地平における独自の近代合理主義思想を超克する理論構成のための公理枠組・発想枠組と構図、すなわちヒュポダイムの準位に回帰して、その画期性・革命性を明るみに出すという基礎的理論作業の今日的必要性の主張である。

因みに、廣松渉も、本文でもふれておいたように、くりかえし警告を発している。「『資本論』をめぐる解釈上粉糾を生じている諸点、混乱と混迷に陥っている諸問題は、マルクスの方法論上の構制ひいては存在論的・認識論的次元を解析する〝哲学的〟作業なしには所詮無用の錯綜を防遏できない」と。

遺憾ながら、今日まで、こうした基礎作業はかならずしも納得いく形と水準で遂行されてこなかったのではないかというわれわれの思いは強い。そもそも、こうした問題意識そのものがこれまで希薄ではなかったか。また、マルクス経済学批判体系におけるヒュポダイム・チェンジ、すなわち近代的諸科学の立脚する思想構成原理枠・理論構制（ヒュポダイム）の根源的・本質的なゲシュタルト・チェンジとは一体なんのことであり、それは『資本論』研究においていかなる意味と意義を有するのかということ自体がまったく生きた問題として理解されてこなかったのではないか。だから、次のような素朴な疑問や批判も提起されてきたのではないか。すなわち、真理とは実在する客観的対象を人間理性が正しい手順と方法で、あるがままに、ゆがみなく認知するところに成立するという近代的ヒュポダイムの公理的原理枠あるいは理論原則のどこに問題があるのか、それは永遠に妥当する発想にして公理的理論原則ではないのか。科学理論体系としての『資本論』は、まさにこの科学主義的合理主義としての近代主義的理論的前提基盤のうえで厳密な手順と手続きにおいて構築されているのではないのか。それにもかかわらず、なんと、廣松はこれに異議をとなえ、従来の『資本論』解釈に重大な欠如と誤謬とを孕んでいると批判するのだ。しかも、廣松は自己の主張するマルクスが切り拓いた独自の世界観の地平と論理構制なるものを、彼自身の用語でいえば「関係主義的存在了解」と「四肢関係構造論的認識〟存在了解」として独善的に発掘・提示し、これこそマルクス思想の哲学的世界観の骨子をなすものだというのだ。それは、レーニンが批判した「マッハ主義（経験批判論）」の亜流ではないか。何と『資本論』はこれを基軸にして読み解かれるべきだという仕末である。このような批判も出ている。

一般的にいえば、「関係の第一次性」・「四肢的連関性」に依拠する廣松の独自の理論構制にもとづくヒュポダイムは多くの人々にとってまったくもって理解不可能であり、ましてやそれがマルクス「資本論の哲学的地平」を含意するものであるという見解は、哲学者による『資本論』の曲解にして素人談義にすぎず、笑止千万であると批判されてきたのである。こうした批判的というより非難的反応は、徐々ではあっても、大勢としては〝廣松『資本論』研究〟

への無視にもつながってきた。

今日においては、以上が〝廣松『資本論』研究〟に対する一般的で常識的な反応ということになろう。したがって、〝廣松『資本論』研究〟に依拠した本書の営みもかかる批判は当然覚悟しておかなければなるまい。しかしながら、われわれとしては、廣松の難解にして晦渋な用語や文体そして高度に複雑・錯綜した論理と今日的な通念を超える新しいヒュポダイムの論理構制を、われわれなりに読み解き――多くの誤読と歪曲を交えて――それをわれわれのことばでできるだけやさしくわかりやすく表現しながら、『資本論』の提起している具体的な問題事例にそくしてそれを展開してきたつもりである。この作業を介して『資本論』のブルジョワ近代主義的な世界観を超克するマルクスの画期的な新しい世界観の地平ないしはヒュポダイムを解き明かそうと企図してきたつもりである。それが、どれほど成功裏に遂行されえたかは、ひとえに読者諸子の判断・評定に委ねるしかない。忌憚のない御批判・御叱責そして御教授・御助言をいただければ、これにまさる悦びはない。望むらくは、その賛否は別にして、われわれの問題提起の趣旨と企図そのものの意味するところを了解していただければありがたい。そして、万が一であっても、この問題提起に関心を示していただき、なおかつそれを批判的に検討してみようかと考えていただくきっかけとなれば、そしてそれが廣松理論への関心をよびおこすことにつながれば、本書の執筆の目的は果たされたといってもよかろう。

本書が成るにあたっては、実に多くの人々の厳しくもあたたかい御教示と御指導・御助言を賜った。いちいち御芳名をあげて謝意を表わすべきであるが、紙幅等の関係もあり、遺憾ではあるが省略させていただくことにする。ただ、ここでは特に、筆者がその末席を汚すことを許された「社会思想史研究会」の関係者各位には、深甚なる感謝の念を表さしていただきたい。とりわけ、座長役の吉田憲夫氏には実に大きな影響を賜った。筆者が廣松思想にはじめて接した時、廣松が何をいっているのか皆目理解ができなかった。広義の経済学批判の視座からではあるが、氏の手際のよい、簡にして要をえた諸論考に依拠することを介して、徐々に廣松を理解することができるようになり、自分でも廣松と対峙してみようという気持になった。本書における多くの論点・視点は氏に依るところが多い。「価値の生産価格への転化」の問題に関しては、同研究会のメンバーの一人である石塚良次氏の諸論考に直接的な影響を受け多くを学んだ。本書において氏の主張に対する誤読や曲解・歪曲が少なければよいのだが。また同じメンバーの一人熊野純彦氏の近著『資本論の思考』からも広範囲な『資本論』のプロブレマティックに関して、直接・間接に学ばさせていただいた。他の多くのメンバーからもまた貴重な多くの御教示・御指導・御助言をいただき、本書の完成に大きな力となったが、それらを挙げていくときりがなくなるので、ここではメンバーの諸賢に感謝の念を表させていただくに留める。

本書は、これまで発表してきた諸論稿を集め一書にまとめあげたものである。したがって、本来は初出一覧表を掲示しておくべきであろう。しかしながら、本書をまとめるにあたって、初出稿のすべてにわたってこれをほぼ全域にわたってバラバラに解体し、新たな視点から加筆・修訂し再編・再構成したものである。それだけではない。本書の相当の部分は新たに書き下したものでもある。それゆえ、初出一覧表は、本書においては省略されている。とはいえ、本書がなるにあたって、多くの発表の機会を提供していただき、御指導をたまわった研究誌や諸機関の名前だけでも記して深甚なる感謝の念を表じさせていただきたい。まず、雑誌関係としては、『季報 唯物論研究』(大阪唯物論研究会旬刊誌)、『社会理論研究』(社会理論学会年報)、月刊誌『情況』(情況出版)等々である。また研究会での発表の機会をあたえていただいたのは、「現代史研究会」、「社会理論学会研究会」、「大阪哲学学校研究会」、中国南京大学等が中心となる「廣松渉・マルクス主義哲学国際シンポジウム」(これまで六回開催)、等々である。関係者各位にあらためて謝意を表しておきたい。

本書の上梓にあたっては、御茶の水書房の関係者に実に多くのご迷惑をおかけし、お世話になった。とりわけ編集に関しては小堺章夫氏、刊行実務に関しては黒川惠子氏には御尽力をいただいた。また、橋本盛作社長は、遅々として進まぬ執筆をあたたかく見守っていただき、はげましと助言をかたじけのうし、辛抱強く待っていただいた。心から御礼申しあげたい。

最後に、私事にわたって恐縮であるが、本書を日山昌紀・義紀・紀幸の三兄弟に捧げたい。早くに父を亡くし、母の手一人でわれわれ四人兄弟は育てられたのであるが、ほとんどけんからしいけんかもなく、仲良く楽しくすごしてきた。昨年末の母の七回忌も兄弟四人揃って郷里広島で和気あいあいと終えることができた。省みれば、自分が上京し、大学・大学院を終え、大学に職をえて教育と研究の生活を送ることができたのは、三人の兄弟の物心両面にわたる支えと励ましがなかったならばとうていありえないことであった。ここにこのことを誌し、つきせぬ感謝と愛情の誠をもってささやかではあるが拙著を献じたい。そして、また、才乏しき身とはいえ「愚直前進」をモットーに今後とも努力と精進を続けていくことを三人に誓い、引き続き今後の支援をお願いしたい。

二〇一八年、春

参考文献

マルクス・エンゲルスの文献

マルクス・エンゲルスの個々の文献に関しては省略する。本文・註を参照されたい。出典頁はMEGAおよびMEWに依拠する。ただし、以下の著作については、次のような略号をもって本文中および註に記されている。

Gr. : K.Marx, *Grundrsse der Kritik der politischen Ökonomie*, Diez Verlag. MEGA.Abt.II, Bd.I.
Kr. : K.Marx, *Kritik der Politischen Ökonomie*, Diez Verlag, MEW.Bd. 13.
Th. : K.Marx, *Theorien über den Mehrwert*. Diez Verlag. MEW. Bd. 26.
K.I,II,III : K.Marx, *Das Kapital*, Bd. I, II, III. Diez Verlag, MEW. Bd. 23, 24, 25.

・MEGA. : *Karl Marx・Friedrich Engels Gesamtausqabe*, Diez Verlag.
・MEW. : *Karl Marx・Friedrich Engels Werke*, Diez Verlag.
・マルクス『資本論草稿集』全一〇巻　大月書店
・『マルクス・エンゲルス全集』全四一巻+補巻四巻・別巻三巻　大月書店

廣松渉の文献

廣松渉の『資本論』研究関係の主たる参考文献は以下に掲げておく。引用は、原則として、『廣松渉著作集』全一六巻（岩波書店）・『廣松渉コレクション』全六巻（情況出版）に依拠している。両者に収録されていないものに限り、刊行原著を記しておく。

・『マルクス主義の成立過程』至誠堂　一九六八年――『著作集⑧』に収録

・『マルクス主義の地平』勁草書房 一九六九年（講談社学術文庫 一九九一年）――『著作集⑩』に収録
・『唯物史観の原像――その発想と射程』三一書房、一九七一年――『著作集⑨』に収録
・『世界の共同主観的存在構造』勁草書房、一九七二年（講談社学術文庫 一九九一年、岩波文庫 二〇一七年）――『著作集⑩』に収録
・『科学の危機と認識論』紀伊國屋書店、一九七三年――『著作集③』に収録
・『マルクス主義の理路』勁草書房、一九七四年――『著作集⑩』に収録
・『資本論の哲学』現代評論社、一九七四年（増補新版 勁草書房 一九八七年、平凡社ライブラリー 二〇一〇年）――『著作集⑫』に収録
・『事的世界観への前哨』勁草書房、一九七五年（ちくま学芸文庫 二〇〇七年）
・『『資本論』解釈の齟齬』（『現代の眼』現代評論社、一九七五年八月号）――『コレクション④』に収録
・「貨幣論のためのプレリュード」（『現代思想』一九七七年一〇月号）――『コレクション④』に収録
・「宇野経済学への視角（Ⅰ～Ⅳ）」（雑誌『インパクト』イザラ書房、一九七九年七月創刊号、第二号 同年九月、第三号 同年一一月、第五号 一九八〇年三月）――『コレクション④』に収録
・「資本論における単純商品の意義――労働価値説の定立場面と併存モデル」（雑誌『インパクション』イザラ書房、一九八五年一一月号）――『コレクション④』に収録
・『〈近代の超克〉論』朝日出版社、一九八〇年（講談社学術文庫 一九八九年）――『著作集⑭』に収録
・『弁証法の論理』青土社、一九八〇年――『著作集②』に収録
・『唯物史観と国家論』論創社、一九八二年（講談社学術文庫 一九八九年）――『著作集⑪』に収録
・『物象化論の構図』岩波書店、一九八三年（岩波現代文庫 二〇〇一年）
・「資本における単純商品の意義――労働価値説の定立場面と併存モデル」雑誌『インパクション』イザラ書房、一九八五年一一月号――『コレクション④』に収録
・「貨幣と信約行為――物象化論展開の一管制」（雑誌『現代思想』青土社、一九八七年八月号）――『コレクション④』に収

・『生態史観と唯物史観』ユニテ、一九八六年（講談社学術文庫 一九九一年）
・『資本論を 物象化論を視軸にして 読む』編著、岩波書店、一九八七年
［執筆項目］「まえがき」、「商品世界の物象的存立と商品物神」、「労賃関係の物象化と資本の蓄積」、「資本制生産過程の直接的諸結果」――『著作集⑫』に収録
・『今こそマルクスを読み返す』講談社、一九九〇年
・『マルクスの根本意想を何であったか』情況出版、一九九四年

講座・辞書・事典類

・『資本論研究』（全五冊）宇野弘蔵（編）、筑摩書房、一九六七〜六八年
・『講座 マルクス経済学』（全七冊）山田悦夫、森田桐郎（編）、日本評論社、一九七四年
・『資本論物語』杉原四郎、佐藤金三郎編 有斐閣ブックス 一九七五年
・『資本論を学ぶ』（全5冊）佐藤金三郎、岡崎栄松、降旗節夫、山口重克（編）、有斐閣選書 一九七七年
・『コメンタール『資本』』（全四冊）平田清明、日本評論社、一九八〇〜八三年
・『資本論体系』（全一〇巻・一一冊）富塚良三、服部文男、本間要一郎（編集代表）、有斐閣、一九八四〜二〇〇一年
・『資本論辞典』久留間鮫造、宇野弘蔵、岡崎次郎、大島清、杉本俊郎（編）、青木書店、一九六一年
・『現代マルクス＝レーニン主義辞典』岡崎次郎（編）、社会思想社、一九八〇〜八一年
・『経済学事典（第三版）』大阪市立大学経済研究所（編）、岩波書店、一九九二年
・『マルクス・カテゴリー事典』石井伸男、伊藤誠、大藪龍介、田畑稔、正木八郎、渡辺憲正（編）、青木書店、一九九八年
・『新マルクス学事典』的場昭弘、内田弘、石塚正英、柴田隆行（編）、弘文堂、二〇〇一年

その他の文献

・浅見克彦『所有と物象化』世界書院、一九八六年
・遊部久蔵『価値論と史的唯物論』こぶし書房、二〇〇〇年
・アルチュセール・L.『資本論を読む』上・中・下、今村仁司訳、ちくま学芸文庫　一九九六〜九七年（原著一九六五年）
・飯田和人『市場経済と価値――価値論の新機軸』ナカニシヤ出版、二〇〇一年
・石塚良次「転形問題と物象化論の地平」（雑誌『思想』岩波書店、一九八六年三月号）
・石塚良次「物象化の次元と生産化価格の成立」（廣松編上記『視軸』に収録、一九八六年）――『著作集⑫』に収録
・石塚良次「社会的再生産の機構と物象化の機制」（同上）
・伊藤誠「価値と生産価格」――『資本論を学ぶⅣ』有斐閣選書　一九七七年
・伊藤誠『価値と資本の理論』岩波書店、一九八一年
・伊藤誠「最近の欧米価値論論争を省みて」（雑誌『思想』岩波書店、一九八六年一二月号）
・伊藤誠『幻滅の資本主義』大月書店、二〇〇六年
・伊藤誠『『資本論』を読む』講談社学術文庫　二〇〇六年（vgl.『伊藤誠著作集』全六巻、社会評論社）
・今村仁司『労働のオントロギー』勁草書房、一九八一年
・今村仁司『暴力のオントロギー』勁草書房、一九八二年
・今村仁司『排除の構造』青土社、一九八五年
・今村仁司『アルチュセール　認識論的切断』講談社、一九九七年
・今村仁司『マルクス入門』ちくま新書　二〇〇五年
・内田弘『『資本論』と現代――マルクス主義の世界認識』三一書房、一九七〇年
・内田弘『新版「経済学批判要綱」の研究』御茶の水書房、二〇〇五年
・内田弘『『資本論』のシンメトリー』社会評論社、二〇一五年
・内田義彦『資本論の世界』岩波新書　一九六六年

・宇野弘蔵『資本論の研究』岩波書店、一九四九年――『宇野弘蔵著作集③』岩波書店に収録
・宇野弘蔵『経済原論』上巻・下巻 岩波書店、上巻一九五〇年、下巻一九五二年――同上『著作集①』に収録
・宇野弘蔵『マルクス経済学原理論の研究』岩波書店、一九五九年――同『著作集④』に収録
・宇野弘蔵『経済原論』岩波全書 一九六四年――同『著作集②』に収録
・宇野弘蔵『新訂 経済原論』青林書院新社（『現代経済学演習講座』）、一九六七年――同『著作集②』に収録
・宇野弘蔵『資本論と私』御茶の水書房、二〇〇八年（vgl.『宇野弘蔵著作集』全一〇巻・別巻1、岩波書店、一九七三年～七四年）
・榎原均『『資本論』の核心』情況新書 二〇一四年
・大内秀明『価値論の形成』東京大学出版会、一九六四年
・大内秀明「価値論論争」――越村信三郎、石原忠男、古沢友吉（編）『資本論の展開――批判・反批判の系譜』に収録、同文館、一九六七年
・大内秀明「冒頭商品の性格」（『資本論を学ぶⅠ』に収録）、有斐閣選書 一九七七年
・大内秀明・桜井毅・山口重克（編）『資本論研究入門』東京大学出版会、一九七六年
・大庭健「マルクス的近代批判の本質と今日的意義――廣松四肢構造論的物象化批判の再検討――」（『廣松渉論』収録、ユニテ、一九八二年）
・置塩信雄『マルクス経済学――価値と価格の理論』筑摩書房、一九七七年
・小幡道昭『経済学原論 基礎と演習』東京大学出版会、二〇〇九年
・小幡道昭『価値論批判』弘文堂、二〇一三年
・ギルマンJ・M.『利潤率の低下の理論』西川良一訳、雄渾社、一九六二年（原著一九五七年）
・熊野純彦『戦後思想の一断面 哲学者廣松渉の軌跡』ナカニシヤ出版、二〇〇四年
・熊野純彦「マルクスをどう読むか 時間論としての資本論」（『立命館哲学』立命館大学哲学会編 第二三集、二〇一二年）
・熊野純彦『マルクス 資本論の思考』せりか書房、二〇一三年

・熊野純彦『マルクス 資本論の哲学』岩波新書 二〇一八年
・クラウゼ・U．『貨幣と抽象的人間労働』高須賀義博監訳、三和書房、一九八五年（原著一九七九年）
・甲賀光秀「費用価格と利潤」――『資本論を学ぶⅣ』有斐閣選書に収録、一九七七年）
・佐々木力『マルクス主義科学論』みすず書房、一九九七年
・佐々木隆治『マルクスの物象化論――資本主義批判としての素材の思想』社会評論社、二〇一一年
・佐々木隆治「抽象的人間労働と価値の質的規定性について」（上・下）、『立教大学経済学研究』第67・68号、二〇一四年
・佐藤金三郎『マルクス遺稿物語』岩波新書 一九八九年
・佐藤金三郎『資本論研究序説』岩波書店、一九九二年
・サムエルソン・P．『経済学 第九版』都留重人訳、岩波書店、一九七四年（原著一九七三年）
・スウィージ・P・M．『資本主義発展の理論』都留重人訳、新評論、一九六七年（原著一九四二年）
・スウィージ・P・M．『論争・マルクス経済学』玉野井芳郎、石垣博美訳、法政大学出版局、一九六九年（原著一九四九年）
・スミス・A『国富論 第三版』全四冊、水田洋監訳、杉山忠平訳、岩波文庫 二〇〇一年（原著一七八九年）
・高須賀義博『マルクス経済学研究』新評論、一九七九年
・高須賀義博『マルクス経済学の解体と再生』御茶の水書房、一九八五年
・高橋洋児『物神性の解読 資本主義にとって人間とは何か』勁草書房、一九八一年
・高橋洋児『経済学認識論序説』国文社、一九八四年
・高橋洋児「収入の「三位一体範式」と階級関係」（廣松編上記『視軸』に収録一九八六年）――『著作集⑫』に収録
・竹永進（編訳）『ルービンと批判者たち――原典資料二〇年代ソ連の価値論論争』情況出版、一九九七年
・田畑稔『マルクスとアソシエーション――マルクス再読の試み』新泉社、一九九四年
・田畑稔『マルクスと哲学――方法としてのマルクス再読』新泉社、二〇〇四年
・張一兵「廣松の物象化パラダイムの起源――『物象化論の構図』の構造環境論による解読」中野英夫訳（雑誌『情況』情況出版、二〇一四年九・一〇月合併号）

・張一兵『マルクスに帰れ――経済学コンテキストにおける哲学的言説』中野英夫訳、情況出版、二〇一四年
・張一兵『レーニンに帰れ――「哲学ノート」のポスト・テキスト学的解読――』中野英夫訳、情況出版、二〇一六年
・永谷清「価値形態論と物神性論　宇野経済学 対 廣松物象化論」（雑誌『思想』岩波書店、一九九七年五月号）
・ヴェーム・バヴェルク・E.『マルクス体系の終結』本木幸造訳、未来社、一九六九年（原著一八九六年）
・日山紀彦『自由の腐蝕――現代自由論序説――』八千代出版、一九九四年
・日山紀彦『「抽象的人間労働論」の哲学――二一世紀・マルクス可能性の地平――』御茶の水書房、二〇〇六年
・日山紀彦『廣松思想の地平――「事的世界観」を読み解く』御茶の水書房、二〇一六年
・ヒルファーディング・R.『マルクス経済学研究』玉野井芳郎、石垣博美訳、法政大学出版局、一九六八年（原著一九〇四年）
・星野智『現代権力論の構図』情況出版、二〇〇〇年
・ポストン・M.『時間・労働・支配　マルクス理論の新地平』白井聡、野尻英一訳、筑摩書房、二〇一二年（原著、改訂版二〇〇三年）
・ボルトケヴィチ・L.「マルクス体系における価値計算と価格計算」石垣博美、上野昌美編訳（『転形論アンソロジー』に収録、法政大学出版局、一九八二年（原著一九〇六、一九〇七年）
・松石勝彦「価値と生産価格」――『資本論体系⑤』に収録、有斐閣、一九九四年
・モスト・J.・K・マルクス加筆・改訂第二版（一八七六年）『資本論入門――マルクス自身の手による』大月書店、二〇〇九年（モスト原初版『資本と労働――カール・マルクス著『資本論』のやさしいダイジェスト――』一八七四年）
・山口重克『経済原論講義』東京大学出版会、一九八五年
・山口重克『価値論の射程』東京大学出版会、一九八七年
・山口重克『価値論・方法論の諸問題』御茶の水書房、一九九六年
・山本耕一「協働連関の諸相とその物象化」（廣松編上記『視軸』に収録、岩波書店、一九八六年）――『著作集⑫』に収録
・山本耕一「協働・役割・国家」（同上）

・山本耕一『権力 社会的権威・イデオロギー・人間生態系』情況出版、一九九八年
・吉田憲夫『資本論の思想――マルクスと廣松物象化論』情況出版、一九九五年
・米村健司『丸山真男と廣松渉――思想史における「事的世界観」の展開』御茶の水書房、二〇一一年
・米村健司『アイヌ・言葉・生命――西田幾多郎と廣松渉の地平から』御茶の水書房、二〇一四年
・米村健司『田辺元と廣松渉――混濁した視差と揮発する痛覚のなかで』御茶の水書房、二〇一五年
・リカード・D.『経済学および課税の原理 第二版』上・下巻、羽鳥卓也、吉澤芳樹訳、岩波文庫 一九八七年（原著一八一九年）
・良知力『マルクスと批判者群像』平凡社ライブラリー 二〇〇九年
・ルクセンブルク・R.『資本蓄積論 第三篇』太田哲男訳、同時代社、二〇〇一年（原著一九一三年）
・ルービン・I.『マルクス価値論概説』竹永進訳、法政大学出版局、一九九三年（原著第四版一九三〇年）
・ロスドルスキー・R.『資本論成立史 一八五七〜五八年の『資本論』草案』全四巻 時永淑、平林千枚、安田展敏、小黒佐和子、嶋田力夫訳、法政大学出版局、一九七三〜七四年（原著一九三〇年）
・和田豊『価値の理論 第二版』桜井書店、二〇一四年
・渡辺恭彦「物象化論と役割理論――廣松渉の思想形成史における『資本論』の哲学――」（京都大学大学院 人間・環境研究科現代文明論講座・文明構造分野論集『文明構造論』所収、二〇一四年）

や行

ら行

わ行

な行

は行

ま行

人名索引

あ行

か行

さ行

た行

著者紹介

日山紀彦（ひやま　みちひこ）

1975年東京教育大学大学院文学研究科博士課程終了。

1990-91年ゲーテ大学（フランクフルト）在外研究。

現在、社会理論学会会員・顧問。元東京成徳大学教授。

主な著作：

『廣松思想の地平——「事的世界観」を読み解く』（単著、御茶の水書房）

『「抽象的人間労働論」の哲学——二一世紀・マルクス可能性の地平』（単著、御茶の水書房）

『危機の時代を観る〔現状・歴史・思想〕』（共編著、社会評論社）

『自由の腐蝕』（単著、八千代出版）

『倫理と思想』（共著、法律文化社）

『日本文化探訪』（共編著、八千代出版）

『廣松理論と現代科学論』（編著、情況出版）

他

価値《かち》と生産価格《せいさんかかく》——社会的物象化論《しゃかいてきぶっしょうかろん》を視軸《しじく》にして読《よ》み解《と》く

2018年6月1日　第1版第1刷発行

著　者　日　山　紀　彦

発行者　橋　本　盛　作

発行所　株式会社 御茶の水書房

〒113-0033 東京都文京区本郷5-30-20

電 話　03-5684-0751

Printed in Japan

印刷・製本／東港出版印刷㈱

ISBN 978-4-275-02090-1　C3010